Positive Psychologie im Beruf

Thomas Johann • Tobias Möller
Herausgeber

Positive Psychologie im Beruf

Freude an Leistung entwickeln,
fördern und umsetzen

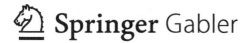 Springer Gabler

Herausgeber
Dr. Thomas Johann
Hamburg
Deutschland

Dipl.-Psych. Tobias Möller
Hamburg
Deutschland

ISBN 978-3-658-00264-0   ISBN 978-3-658-00265-7 (eBook)
DOI 10.1007/978-3-658-00265-7

Die Deutsche Nationalbibliothek verzeichnet diese Publikation in der Deutschen Nationalbibliografie; detaillierte bibliografische Daten sind im Internet über http://dnb.d-nb.de abrufbar.

Springer Gabler
© Springer Fachmedien Wiesbaden 2013

Lektorat: Stefanie Brich/Katharina Harsdorf

Gedruckt auf säurefreiem und chlorfrei gebleichtem Papier

Springer Gabler ist eine Marke von Springer DE. Springer DE ist Teil der Fachverlagsgruppe Springer Science+Business Media
www.springer-gabler.de

Wir widmen dieses Buch all jenen, die die Herausforderungen unserer Zeit als Chance verstehen und den Mut haben, ihr Handeln für eine positive Entwicklung aller Menschen einzusetzen.

Geleitwort von Dr. Michael Otto

„Wie führt man ein Unternehmen erfolgreich?" Oder: „Was können Führungskräfte und Mitarbeiter tun, damit alle Menschen im Unternehmen Freude an Leistung haben?" Mit solchen Fragen habe ich mich schon während meiner Studienzeit beschäftigt. Leider konnte ich im Studium und zu Beginn meiner beruflichen Laufbahn nicht auf eine Publikation wie die vorliegende zurückgreifen.

Dass mich das Thema Lebensglück sehr beschäftigt, wissen nicht nur meine Familie und meine Mitarbeiter. Bei meinem Wechsel vom Vorstand in den Aufsichtsrat wurde ich auf meiner Verabschiedungsfeier gefragt, was ich nun mit der gewonnenen Zeit machen würde. Ich sagte, dass ich machen wolle, was mir Spaß macht, und zwar dort, wo ich etwas bewegen kann!

Dennoch glaube ich, dass sich Manager viel zu selten fragen, wie im Unternehmen Freude an Leistung entwickelt, gefördert und umgesetzt werden kann. Umso mehr freue ich mich, dass diese Themen nun immer stärker in den gesellschaftlichen Fokus geraten. Dieses Buch liefert einen wichtigen Beitrag dazu! Ich empfehle allen Führungskräften und Mitarbeitern, sich mit den hier präsentierten Forschungsergebnissen und Praxisbeispielen auseinanderzusetzen!

Vorsitzender des Aufsichtsrats der Otto Group   Dr. Michael Otto

Vorwort der Herausgeber

Viele Führungskräfte und Mitarbeiter spüren, dass sich die heutigen Arbeitsumfelder im Vergleich zu vor ein paar Jahren oder Jahrzehnten stark verändert haben. Negatives wie Depressionen und Burnout überwiegt. Geringe emotionale Bindung an die Arbeit ist weit verbreitet. Zwischenmenschliche Beziehungen werden als komplizierter und oberflächlicher wahrgenommen. Sinnempfinden in der beruflichen Tätigkeit rückt in den Hintergrund – die Fokussierung auf rein monetäre Größen in den Vordergrund, womit nicht die erfolgreiche Arbeitsaufgabenbewältigung, sondern der daraus resultierende oder ableitbare Gewinn als Motivation herangezogen werden soll. Und obwohl viele Manager erkannt haben, dass in fast jeder Branche der Unternehmensgewinn maßgeblich von den Mitarbeitern abhängt, wird nicht dementsprechend gehandelt. Mit diesem Buch wollen wir diesen Zusammenhang wieder vom Kopf auf die Füße stellen!

Mit den Erkenntnissen in diesem Buch wollen wir dazu beitragen, dass das Positive im Unternehmen wieder den Stellenwert bekommt, den es verdient hat – nämlich den zentralen! Und: Wenn wir den Menschen in den Mittelpunkt stellen, werden wir die Unternehmensgewinne zwangsläufig und quasi nebenbei maximieren! Erst recht, wenn man unter dem Gewinn eines Unternehmens nicht nur den Geldertrag, sondern auch die Erhöhung von Erfüllung, Zufriedenheit und Lebensglück der Mitarbeiter versteht. Aus dieser Motivation heraus haben wir dieses Buch veröffentlicht.

* Im ersten Teil stellen wir Ihnen die Hintergründe und Problemstellung vor. Wir zeigen auf, wie die Positive Psychologie entstanden ist, was Glücksempfinden mit uns und unserem Gehirn macht, welche Problemfelder in Unternehmen heutzutage auftreten und warum die Positive Psychologie hier Lösungen entwickeln kann. In den nachfolgenden Teilen betrachten wir dann die fünf Hauptfelder einer modernen Positiven Psychologie.
* In Teil zwei geht es um positive Emotionen. Wir beantworten die Frage, wie diese wirken und wie sie ganz konkret und gezielt auch im Berufsalltag hervorgerufen werden können.
* Im dritten Teil zeigen wir auf, wie Bindung und Motivation entstehen und wie Sie diese Erkenntnisse umsetzen können.

- Teil vier behandelt positive soziale Beziehungen. Es wird erklärt, wie sie aufgebaut werden können, wie Teams zu Dream-Teams werden und welche Chancen in einem Konflikt liegen.
- Teil fünf zeigt auf, warum wir Menschen Sinn auch in beruflichen Kontexten empfinden möchten. Gleichzeitig wird beschrieben, wie dies gelingen kann.
- In Teil sechs wird die Frage beantwortet, welche Voraussetzungen für eine erfolgreiche Arbeitsaufgabenbewältigung notwendig sind. Für Führungskräfte wird insbesondere das Instrument des Coachings mit positiv-psychologischen Elementen aufgezeigt.
- Final ziehen wir ein Fazit und geben einen Ausblick. Insbesondere möchten wir aufzeigen, wohin sich die Wirtschaft, aus unserer Sicht, entwickelt.

Diese soeben beschriebenen Inhalte und somit das vorliegende Buch sind das Ergebnis einer langjährigen gemeinsamen „Reise" von Herausgebern und Autoren. Wir haben uns alle vor ein paar Jahren an der HSBA Hamburg School of Business Administration kennengelernt – als Dozenten und Studierende. Die Herausgeber haben Fächer wie „Personalmanagement", „Positive Psychologie und positive Führung" sowie „Psychologie in Organisationen" gelehrt. Speziell das Interesse der Autoren der Kapitel in diesem Werk war so groß, dass der allgemeine Wunsch entstand, das Buchthema weiter zu bearbeiten und zu vertiefen. Nachdem wir über die Jahre alle umfangreiche Praxiserfahrungen und -beispiele gesammelt hatten, entstand in uns das Bedürfnis, all dies einmal zu veröffentlichen. Das Ergebnis halten Sie in Ihren Händen! Wir haben den Anspruch, Ihnen hier akademisch hochwertige Inhalte und äußerst umfangreiche Anwendungserfahrungen aus unserem eigenen Leben in einer anregenden, leicht verständlichen Art und Weise zu präsentieren, die Ihr Interesse weckt und Ihnen Spaß beim Lesen und Auseinandersetzen bereitet.

Natürlich waren wir Herausgeber auf die Hilfe und Unterstützung vieler Menschen angewiesen:

- Zuallererst möchten wir den Autoren unseren herzlichen Dank aussprechen. Uns hat die langjährige Zusammenarbeit sehr viel Freude bereitet! Danke, Franziska Müller, Nicolaus Vorwerk, Gabriel Elatawna, Monika Janikowska, Anni-Lea Jensen, Marius Holle, Christine Rüller, Johanna Hagedorn, Carolin von Hochberg, Kim Niemeyer, Sina Israel, Julia-Mara Rückert, Tim Herrmann, Patrick Klonowski und Karl-Sebastian Hauff.
- Unser großer Dank gebührt auch der HSBA Hamburg School of Business Administration, die uns in allen, insbesondere organisatorischen Dingen stark unterstützt hat. Auch durften wir die gesamte Infrastruktur der Hochschule nutzen. Namentlich bedanken wir uns ganz herzlich beim Geschäftsführer Herrn Dr. Uve Samuels sowie bei Frau Dr. Anne Mühlbauer.
- Auch danken wir David Kurth für die Erstellung etlicher Grafiken.

Wir wünschen Ihnen viel Freude mit diesem Buch und hoffen, dass es Ihr Leben bereichern und positiv verändern wird!

Hamburg im Winter 2012/2013   Dr. Thomas Johann und Tobias Möller

Inhaltsverzeichnis

Teil I Hintergründe und Problemstellung

1 Was ist Glück?   3
Franziska Müller

2 Wie entsteht Glück und was macht es mit uns?   11
Nicolaus Vorwerk

**3 Welche aktuellen Probleme treten in Unternehmen auf und wie kann man sie
lösen?**   19
Gabriel Elatawna und Monika Janikowska

Teil II Positive Emotionen

4 Wie wirken positive Emotionen?   39
Anni-Lea Jensen

5 Wie wirkt die positive Emotion Dankbarkeit?   51
Marius Holle

6 Warum wird man selbst glücklicher, wenn man anderen etwas Gutes tut? . . .   59
Marius Holle

7 Wie kann unser inneres Gleichgewicht gestärkt werden?   65
Christine Rüller

**8 Warum ist Humor wichtig für das Wohlergehen von Mensch und
Organisation?**   77
Johanna Elisabeth Hagedorn

Teil III Engagement

9 Wie kann die Leidenschaft der Mitarbeiter geweckt werden? 87
Franziska Müller

10 Wie kann man die Motivation von Menschen in Engagement verwandeln? .. 93
Carolin von Hochberg

Teil IV Positive soziale Beziehungen

11 Wie können nachhaltige positive Beziehungen aufgebaut werden? 109
Franziska Müller

12 Wie kann Wertschätzung positive soziale Beziehungen fördern? 117
Kim Niemeyer

13 Wie kann aus einem losen Bündel Individualisten ein Dream-Team werden? 133
Sina Israel

14 Wie kann aus einem Konflikt eine Chance werden? 145
Julia-Mara Rückert

Teil V Sinnempfinden

15 Wie entsteht Sinn in der Arbeit? 157
Tim Herrmann

Teil VI Erfolgreiche Aufgabenbewältigung

**16 Wie kann eine erfolgreiche Aufgabenbewältigung durch die eigenen Stärken
gelingen?** 169
Patrick C. Klonowski

17 Wie kann positives Coaching die Stärken stärken? 177
Karl-Sebastian Hauff

Fazit und Ausblick der Herausgeber 185

Die Herausgeber

Dr. Thomas Johann hat Betriebswirtschaftslehre mit der Spezialisierung auf Organisation, Personal und Unternehmensentwicklung, Dienstleistungsmanagement sowie Arbeits- und Organisationspsychologie an der Katholischen Universität Eichstätt-Ingolstadt studiert und hier auch über ein interdisziplinäres Thema promoviert. Nach diversen (internationalen) Stationen in der Wirtschaft – zuletzt bei Deloitte – hat er diverse Lehraufträge an international renommierten Hochschulen. Er ist als Unternehmensberater tätig.

Dipl.-Psych. Tobias Möller hat BWL und Psychologie in Hamburg studiert. Acht Jahre IT-Beratung im Mittelstand und sieben Jahre internationale Personal- und Unternehmenskulturentwicklung bei der Lufthansa Technik AG sind die Erfahrungsgrundlage seiner heute selbständigen Prozessberatung. Er begleitet Profit- und Non-Profit-Organisationen als psychologischer Organisationsberater und ist Hochschuldozent.

Die Autoren

Gabriel Elatawna Vattenfall Europe GmbH

Johanna Elisabeth Hagedorn British American Tobacco (Germany) GmbH

Karl-Sebastian Hauff U.H. Spezialmöbel- und Ladenbau GmbH

 **Tim Herrmann** Otto Group

 **Carolin von Hochberg** MILES Fashion

 **Marius Holle**

 **Sina Israel** HSH Nordbank AG

Monika Janikowska Service-Bund GmbH & Co. KG

Anni-Lea Jensen Sharp Electronics (Europe) GmbH

Patrick C. Klonowski Commerzbank AG

Franziska Müller FKS Friedrich Karl Schroeder GmbH & Co. KG

Kim Niemeyer FKS Friedrich Karl Schroeder GmbH & Co. KG

Julia-Mara Rückert Otto Group

Christine Rüller FKS Friedrich Karl Schroeder GmbH & Co.
KG

Nicolaus Vorwerk

Teil I
Hintergründe und Problemstellung

In diesem ersten Teil zeigen wir auf, was Glück ist, wie die Positive Psychologie entstanden ist und was Glücksempfinden mit uns und unserem Gehirn aus biologischer Sicht macht. Außerdem stellen wir dar, welche Problemfelder in Unternehmen heutzutage auftreten und welche Lösungen die Positive Psychologie dafür bietet.

Was ist Glück?

Franziska Müller

Sowohl im beruflichen als auch im privaten Alltag fällt auf, dass glückliche und zufriedene Menschen leichter durchs Leben gehen und Herausforderungen als Chancen und nicht als Probleme wahrnehmen. Das Glück scheint also weit mehr Auswirkungen auf uns und unsere Mitmenschen zu haben, als nur ein Lächeln ins Gesicht anderer zaubern zu können. Ich habe mich in diesem Zusammenhang mit den spannenden Fragen „Was ist Glück?" und „Wie kann man das Glücksempfinden im Beruf steigern?" beschäftigt, um mit den neu gewonnenen Erkenntnissen unseren Alltag ein Stück lebenswerter zu machen. (Franziska Müller)

Unser Leben wird weitestgehend von der wirtschaftlichen Leistungsfähigkeit bestimmt. Auf den meisten von uns lastet der Druck, besser sein zu müssen und mehr zu verdienen als andere oder das erfolgreichere Unternehmen zu führen. Ob ein Unternehmen erfolgreich ist, wird zumeist anhand der Daten aus der Bilanz beurteilt. Daten und Fakten sind die vorherrschenden Maßstäbe in unserer Gesellschaft und die wirtschaftliche Leistungsfähigkeit wird fast ausschließlich an ihnen gemessen.

Auch auf nationaler Ebene werden die Leistungsfähigkeit und das Wirtschaftswachstum anhand von klar messbaren Faktoren bestimmt – zusammengefasst im Bruttoinlandsprodukt. Weiche Faktoren wie beispielsweise das Wohlbefinden der Bevölkerung, die Nachhaltigkeit oder kulturelle Werte fließen nicht mit in die Bewertung ein, da sie sich nur schwer objektiv messen lassen und einer Reihe von subjektiven Werturteilen unterliegen. Um jedoch eine ganzheitliche Grundlage für die Bewertung des Lebensstandards zu schaffen, müssen auch die weichen Faktoren einbezogen werden.

F. Müller (✉)
Fehmarn, Deutschland
E-Mail: mail@positive-psychologie-im-beruf.de

T. Johann, T. Möller (Hrsg.), *Positive Psychologie im Beruf*,
DOI 10.1007/978-3-658-00265-7_1, © Springer Fachmedien Wiesbaden 2013

Dies ist der Ansatz, den das Bruttonationalglück (BNG) verfolgt. Der Ausdruck wurde erstmals 1972 von dem König von Bhutan geprägt, in Entgegnung eines Kommentars der Financial Times, dass die Entwicklung der bhutanischen Wirtschaft zu langsam sei. Dem König des südasiatischen Staates zufolge kann die Wirtschaftsentwicklung nicht nur anhand der konventionellen Maßstäbe beurteilt werden, sondern muss auch der nachhaltigen Entwicklung der Gesellschaft im Zusammenspiel von materiellen, kulturellen und spirituellen Schritten Beachtung schenken. Bruttonationalglück ist der Versuch, den Lebensstandard durch Betrachtung mehrerer Dimensionen auf ganzheitliche Weise zu definieren, um so einen holistischen Bezugsrahmen für das herkömmliche Bruttoinlandsprodukt, einem ausschließlich durch Geldflüsse bestimmten Maß, zu entwickeln.

Auch der US-amerikanische Politiker Robert F. Kennedy hat bereits im Jahre 1968 erkannt, dass das Bruttoinlandsprodukt viele Informationen bereithält, jedoch keine Aussage über den Wohlstand der Gesellschaft macht:

> Our Gross National Product [. . .] counts air pollution and cigarette advertising, and ambulances to clear our highways of carnage. It counts special locks for our doors and the jails for people who break them. It counts the destruction of the redwood and the loss of our natural wonder in chaotic sprawl. It counts napalm and counts nuclear warheads and armored cars for the police to fight the riots in our cities [. . .], and the television programs which glorify violence in order to sell toys for our children. Yet the Gross National Product does not allow for the health of our children, the quality of their education or the joy of their play. It does not include the beauty of our poetry or the strength of our marriages, the intelligence of our public debate or the integrity of our public officials. It measures neither our wit nor our courage, neither our wisdom nor our learning, neither our compassion nor our devotion to our country, it measures everything, in short, **except that which makes life worthwhile**. And it can tell us everything about America except why we are proud that we are Americans. [1]

Nachdem die Thematik u. a. von Kennedy und dem König von Bhutan erstmals angestoßen wurde, hat sich die Notwendigkeit der Betrachtung alternativer Wohlstandsmesswerte auch in anderen Nationen durchgesetzt. Im Laufe der letzten Jahrzehnte hat dieses Modell in vielen anderen Ländern an Bedeutung gewonnen und den weichen Faktoren wird mehr und mehr Aufmerksamkeit geschenkt.

In Frankreich beauftragte Präsident Sarkozy beispielsweise eine Kommission unter dem Vorsitz des Nobelpreisträgers Joseph Stiglitz damit, ein Gutachten zu alternativer Wohlstandsmessung zu erstellen. Auch in Deutschland nahm im Januar 2011 eine Enquete-Kommission des Bundestags die Arbeit auf. Sie soll nach einer möglichen neuen Messzahl für Wohlstand und Fortschritt jenseits des Bruttoinlandsprodukts suchen. So haben also schon viele wichtige Politiker den hohen Stellenwert und die Zukunftsträchtigkeit alternativer Messzahlen erkannt.

Aber nicht nur national gewinnt die Betrachtung weicher Faktoren an Bedeutung. Auch Unternehmen schenken ihr zunehmend Aufmerksamkeit, da sie erkannt haben, dass diese einen großen Einfluss auf die Zufriedenheit und Leistungsfähigkeit der Mitarbeiter haben. Eine Möglichkeit, die Leistungsfähigkeit der Mitarbeiter und damit die Wirtschaftlichkeit eines Unternehmens zu erhöhen, ist die Anwendung der Positiven Psychologie. Die Positive Psychologie hat ihren Ursprung in den Vereinigten Staaten von Amerika.

Die „traditionelle" Psychologie ist darauf ausgerichtet, psychische Erkrankungen zu diagnostizieren, zu behandeln und zu heilen und somit Pathologien wie Angst, Wutzustände und Depression zu erforschen. Die Positive Psychologie konzentriert sich dagegen darauf, die Determinanten des Glücks zu analysieren und zu beschreiben [2]. Diese neue Strömung wurde 1998 von M.E.P. Seligman begründet. Seiner Meinung nach hat sich die Psychologie zu lange auf die Diagnose und Therapierung negativer Zustände der menschlichen Psyche fokussiert [3]. Es mag auf den ersten Blick verwunderlich erscheinen, warum sich die Menschheit bisher lieber mit dem „Schlechten" als mit dem „Schönen" beschäftigt hat, aber dafür gibt es eine einfache und einleuchtende Begründung: Durch die Weltkriege im 20. Jahrhundert erkrankten viele Millionen Menschen mental und mussten folglich therapiert werden. Um die Krankheiten behandeln zu können, mussten die psychischen Störungen jedoch erst einmal genauer unter die Lupe genommen und studiert werden. Die Behandlung und Heilung der psychischen Erkrankungen stand im Mittelpunkt und die positiven Aspekte wurden weitestgehend vernachlässigt. Ein weiterer Grund für die Fokussierung auf die Pathologien und ihre Auswirkungen ist die Tatsache, dass sie in extremen Formen zu großen Problemen für den Einzelnen und für die Gesellschaft werden können. Eine Depression kann zu Essstörungen oder sogar Selbstmord, Angst zu Aggression und Gewalt führen und damit eine potentielle Gefahr darstellen. Die Forschung hat sich bisher also auf Pathologien konzentriert, weil diese offensichtlicher sind und Auswirkungen haben, die es zu vermeiden gilt.

Heute – nach vielen Jahrzehnten der intensiven Erforschung von psychischen Erkrankungen – scheint es notwendig, diese Einseitigkeit zu überwinden und den Blick auch auf Ressourcen, Stärken und Wachstum zu richten. Die Positive Psychologie macht es sich nun zur Aufgabe, die Stärken der menschlichen Psyche zu verstehen und zu vermehren, um das Wohlbefinden des Menschen zu erhöhen.

Kurz gesagt gilt: „Positive Psychology is the scientific study of what goes right in life" [4]. Damit werden nun also Tugenden und Charakterstärken, die gesunde Bewältigung von Krisen und kritischen Lebensereignissen, Glück und Wohlbefinden Gegenstand der Forschung. Die Positive Psychologie beschäftigt sich dazu mit Fragestellungen wie:

• Wie wirken positive Emotionen und wie können sie gezielt hervorgerufen werden?
• Wie kann ich mein mentales Wohlbefinden steigern?
• Wie wirkt Dankbarkeit?
• Wie viel Schlaf braucht der Mensch, um ausgeglichen zu sein?
• Wie wirkt positiver Humor?
• Wann sind Menschen engagiert und motiviert?
• Wie entstehen positive soziale Beziehungen und wie können diese durch Wertschätzung gefestigt werden?
• Wann arbeitet ein Team gut zusammen?

- Wie entsteht Sinnempfinden?
- Warum streben Menschen nach Erfolg?

Die aus der Positiven Psychologie resultierenden Forschungsergebnisse liefern also Hinweise darauf, wie wir unser eigenes Glücksempfinden beeinflussen können. Diese Erkenntnisse können auch von Unternehmen angewendet werden, um glücklichere Mitarbeiter zu beschäftigen und von den daraus resultierenden Vorteilen zu profitieren. Hintergrund der verstärkten Anwendung der Positiven Psychologie in Unternehmen ist die Tatsache, dass glückliche Mitarbeiter motivierter und leistungsfähiger sind [5]. Studien beweisen beispielsweise, dass glückliche Mitarbeiter nachweislich produktiver sind und weniger Fehltage aufweisen. Es sollte also das Ziel eines jeden Unternehmers sein, möglichst glückliche Mitarbeiter zu beschäftigen. Doch was ist eigentlich Glück und wie beeinflusst das „Glücklichsein" unser Verhalten?

Das höchste Ziel des Menschen ist es, glücklich zu sein. Das Streben nach Glück motiviert uns unbewusst bei jeder Tätigkeit. Und ohne die Aussicht auf befriedigende und lustvolle Momente würden wir keinen Handschlag mehr tun. Jeder von uns kennt Glück und empfindet es öfter oder seltener. Doch die meisten von uns machen sich keine Gedanken über Glück und schenken den negativen Emotionen unbewusst mehr Aufmerksamkeit. Das wollen wir mit diesem Buch ändern!

Nehmen Sie sich ein paar Minuten Zeit und überlegen Sie, wie Sie persönlich Glück empfinden. Was ist für Sie Glück? Dabei geht es nicht um die Frage, wann oder durch welche Auslöser Sie glücklich sind, sondern mit welchen Worten Sie Glück beschreiben würden. Ihre Assoziationen zu Glück können Sie in Stichpunkten hier aufschreiben:

Fragen

Was ist Glück für mich?

Auch die Gruppe der Autoren dieses Buches hat sich mit der Frage „Was bedeutet Glück für mich?" beschäftigt und ist zu folgendem Ergebnis gekommen: starke positive Emotion, euphorisches Hochgefühl, Lebensfreude und Leidenschaft, absolute Harmonie, gesund sein, tiefes Gefühl von Frieden und Freude, Zufriedenheit.

Besonders interessant ist die Aussage, dass es als Glück verstanden wird, „gesund zu sein". Das hat auch die WHO (World Health Organisation) erkannt und ihre Definition von „gesund sein" überarbeitet. Die alte Definition besagte, dass sich Gesundsein durch Abwesenheit von Krankheit oder Behinderung auszeichnet. In der heutigen Definition findet sich noch der Zusatz, dass es sich dabei um einen Zustand vollständigen physischen, geistigen und sozialen Wohlbefindens handelt. Auch hier wird also der Positivität vermehrt Bedeutung beigemessen.

Stimmen Sie mit den genannten Assoziationen zum Glück überein? Haben Sie vielleicht sogar ähnliche Worte genutzt? Jeder von uns hat unterschiedliche Vorstellungen von Glück und findet unterschiedlichste Ausdrücke, um dieses Gefühl zu beschreiben. Aber im Großen und Ganzen meinen wir alle das Gleiche.

Wenn wir glücklich sind, befinden wir uns in einem vollkommenen, dauerhaften Zustand intensivster Zufriedenheit und wünschen uns, dass dieser Moment noch lange anhält [5]. Ohne Angst können wir das Hier und Jetzt genießen, freuen uns und sind dankbar zu gleich. Glück ist das Gefühl, in dem man eins mit sich und der Umwelt ist und alles einen angenehmen Sinn ergibt [2].

Die Art und Weise, wie wir Glück empfinden, ist bei uns allen ähnlich. Nichtsdestotrotz ist es nicht möglich, ein Patentrezept für das Empfinden von Glück zu beschreiben, denn die Auslöser von Glücksemotionen unterscheiden sich von Mensch zu Mensch. Die Frage „Wann empfinden wir Glück?", lässt sich also nicht vereinheitlichen.

Wann jeder von uns Glück empfindet, ist somit genauso unterschiedlich wie wir Menschen selbst. Die Wahrnehmung, Denkprozesse und der Entwicklungsstand einer Person führen dazu, dass das Empfinden von Glück in ganz besonderem Maße an der eigenen Persönlichkeit ansetzt und individuell betrachtet werden muss. Jeder von uns bewertet Situationen unterschiedlich und nimmt Glück individuell wahr. Wir alle haben andere Vorstellungen von schönen Dingen oder Situationen, die uns glücklich machen, und diese Vorstellungen können bei zwei verschiedenen Menschen komplett gegensätzlich sein. So kann eine Situation in einer Person höchste Glücksgefühle auslösen und in einer anderen Angst und Abneigung hervorrufen [6].

Die Entstehung von Glück ist personen-, kultur-, und zeitabhängig und die Bestimmungsgründe des Glücks sind vielfältig. Die Faktoren, die die Empfindung des Glücks beeinflussen, lassen sich in die gerade beschriebenen internen und externen Einflussfaktoren aufteilen. Äußere Faktoren, die Einfluss auf unser Wohlbefinden nehmen, sind soziodemografische und wirtschaftliche Faktoren, Kontext- und Situationsfaktoren, Kultur und Religion sowie politische Einflüsse, also all jene Faktoren, die uns tagtäglich umgeben. Ein anderes Umfeld und damit auch unterschiedliche äußere Einflüsse führen zu verschiedenen Ausgangssituationen. Manche davon sind besser geeignet, um Glück zu empfinden, manche weniger.

Durch die vielen verschiedenen Einflüsse und die starke Subjektivität, die das Empfinden von Glück beeinflussen, ist es nur schwer möglich, allgemeingültig zu definieren, was es bedeutet, „glücklich zu sein", und welche Auslöser dazu führen. Eindeutig ist jedoch, dass jeder von uns über individuelle Glücksauslöser verfügt und in der Lage ist, Glück zu empfinden.

Auch der renommierte US-amerikanische Psychologe M. E. P. Seligman, der wie erwähnt zu den Pionieren auf dem Gebiet der Positiven Psychologie gehört, hat sich mit der Frage beschäftigt, wie Glück und Wohlbefinden entstehen. Den längsten Teil seiner Karriere ging er von der „Theorie des authentischen Glücks" aus, nach der Glück das Hauptthema der Positiven Psychologie ist und einzig durch den Faktor Lebenszufriedenheit definiert wird. Heute ist er der Meinung, dass so ein komplexes Thema wie Glück nicht nur durch einen einzigen Faktor definiert werden kann. Seinen neuen Ansatz, die „Theorie des Wohlbefindens", beschreibt er in seinem 2011 erschienenen Buch „Flourish".

Die „Theorie des Wohlbefindens" nennt nicht mehr das Glück als Hauptthema der Positiven Psychologie, sondern das Wohlbefinden. Definiert wird dieses durch fünf verschiedene Elemente, die durch das Akronym PERMA bekannt geworden sind. Diese fünf Elemente sind:

- positive Emotionen (**Positive Emotions**)
- **Engagement**
- positive Beziehungen (positive **Relationships**)
- Sinn (**Meaning**) und
- Zielerreichung/erfolgreiche Bewältigung (**Accomplishment/Achievement**).

Jedes der Elemente weist folgende Eigenschaften auf: Es trägt zum Wohlbefinden bei; viele Menschen streben um der Sache selbst willen danach – nicht, um eines der anderen Elemente zu erhalten; es lässt sich unabhängig von den anderen Elementen definieren und messen (Exklusivität).

Das erste Element, *positive Emotionen*, kann man auch als „angenehmes Leben" oder Lebenszufriedenheit bezeichnen. Glück und Lebenszufriedenheit werden nun nicht mehr als alleinbestimmender Faktor gesehen, sondern tragen neben vier anderen Faktoren zum Erreichen von Wohlbefinden bei. Konkrete Beispiele für positive Emotionen sind Dankbarkeit, Zufriedenheit, Befriedigung, Hoffnung, Liebe und Freude beziehungsweise Vergnügen.

Engagement stellt das zweite Element des PERMA-Modells dar. Engagement entsteht, wenn zwei Voraussetzungen gegeben sind. Erstens der Zustand des Flow, also die völlige Vertiefung und das gänzliche Aufgehen in einer Tätigkeit. Zweitens, wenn persönliche Stärken eines Menschen ausgenutzt und dadurch Wohlbefinden und Sicherheit ausgelöst werden.

Als drittes Element nennt Seligman die *positiven Beziehungen*. Er versteht darunter die freundliche Haltung anderen Menschen gegenüber. Nichts verbessert das eigene Wohlbefinden mehr, als das Wohlbefinden von anderen zu verstärken. Sehr vereinfacht könnte man es auf den Satz reduzieren: „Hast du schlechte Laune, geh' los und hilf jemand anderem!"

Hinter dem vierten Element, *Sinn*, verbirgt sich das Gefühl, zu etwas zugehörig zu sein oder einer Sache zu dienen, die wir als größer als unser eigenes Ich einschätzen.

Das letzte Element, die *Zielerreichung* oder die erfolgreiche Bewältigung einer Tätigkeit, kann man auch als „sich selbst als wirksam erleben" beschreiben. Es wird als eigenständiges Element betrachtet, da das Erreichen eines Ziels beziehungsweise das Erzielen eines Erfolgs von uns Menschen als Selbstzweck ausgeübt wird, auch ohne das Auftreten von positiven Gefühlen, Engagement, positiven Beziehungen und Sinn [7].

All diese Elemente werden Sie im Laufe des Buches wiedererkennen.

Take-Away-Message

Alternativen Messwerten wie dem Wohlbefinden wird heutzutage mehr und mehr Aufmerksamkeit geschenkt. Sie werden mittlerweile als so wichtig erachtet, dass daraus sogar eine eigene Forschungsrichtung entstanden ist, die „Positive Psychologie". Sie setzt sich mit den Stärken der menschlichen Psyche auseinander, um zu verstehen, wie das Wohlbefinden des Menschen erhöht werden kann.

Die Forschungsergebnisse können wir dafür nutzen, um unserer eigenes Glücksempfinden zu beeinflussen. Vermehrt werden die Erkenntnisse auch von Unternehmen angewendet, um das Glücksempfinden ihrer Mitarbeiter zu erhöhen und von den daraus resultierenden Vorteilen zu profitieren.

Literatur

1. Kennedy, R. F. (1968). *Speech at the University of Kansas*. 18. März 1968. Freie Übersetzung: Unser Bruttonationalprodukt [. . .] misst Luftverschmutzung, Zigarettenwerbung und Rettungseinsätze, die das Blut von unseren Straßen wischen. Es misst Spezialschlösser für unsere Türen und Gefängnisse für die Menschen, die sie knacken. Es misst die Zerstörung unserer Wälder und den Verlust nationaler Schönheit durch die chaotische Ausbreitung der Städte. Es misst Napalm und nukleare Sprengköpfe und gepanzerte Autos für die Polizei, mit denen sie gegen die Aufstände in unseren Städten kämpft [. . .] und die Fernsehprogramme, die Gewalt verherrlichen, um unseren Kindern Spielzeug zu verkaufen. Jedoch lässt das Bruttonationalprodukt die Gesundheit unserer Kinder, die Qualität ihrer Bildung oder ihren Spaß beim Spielen gänzlich außer Acht. Es beinhaltet nicht die Schönheit unserer Poesie oder die Stärke unserer Ehen, die Intelligenz unserer öffentlichen Debatten oder die Integrität unserer Beamten. Es misst weder unsere geistigen Fähigkeiten, noch unseren Mut, weder unsere Weisheit, noch unsere Gelehrtheit, weder unser Mitgefühl, noch unser Engagement für unser Land, kurzgesagt misst es alles, bis auf die Dinge, die das Leben lebenswert machen. Und es kann uns alles über Amerika sagen, aber nicht, warum wir stolz sind, Amerikaner zu sein.
2. Haas, O. (2010). *Corporate Happiness als Führungssystem. Glückliche Menschen leisten gerne mehr*. Berlin: Erich Schmidt.
3. Sheldon, K. M., & King, L. (2001). Why positive psychology is necessary. *American Psychologist*, 56(3), 216–217.
4. Peterson, C. (2006). *A primer in positive psychology*. New York: Oxford University Press.
5. Laszlo, H. (2008). *Glück und Wirtschaft (Happiness Economics). Was Wirtschaftstreibende und Führungskräfte über die Glücksforschung wissen müssen*. Wien: Infothek.
6. Frey, B.S., & Frey Marti, C. (2010). *Glück. Die Sicht der Ökonomie. Reihe „Kompaktwissen CH"* (Bd. 13, 2. Aufl.). Zürich/Chur: Rüegger.
7. Seligman, M. (2011). *Flourish. Wie Menschen aufblühen. Die Positive Psychologie des gelingenden Lebens*. München: Kösel.

Wie entsteht Glück und was macht es mit uns?

Nicolaus Vorwerk

Überrascht von der Kraft des Positiven und den zwischenmenschlichen Beziehungen, wollte ich mir doch mal genauer anschauen, wie sie auf unseren Körper wirken. Ich hoffe, Sie sind genauso erstaunt wie ich über die aktuellen wissenschaftlichen Erkenntnisse! (Nicolaus Vorwerk)

Manchmal schlagen uns besonders schlechte Nachrichten gehörig auf den Magen. Es fühlt sich an, als breche einem das Dach über dem Kopf zusammen. In der Zeit danach könnten Mitmenschen meinen, uns sei eine Laus über die Leber gelaufen. Erst wenn alles wieder gut ist, fällt den Besorgten ein echter Stein vom Herzen und die Befreiung fühlt sich geradezu an wie Schmetterlinge im Bauch. Hinter solchen leicht dahergesagten Redewendungen steckt tatsächlich eine ernstzunehmende Erkenntnis der Wissenschaft: die Einheit zwischen Psyche und Körper.

Wohlbefinden oder Glücksempfinden spiegeln sich nämlich im Körper (damit wird hier und nachfolgend auch immer das Gehirn einbezogen) wider! Der Mensch macht aus psychischen Erfahrungen Biologie [1]. Verschiedene Forschungen gehen davon aus, dass eine Vielfalt von Wechselbeziehungen zwischen Lebensumständen, Gefühlen und Gedanken eines Menschen und seinem Körper und seinen Organen besteht.

Doch wie funktioniert dieses Zusammenspiel von Psyche und Körper genau? Durch unsere Sinne ist der Körper verschiedenen Reizen ausgesetzt, die ins Nervensystem gelangen und dann von unserer Psyche wahrgenommen werden. Die Psyche deutet die wahrgenommenen Reize – oft unbewusst. Dabei entstehen Emotionen und Gefühle, die wiederum auf das Nervensystem und auf den ganzen Körper wirken. Übertragen werden diese Signale zum einen nerval (über Nervenzellbahnen, die auf andere Neuronen, Muskelfasern und Organe einwirken) und zum anderen chemisch (über die Ausschüttung chemischer Moleküle in die Blutbahn, die auf die Rezeptoren von Zellen im Körpergewebe einwirken). Zu

N. Vorwerk (✉)
Hamburg, Deutschland
E-Mail: mail@positive-psychologie-im-beruf.de

T. Johann, T. Möller (Hrsg.), *Positive Psychologie im Beruf*,
DOI 10.1007/978-3-658-00265-7_2, © Springer Fachmedien Wiesbaden 2013

Abb. 2.1 Psyche und Körper.
(Darstellung in Anlehnung an
Bauer (2007))

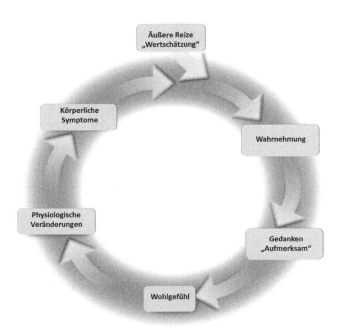

den chemischen Molekülen gehören auch die sogenannten Botenstoffe. Diese Botenstoffe werden auch Neurotransmitter genannt, da sie bestimmte Informationen von Nervenzelle zu Nervenzelle übermitteln. Ergebnis dieser sowohl chemischen wie auch neuronalen Kommandos ist eine umfassende und tiefgreifende Änderung im Zustand des Organismus.

Dabei werden auch das Gehirn und seine Funktionen grundlegend modifiziert [1]. Ein Organismus, der auf diese Weise modifiziert ist, verändert nun wiederum die Wahrnehmung und Deutung neuer Reize, die wir aus der Umwelt erhalten, und beeinflusst dadurch das weitere Handeln. Aus den Effekten vorheriger Erfahrungen und Wahrnehmungen bildet sich also eine Spirale, die sowohl negativ als auch positiv wirken kann [1] (Abb. 2.1).

In der Praxis lässt sich dies anhand eines kurzen Beispiels verdeutlichen: Wenn Sie von Ihren Mitmenschen geachtet werden und man Ihnen Sympathie und Anerkennung entgegenbringt – und wenn Sie das auch spüren – schüttet Ihr Körper chemische Stoffe aus, die in Ihrem Nervensystem wie eine Art „Glückscocktail" wirken. Der Körper transformiert psychische Wahrnehmungen und Erfahrungen somit zu biologischen Prozessen, die konkret auf den Körper wirken [1]. Zum einen steigt die Wahrscheinlichkeit, Gutes zu tun und mit anderen Menschen sozialen Kontakt aufzunehmen. Aber obendrein ändert sich unsere Wahrnehmung und Deutung der Umwelt – plötzlich kommt uns alles gleich viel sympathischer vor. Aus dieser positiven Wahrnehmung von allem um uns herum resultiert wiederum eine weitere Ausschüttung von Glückshormonen, die die Wahrnehmung und Deutung neuer Reize weiter zum Positiven verändern.

Klare Einsichten konnten die Psychologie und die Neurologie vor allem in die Auswirkungen negativer Emotionen auf unsere Psyche und den Körper gewinnen. Ganz aktuell und besonders in der Wirtschaftswelt oft und hitzig diskutiert sind dabei die negativen Auswirkungen von exzessivem Stress. Das Thema Stress lässt sich mit einer Situation verdeutlichen, die womöglich einige nur zu gut kennen: Wenn sich Arbeit schon seit Wochen auf Ihrem Schreibtisch türmt und es Ihnen schon seit einer Woche vor einem Vortrag graut, den Sie übermorgen halten sollen; wenn der Stapel einfach nicht kleiner wird, wenn Sie einfach nicht wissen, wie Sie das alles schaffen sollen; wenn Sie nachts lange über Problemen grübeln und nicht zur Ruhe kommen, konstant angespannt bleiben, keine Erholung finden – dann entsteht bei vielen ein Gefühl der Bedrohung. Die Gestressten haben Angst. Was, wenn sie es nicht schaffen, die ganzen Probleme zu lösen? Stress wird zum ständigen Begleiter im Alltag.

Solche Probleme können schnell „schwer im Magen liegen". Im fachlichen Jargon werden diese einzelnen Stresssituationen Stressoren genannt. Sie veranlassen unseren Körper, das Hormon Cortisol freizusetzen. Dieses lebenswichtige Hormon dient vor allem als Bindeglied zwischen unserer Psyche und unserem Körper: Die psychische Wahrnehmung von Gefahr veranlasst die Ausschüttung von „Stresshormonen" wie Cortisol und anderen Botenstoffen wie Adrenalin und Noradrenalin. Damit soll eine optimale Anpassung des Organismus an die potentielle Gefahrensituation gelingen.

Sahen sich unsere Urahnen beispielsweise in der Wildnis einem hungrigen Bären ausgesetzt, erhöhte sich automatisch ihr Herzschlag und die Blutversorgung in den Beinarterien, um eine schnellere Flucht vor der Gefahr zu ermöglichen [2]. Interessant ist auch, was in solchen Situationen in unserem Gehirn passiert: Hier kann man zwischen zwei Funktionen unterscheiden [3]: Zum einen gibt es das *deklarative Gedächtnis*, welches die Funktion hat, neue Informationen bewusst wahrzunehmen und vorhandene abzurufen und zu verarbeiten. Das Lösen einer Mathematikaufgabe wäre beispielsweise eine Aufgabe für das deklarative Gedächtnis. Zum anderen existiert ein *prozedurales Gedächtnis*, das eher „Schemata" gespeichert hat, die in einer bestimmten Reizsituation ein automatisches Verhalten auslösen. Eine typische automatische Reaktion des prozeduralen Gedächtnisses wäre es beispielsweise, beim Fahrradfahren das Gleichgewicht zu halten. Während wir fahren, können wir mit unseren Gedanken ganz woanders sein, die Landschaft genießen oder uns unterhalten. Würden wir versuchen, das Fahrrad nach unseren bewusst gespeicherten Physikkenntnissen zu steuern, hätten wir vermutlich viel mehr Schwierigkeiten.

Ein durch eine Gefahrensituation ausgelöster hoher Cortisolspiegel hemmt das deklarative Gedächtnis, um so das prozedurale Gedächtnis zu unterstützen. Dies ist in einer Gefahrensituation oft überlebenswichtig: Es bleibt gerade genug Zeit, die Situation grob einzuschätzen, die Reaktion erfolgt sofort und instinktiv. Im Angesicht eines hungrigen Bären in der Wildnis erst einmal bewusst die Lage einzuschätzen und wohlüberlegt zu reflektieren, was in einer solchen Situation zu tun ist, wäre dem Überleben nicht sonderlich zuträglich. Und wären unsere Vorfahren so vorgegangen, würden Sie wohl heute nicht dieses Buch in Händen halten.

Unsere psychische Wahrnehmung hat den Körper somit optimal auf eine Reaktion bei Gefahr vorbereitet, jedoch erweist sich diese Reaktion in anderen Fällen als nicht so günstig. Die oft gefürchteten Blackouts vor einer Prüfung sind ein gutes Beispiel dafür. Auch ein als bedrohlich und belastend wahrgenommenes Arbeitsumfeld löst im Körper des Betroffenen automatisch eine erhöhte Ausschüttung von Cortisol aus, was die Aufmerksamkeit sowie die Denk- und Gedächtnisleistung stark hemmt. Das beeinträchtigt die Arbeitskapazität, im Extremfall kann es zu einer vollständigen Blockade kommen. Die Folgen eines dauerhaft hohen Cortisolspiegels sind jedoch wesentlich weitreichender.

Untersuchungen an Ratten und Primaten haben ergeben, dass schwerwiegender und lange andauernder Stress Neuronen im Hippocampus unmittelbar schädigt [4]. Auch werden Stresszustände mit Depressionen, Herzkrankheiten, Diabetes, Geschwüren im Magen-Darm-Bereich und anderen Krankheiten in Verbindung gebracht.

Stress kann in manchen Situationen also durchaus aktivierend wirken. Doch wer seinem Körper dauerhaft einen Zustand zumutet, der einem erbitterten Überlebenskampf gleichkommt, wird auf Dauer tatsächlich mit ernsten Krankheiten zu kämpfen haben. Es ist daher wichtig, dem Körper Ruhephasen zu gönnen und ihn mit positiven Emotionen auszubalancieren. Dabei kann unser biologisches Motivationssystem eine wichtige Hilfe sein.

Die Neurologie hat sich in den letzten Jahren intensiv mit Positiven Emotionen und Motivation und deren Wirkungsmechanismen im menschlichen Gehirn auseinandergesetzt. Dort gibt es nämlich Botenstoffe, auch *„Antriebsaggregate"* genannt, die mit der „gefühlten" Motivation zusammenhängen. Unser Gehirn macht somit aus subjektiven Erlebnissen biochemische Ergebnisse. Hier wird wieder die enge Beziehung zwischen Psyche und Körper deutlich [1].

Psychische Erfahrungen, also von uns subjektiv wahrgenommene Situationen, setzen bei einer bestimmten Gruppe von Neuronen Stoffe frei, die auf das Gehirn und damit auch auf das Verhalten wirken. Manche dieser Stoffe hemmen die menschliche Handlungsbereitschaft, andere verleihen ihr Antrieb und Kraft. Unser Gehirn ist somit ein Resonanzkörper, in dem sich unsere psychischen Erfahrungen widerspiegeln.

Erinnern Sie sich doch mal an eine Situation, in der Sie negative Emotionen erlebt haben – vielleicht an den Verlust eines nahestehenden Menschen oder die Trennung von einem Partner. Kann es sein, dass Sie sich völlig kraftlos gefühlt haben und zu nichts mehr Lust hatten? Ihr Körper war wie gelähmt und selbst ein wunderbares Panorama ließ Sie nur gleichgültig mit den Schultern zucken?

Oder erinnern Sie sich an eine Situation, in der Sie ein Ziel erreicht haben oder kurz davor waren. Oder noch besser: als Sie einmal frisch verliebt waren. War es so, dass Ihnen alles recht und gut war, dass Sie das Leben völlig neu betrachteten? Dass Sie in Ihrem Körper eine Kraft spürten, die regelrecht aus Ihnen herausplatzen wollte, Sie drängte, Ihre Grenzen zu erweitern und kreativ etwas verändern zu wollen?

Psychische Zustände schalten in unserem Körper sogenannte *„biologische Motivationssysteme"* an oder bringen sie zum Erliegen. Wichtige Bestandteile dieses Motivationssystems befinden sich im Mittelhirn und sind somit an Nervenzell-Netzwerken zu finden, die sich an zentraler Stelle aufhalten. Ihre Spezialität ist die Herstellung und Ausschüttung von „Antriebsaggregaten", die uns das fühlen lassen, was für die Erledigung unserer täglichen Arbeit unerlässlich ist: Kraft und Motivation, also die Lust, etwas zu tun. Leider werden diese Nervenzellen nicht von selbst aktiv. Damit sie mit der Ausschüttung der motivierenden Botenstoffe starten, bedarf es einer vorherigen Aktivierung.

Botenstoffe sind der Treibstoff der Motivationssysteme

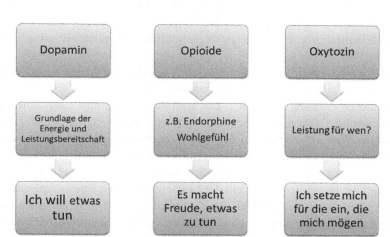

Abb. 2.2 Botenstoffe sind der Treibstoff der Motivationssysteme. (Eigene Darstellung in Anlehnung an Bauer (2007) und Binder-Kassel (2008))

Doch was aktiviert das Motivationssystem und was schaltet es ab? Und wie wirken sich diese „Antriebsaggregate" genau auf das menschliche Befinden aus? Steht ein reizvolles Ziel in Aussicht (beispielsweise die Teilhabe an einer sozialen Gemeinschaft oder eine attraktive Tätigkeit), wird das Motivationssystem aktiviert. Die Nervenzellen unseres Motivationssystems werden nun aktiv und schütten die oben genannten „Antriebsaggregate" oder auch sogenannte Glückshormone aus. Sie sind der Treibstoff unserer Motivationssysteme. Die drei wichtigsten „Glückshormone" sind Dopamin, Opioide und Oxytozin (Abb. 2.2).

Dopamin ist maßgeblich für die Vorfreude verantwortlich und wird immer dann ausgeschüttet, wenn man etwas begehrt [5]. Dabei hat es denselben Effekt wie eine aufputschende Dopingdroge: Zum einen „fühlt es sich gut an", vor allem aber erhöht es die Konzentration und Handlungsbereitschaft.

Positive Emotionen bereichern unser Leben, am liebsten würden wir sie immer und immer wieder erleben. Hier setzt die Wirkung des Dopamins an. Es steigert das Verlangen nach dem Begehrten und erhöht somit die Bereitschaft zur Handlung, um die positive Emotion wieder erleben zu können. Immer wenn wir im Berufsleben eine neue Aufgabe beginnen, ist Dopamin mit im Spiel und verstärkt den Tatendrang. Daher wird es auch als das Molekül des Wollens, der Erregung und des Lernens bezeichnet. Interessanterweise beeinflusst Dopamin zugleich die muskuläre Bewegungsfähigkeit des Körpers. Wir werden somit physisch und psychisch in Bereitschaft versetzt, ein Ziel zu erreichen.

Außerdem ist Dopamin für die Steuerung der Wachheit zuständig und beeinflusst die Neugierde, das Lernvermögen und die Kreativität. Unter der Wirkung des Dopamins fühlen wir uns motiviert, optimistisch und voller Selbstvertrauen. Wenn der Dopaminspiegel in unserem Blut erhöht ist, sind wir in der Lage, schneller zu reagieren, können leichter

Assoziationen bilden und sind kreativer, weil unser Gehirn Informationen wirkungsvoller verarbeiten kann. Schon wenn wir uns konzentrieren, wird die Dopamin-Ausschüttung erhöht, was wiederum bewirkt, dass wir glücklich sind und uns besser konzentrieren können – eine Aufwärtsspirale, die die Leistungsfähigkeit steigert und gleichzeitig noch glücklich macht [5].

Neben der Ausschüttung von Dopamin werden von den Nervenzellen auch endogene, also körpereigene *Opioide* freigesetzt. Als endogene Opioide werden drei Substanzgruppen mit ähnlicher Wirkung bezeichnet. Das sind die „Endorphine", die „Enkephaline" und die „Dynorphine". Diese Opioide sind vom Körper selbst produzierte Morphine, die schmerzlindernd bzw. schmerzunterdrückend wirken. Sie werden verstärkt in Ausnahmesituationen ausgeschüttet: zum Beispiel unter starker körperlicher Anstrengung und Stress. So empfinden viele Läufer nach einem kräftezehrenden Marathonlauf ein sogenanntes Runner's High. In diesem Zustand erlebt der Läufer idealerweise einen schmerzfreien und euphorischen Gemütszustand, der ihn die körperliche Anstrengung vergessen lässt und ihm das Gefühl gibt, „ewig" weiterlaufen zu können. Auch während und nach der Geburt eines Kindes werden bei der Mutter verstärkt Endorphine ausgeschüttet, um die Schmerzen der Geburt erträglicher zu machen. Nach einer schwierigen Geburt würde sich sonst wohl so manche Mutter eine weitere Schwangerschaft noch einmal genauer überlegen.

Auch bei sehr starken positiven Erlebnissen werden Endorphine ausgeschüttet. Sie sind für das eigentliche Glücksgefühl verantwortlich und lösen Euphorie aus [6]. Opioide verursachen, nachdem sie beispielsweise durch einen beruflichen Erfolg freigesetzt wurden, einen ähnlichen Effekt, wie er von Opium oder Heroin erzeugt wird, allerdings in fein abgestimmter Dosis: Man verspürt einen wohltuenden Effekt, der sich auch auf das Emotionszentrum auswirkt und ein tiefes Gefühl des Wohlbefindens und der Lebensfreude mit sich bringt. Gleichzeitig werden das Ich-Gefühl und eine große Zahl an Gehirnfunktionen wie Gedächtnis und Lernvermögen gestärkt.

Der letzte Botenstoff, der von den Nervenzellen in den Motivationszentren produziert wird, ist *Oxytozin*. Dieses „Antriebsaggregat" ist auf Bindung und Vertrauen spezialisiert. Dabei ist es sowohl Ursache als auch Wirkung von Bindungserfahrungen [7]. Es wird ausgeschüttet, wenn positive Beziehungen und Vertrauen erfahren werden, und stärkt gleichzeitig rückwirkend die Bindung. Oxytozin steigert das prosoziale Verhalten, indem es Kooperationsbereitschaft, Sinn für partnerschaftliche Fairness und Treue erhöht. Oxytozin bewirkt ein ausgeprägtes Glücks- und Genussgefühl, wirkt entspannend und dämpft Angst- und Stresssysteme [1]. Damit hat es die Voraussetzungen eines Motivators: Bewusst oder unbewusst tendieren wir dazu, uns so zu verhalten, dass es zu einer Ausschüttung von Oxytozin kommt. Das heißt, dass wir gerne kooperieren, um neue Beziehungen einzugehen, aber vor allem, um alte zu erhalten und zu stärken. Dies bewirkt die Ausschüttung von Oxytozin und die damit verbundenen angenehmen Effekte. Oxytozin, das besonders bei stabilen Beziehungen ausgeschüttet wird, ist somit für nachhaltige Motivation unersetzlich.

Diese positiven Erfahrungen und die dazugehörenden Ausschüttungen von Dopamin, Opioiden und Oxytozin haben einen Motivations- und Belohnungseffekt, der unser Verhalten beeinflusst. Wie eine Suchtdroge führen sie uns dazu, gemäß unseren bisherigen

Erfahrungen Situationen zu suchen, in denen wir uns wohlgefühlt haben und in denen „Glückshormone" ausgeschüttet wurden.

In den letzten zwei Jahrzehnten wurde das Modell des rational denkenden „homo oeconomicus", der nur den eigenen Nutzen maximiert, stark in Frage gestellt. Es ist Grundvoraussetzung für unser Vertrauen in freie Märkte. Nach den beschriebenen neurowissenschaftlichen Studien und auch nach Studien der Sozialpsychologie und der Verhaltensökonomik ist die Vorstellung, dass der Mensch Entscheidungen bewusst, konsequent und unabhängig trifft, im besten Fall nur eine unvollständige Erklärung von dem, was wir sind und wie wir funktionieren.

Auf die Frage, worauf menschliche Motivationssysteme eigentlich ausgerichtet sind und welchen Zweck sie erfüllen, konnte von der Neurobiologie erst in den letzten Jahren eine zufriedenstellende Antwort gegeben werden [1, 8] Das Ergebnis verblüffte selbst die Fachwelt: Das natürliche Ziel von Motivations- und Belohnungssystemen ist die Teilhabe an einer sozialen Gemeinschaft und das Gelingen von Beziehungen mit anderen Individuen [9]. Hierin sind alle Formen sozialen Zusammenwirkens einbezogen. Man entdeckte dabei, dass die Motivationssysteme sich ausschalten, wenn keine Chance auf soziale Zuwendung besteht, und anspringen, wenn das Gegenteil der Fall ist. Positives zwischenmenschliches Miteinander ist somit zugleich Ziel und Auslöser für die Motivationssysteme. Dabei führt allein ein menschliches Lächeln zu einem deutlich erhöhten Dopaminspiegel. All dies mündet darin, dass in der internationalen neurobiologischen Forschung immer mehr vom „*social brain*" gesprochen wird.

Take-Away-Message

Ein als bedrohlich und belastend wahrgenommenes Arbeitsumfeld löst im Körper des Betroffenen automatisch eine erhöhte Ausschüttung von Cortisol aus, was die Aufmerksamkeit sowie die Denk- und Gedächtnisleistung stark hemmt.

Positive Erlebnisse und Arbeitsumfelder stärken das Ich-Gefühl und eine große Zahl an Gehirnfunktionen wie Gedächtnis und Lernvermögen.

Insbesondere drei Hormone sind für das Glücksempfinden verantwortlich: Dopamin, Opioide und Oxytozin.

Der Mensch ist kein „homo oeconomicus", sondern vielmehr ein soziales Wesen.

Literatur

1. Bauer, J. (2007). *Prinzip Menschlichkeit: Warum wir von Natur aus kooperieren*. Hamburg: Heyne.
2. Damasio, A. R. (2006). *Ich fühle, also bin ich. Die Entschlüsselung des Bewusstseins*. München: Ullstein.
3. Springer-Kremser, M., Löffler-Stastka, H., & Schuster, P. (Hrsg.). (2010). *Psychische Funktionen in Gesundheit und Krankheit*. Wien: facultas.wuv.
4. Ehlert, U. (2003). *Verhaltensmedizin*. Berlin: Springer.

5. Klein, S. (2003). *Die Glücksformel. Oder wie die guten Gefühle entstehen.* Reinbek: rororo.
6. Braunmiller, H. (2010). Steckbrief eines Hochgefühls. Focus Online. http://www.focus.de/gesundheit/ratgeber/psychologie/gesundepsyche/gluecksforschung/gluecksforschung-steckbrief-eines-hochgefuehls_aid_26696.html. Zugegriffen: 30. Mai. 2011.
7. Zak, P. J., Kurzban, R., & Matzner, W. T. (2005). Oxytocin is associated with human trustworthiness. *Hormones and Behavior, 48,* 522–527.
8. oc. (2007). Serotonin – der Stoff, der Siegertypen produziert. Welt Online. http://www.welt.de/wissenschaft/article750429/Serotonin_der_Stoff_der_Siegertypen_produziert.html. Zugegriffen: 2. Juli. 2011.
9. Binder-Kissel, U. (2008). Was motiviert Menschen. Resource document. Managementtraining-Beratung-Coaching. http://www.binder-kissel.de/downloadarchiv/fuehrungbauerwasmotiviert.pdf. Zugegriffen: 7. Okt. 2012.

Welche aktuellen Probleme treten in Unternehmen auf und wie kann man sie lösen?

3

Gabriel Elatawna und Monika Janikowska

Als ich zum ersten Mal von den Zahlen zur Mitarbeiterbindung in Deutschland erfuhr, war ich sehr überrascht. Dass sie so schlecht ausfallen, ist ganz offensichtlich ein Missstand in unserer Gesellschaft, den es in den kommenden Jahren anzugehen gilt. Vom Mitwirken an diesem Buch erhoffe ich mir, die Notwendigkeit für Veränderung in dieser Hinsicht zu vermitteln und zugleich Werkzeuge und Mittel bereitzustellen, um Bindung zu fördern und die daraus resultierenden positiven Effekte für Mitarbeiter und Unternehmen hervorzurufen. (Gabriel Elatawna)

Engagement wird von vielen Faktoren beeinflusst – aus eigener Erfahrung kann ich sagen, dass es nicht einfach ist, im Job immer 100 Prozent zu geben. Wenn aber Führungskräfte es ihren Mitarbeitern erleichtern und eine positive Arbeitsatmosphäre schaffen, profitieren alle Beteiligten davon. Mit praxisnahen und einfach anwendbaren Modellen möchte ich Ihnen konkrete Ideen geben, wie man das Engagement seiner Mitarbeiter fördern kann. (Monika Janikowska)

Es ist kein Geheimnis, dass in jedem Unternehmen verschiedene Mitarbeiter mit unterschiedlicher Motivation und Leistungsbereitschaft zu finden sind. Es gibt unter anderem diejenigen, die in ihrer Tätigkeit aufgehen, stets konzentriert arbeiten und loyal und produktiv sind. Dann gibt es die Mitarbeiter, die ihren Aufgaben zwar nachkommen, sich getreu dem Motto „Dienst nach Vorschrift" emotional aber nur eingeschränkt verpflichtet fühlen. Nun gibt es aber auch jene, die ihrer Tätigkeit oder ihrem Arbeitgeber negativ gesonnen sind, eventuell gegen die Interessen des Unternehmens handeln und teilweise schon „innerlich gekündigt" haben.

Diese Umstände wurden vom Beratungsunternehmen Gallup mit einer weltweit angelegten Studie genauer untersucht [1]. Die Studie gibt Auskunft darüber, wie hoch der Grad

G. Elatawna (✉) · M. Janikowska
Hamburg, Deutschland
E-Mail: mail@positive-psychologie-im-beruf.de

T. Johann, T. Möller (Hrsg.), *Positive Psychologie im Beruf*,
DOI 10.1007/978-3-658-00265-7_3, © Springer Fachmedien Wiesbaden 2013

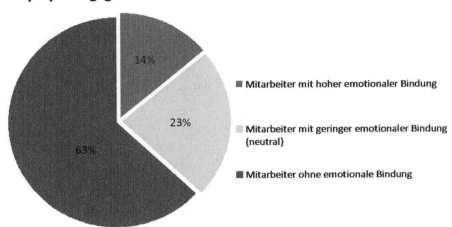

Abb. 3.1 Gallup Employee Engagement Index in Deutschland 2011

der emotionalen Bindung von Mitarbeitern an ihren Arbeitsplatz ist und wie sich diese Bindung auf betriebliche Kennzahlen auswirkt. Die oben beschriebenen drei Mitarbeitertypen wurden hierzu entsprechend in drei Gruppen aufgeteilt. Die Verteilung im sogenannten Employee Engagement Index (EEI) für Deutschland im Jahr 2011 zeigt Abb. 3.1.

Auffallend ist der besonders geringe Teil der Mitarbeiter, die angeben, eine hohe emotionale Bindung an das Unternehmen zu haben. Der größte Teil der Mitarbeiter scheint nur noch „Dienst nach Vorschrift" zu verrichten oder sogar innerlich gekündigt zu haben. Der volkswirtschaftliche Schaden, der dadurch verursacht wird, beläuft sich auf eine Summe zwischen 122 und 124 Mrd. € jährlich. Die innere Kündigung ist also nicht nur in Unternehmen ein ernstzunehmendes Risiko, sondern auch für die ganze Wirtschaft. Verfolgt man die Ergebnisse der Studie, seitdem sie das erste Mal im Jahr 2001 durchgeführt wurde, kann man sogar einen Zuwachs in der Gruppe der Mitarbeiter ohne emotionale Bindung erkennen (2001: 15 % – 2011: 23 %).

Nun stellt sich die Frage: Welche Auswirkungen hat eine emotional gebundene Arbeitnehmerschaft auf das Unternehmen und dessen Ziele? Und vor allem: Wie kann man den Grad dieser emotionalen Bindung fördern?

Widmen wir uns zunächst der ersten Frage: Eine wohl offensichtliche Auswirkung von wenig emotional gebundenen Mitarbeitern sind *Fehlzeiten*. Die in der Gallup Studie befragten Mitarbeiter mit hoher emotionaler Bindung fehlen im Vergleich zu ihren Kollegen ohne emotionale Bindung durchschnittlich 3,5 Tage weniger im Jahr, was 41 % weniger Fehlzeit entspricht. Auch der Anteil der Arbeitnehmer, die keine Fehlzeit aufweisen, ist mit 48 % bei den emotional gebundenen Mitarbeitern im Vergleich zu 34 % bei den emotional weniger gebundenen Mitarbeitern deutlich höher. Würde man in einem 2.000-Mitarbeiter-Betrieb sämtliche Fehlzeiten auf das Niveau der emotional hoch gebundenen Mitarbeiter reduzieren (5,0 Tage pro Jahr), wären Kostensenkungen von jährlich etwa 614.000 € möglich [2]. Zieht man in Betracht, dass laut deutschen Krankenkassen im Jahr 2011 jeder Arbeitnehmer durchschnittlich 12,79 Tage gefehlt hat, ergibt sich sogar ein noch größeres Kosteneinsparpotential [3].

Eine weitere Auswirkung von emotional kaum gebundenen Mitarbeitern ist eine höhere *Fluktuation*. Emotional gebundene Mitarbeiter stimmen der Aussage „Ich beabsichtige, heute in einem Jahr noch bei meiner derzeitigen Firma zu sein" mit 93 % zu, ihre emotional nicht gebundenen Kollegen nur zu 59 %. Erweitert man den Zeitraum in der Aussage auf 3 Jahre, reduzieren sich die Werte auf 86 sowie 46 %. Durch freiwillige Arbeitsplatzwechsel von Angestellten entstehen in Unternehmen hohe Kosten, ca. 4,7 Mio. € pro Jahr in einem 2.000-Mitarbeiter-Betrieb. Diese Kosten liegen in Neubesetzungen (Ausschreibung, Auswahl, Einarbeitung), Verlust von Know-how, Stärkung der Konkurrenz, Demoralisierung verbleibender Mitarbeiter sowie Imageverlust des Unternehmens durch negative Mund-zu-Mund-Propaganda begründet. Angewandt auf unseren beispielhaften 2.000-Mitarbeiter-Betrieb würde sich aus einer Erhöhung des Anteils von emotional gebundenen Mitarbeitern um 5 %, bei gleichzeitiger Verringerung emotional nicht gebundener Mitarbeiter um 5 %, ein Einsparpotenzial von ungefähr 267.000 € bei den Fluktuationskosten ergeben [4].

Auch die *Weiterempfehlungsbereitschaft* der Mitarbeiter steht in direktem Verhältnis zu ihrer emotionalen Bindung an den Arbeitsplatz. Die Unterschiede in der Weiterempfehlungsbereitschaft für Produkte und Dienstleistungen des Unternehmens sind deutlich und spielen eine große Rolle, wenn es um das Image eines Unternehmens geht. Nahezu alle emotional gebundenen Mitarbeiter empfehlen Produkte, Dienstleistungen und den eigenen Arbeitsplatz weiter. Emotional wenig gebundene Mitarbeiter tun dies nicht.

Gerade in den heutigen Zeiten ist die *Innovationsfähigkeit* in Unternehmen unabdingbar. Gemessen an eingebrachten Ideen innerhalb der letzten 6 Monate, weisen hoch gebundene Mitarbeiter eine wesentlich höhere Innovationskraft auf als ihre kaum gebundenen Kollegen [1]. Emotional gebundene Mitarbeiter fühlen sich demnach ihrem Arbeitgeber stärker verpflichtet, sind loyaler und auch kreativer.

Aber auch *traditionellere Kennzahlen* wie Betriebsergebnis, Wachstum oder Ertrag pro Aktie, die man auf den ersten Blick vielleicht eher auf Top-Management Entscheidungen zurückführen würde, werden vom Mitarbeiterengagement beeinflusst. Eine großflächig angelegte Studie von Towers Perrin-ISR untersuchte die finanziellen Ergebnisse und Engagement-Levels von 50 Unternehmen mit über 660.000 Mitarbeitern [5]. Jene Unternehmen, die hohes Mitarbeiterengagement aufwiesen, konnten im Zeitraum von einem Jahr ihr operatives Betriebsergebnis um 19,2 % verbessern, während bei Unternehmen mit niedrigem Mitarbeiterengagement eine Verschlechterung von 32,7 % über den gleichen Zeitraum ermittelt wurde. Außerdem wurde bei Unternehmen mit einem hohen Mitarbeiterengagement ein Wachstum von 13,7 % beim Nettogewinn gemessen, im Vergleich zu einem Rückgang von 3,8 % bei Unternehmen mit niedrigem Mitarbeiterengagement. Auch der Gewinn pro Aktie stieg um 27,8 % bei emotional gebundenen Arbeitnehmerschaften und sank um 11,2 % bei den anderen Unternehmen. Auch andere Studien kommen zu ähnlichen Ergebnissen:

- Die Wachstumsrate des Gewinns pro Aktie ist durchschnittlich 2,6 Mal höher, wenn die Arbeitnehmerschaft emotional ans Unternehmen gebunden ist [6].
- Emotional gebundene Mitarbeiter generieren 43 % mehr Erträge als solche, die kaum oder gar nicht gebunden sind [7].
- Unternehmen mit über 10 % Wachstum haben 39 % mehr hoch gebundene Mitarbeiter und 45 % weniger schwach gebundene Mitarbeiter als Unternehmen mit einem Wachstum von unter 10 % [8].
- Business-Units in der oberen Hälfte von Mitarbeiterengagement-Rankings zeigten eine 27 % höhere Profitabilität als jene in der unteren Hälfte [9].
- In einer emotional hoch gebundenen Arbeitnehmerschaft kann Mitarbeiterfluktuation um bis zu 87 % abnehmen und Leistung um bis zu 20 % gesteigert werden [10].
- Es wurde eine Korrelation zwischen hohem Mitarbeiterengagement und psychologischem Wohlbefinden bei Mitarbeitern sowie Führungskräften festgestellt [11].
- Mitarbeiter, die sich emotional hochgradig an ihr Unternehmen gebunden fühlen, haben durchschnittlich 43 % weniger Fehltage im Jahr [12].
- Es gibt einen starken Zusammenhang zwischen Anzahl der emotional gebundenen Mitarbeitern und Kundenorientierung [13].
- 75 % der emotional gebundenen Mitarbeiter glauben, sie haben einen Einfluss auf Kosten, Qualität und Kundenservice des Unternehmens; bei Mitarbeitern, die sich nicht emotional ans Unternehmen gebunden fühlen, sind es nur 25 % [6].
- Unternehmen mit hohem Mitarbeiterengagement erwirtschafteten Aktiengewinne, die 22 % über dem Durchschnitt lagen, während Unternehmen mit niedrigem Mitarbeiterengagement 28 % unter dem Durchschnitt landeten [14] (Abb. 3.2).

Mitarbeiter mit starker emotionaler Bindung weisen zudem drei konsistente Verhaltensmuster auf [15]:

- *Say/Sagen* – Der Mitarbeiter setzt sich vor Kollegen für das Unternehmen ein und empfiehlt es an potentielle Mitarbeiter und Kunden weiter.
- *Stay/Bleiben* – Der Mitarbeiter hat das starke Verlangen, ein Mitglied der Organisation zu bleiben, obwohl es Möglichkeiten gäbe, woanders zu arbeiten.

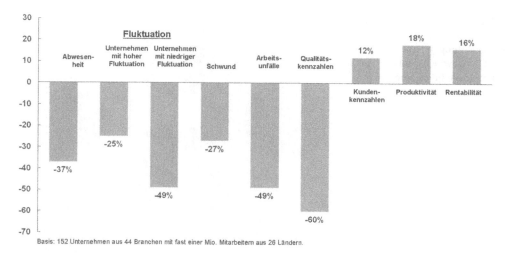

Basis: 152 Unternehmen aus 44 Branchen mit fast einer Mio. Mitarbeitern aus 26 Ländern.

Abb. 3.2 Arbeitsgruppen mit hoher emotionaler Bindung – die oberen 25 % – weisen gegenüber Arbeitsgruppen mit niedriger emotionaler Bindung – den unteren 25 % – im Schnitt folgende Unterschiede auf. (Gallup, Inc. Datei: 3.2)

- *Strive/Bemühen* – Der Mitarbeiter investiert mehr Zeit und Arbeit und zeigt Initiative, um zum Unternehmenserfolg beizutragen.

Es zeichnet sich ein deutliches Bild ab: Eine hohe Mitarbeiterbindung steht in direktem positivem Zusammenhang mit betrieblichen Kennzahlen und unternehmerischem Erfolg. Es ist daher für jede Führungskraft erstrebenswert, die Rahmenbedingungen für hohe emotionale Bindung bei Mitarbeitern zu schaffen.

Werfen wir nun einen Blick auf diese Rahmenbedingungen und der zweiten eingangs gestellten Frage: „Welche Auswirkungen hat eine emotional gebundene Arbeitnehmerschaft auf das Unternehmen und dessen Ziele? Und vor allem: Wie kann man den Grad dieser emotionalen Bindung fördern?". Bevor wir uns der Umsetzung widmen, ist es wichtig, zu verstehen, welche Umstände emotionale Bindung beeinflussen. Es wird geprägt durch die Elemente, die in Abb. 3.3 zu sehen sind:

Zur Kategorie Arbeit gehören die jeweiligen Aufgaben und deren Erfüllung, Ressourcen und Prozesse. Oberste Führungsriege und Manager, Kollegen, Kunden sowie wertschätzende Personen und Kunden sind Menschen, die uns und unsere Bindung beeinflussen. Karriere-, Weiterentwicklungs- und Fortbildungsmöglichkeiten sowie Anerkennung, Gehalt und andere Entlohnungen sind weitere Faktoren, die Einfluss auf Mitarbeiterbindung haben. Auch das Unternehmen mit seinem Ruf, seiner Vielfalt, seinem Management, seiner Unternehmenspolitik und seinen Praktiken sowie das Arbeitsumfeld und die Work-Life-

Abb. 3.3 Emotionale Bindung
im Kontext. (Eigene
Darstellung in Anlehnung an:
AON Hewitt, Trends in Global
Employee Engagement)

Balance insgesamt tragen zur emotionalen Bindung bei. Im Zusammenwirken formen all
diese Faktoren die individuelle Bindung jedes Einzelnen [16].

Ein Überblick über die für Arbeitnehmer relevanten Faktoren ergibt sich aus einer Befragung von Arbeitssuchenden als auch beschäftigten Arbeitnehmern. Dargestellt werden
ausschlaggebende Kriterien bei der Arbeitgeberwahl, Gründe für einen Arbeitsplatzwechsel oder andere Aspekte, die Bindung schaffen. Die Ergebnisse zeigen: Steht man vor dem
Entschluss, sich auf einen Arbeitgeber festzulegen, ist nicht unbedingt die Vergütung am
wichtigsten für die Entscheidung. Am wichtigsten scheinen Interesse an der Tätigkeit in
der neuen Firma sowie die Branche zu sein. Neben der Qualität des Managements werden
Gehälter und andere monetäre Ausgleiche genannt. Wird die Bezahlung aber doch nicht
als adäquat wahrgenommen, kann dies Mitarbeiter zum Wechsel ihres Arbeitgebers bewegen. Ebenso spielen Möglichkeiten der persönlichen Weiterbildung und Aufstiegschancen
eine Rolle.

Dies sind also wichtige Faktoren, die Mitarbeiter dazu veranlassen, den aktuellen Arbeitgeber zu verlassen oder aber ihrem Unternehmen treu zu bleiben. Neben persönlichen
Charakterzügen wirken sich Arbeitsautonomie, Bindung und Zufriedenheit auf das Arbeitsumfeld aus und beeinflussen so letztendlich die Entscheidung [17]. Im Folgenden
werden zwei relativ einfache, aber sehr konkrete Modelle vorgestellt, mit denen Sie als
Führungskraft auf die emotionale Bindung Ihrer Mitarbeiter Einfluss nehmen können.

Das Tool der sogenannten Gallup $Q^{12®}$ [31] ermöglicht eine Messung der emotionalen Bindung der Mitarbeiter durch folgende Fragen:

Fragen zur emotionalen Bindung

Q^{00}: Wie zufrieden sind Sie insgesamt damit, bei der Firma zu arbeiten?

Q^{01}: Ich weiß, was bei der Arbeit von mir erwartet wird.

Q^{02}: Ich habe die Materialien und die Arbeitsmittel, um meine Arbeit richtig zu machen.

Q^{03}: Ich habe bei der Arbeit jeden Tag die Gelegenheit, das zu tun, was ich am besten kann.

Q^{04}: Ich habe in den letzten sieben Tagen für gute Arbeit Anerkennung oder Lob bekommen.

Q^{05}: Mein/e Vorgesetzte/r oder eine andere Person bei der Arbeit interessiert sich für mich als Mensch.

Q^{06}: Bei der Arbeit gibt es jemanden, der mich in meiner Entwicklung fördert.

Q^{07}: Bei der Arbeit scheinen meine Meinungen zu zählen.

Q^{08}: Die Ziele und die Unternehmensphilosophie meiner Firma geben mir das Gefühl, dass meine Arbeit wichtig ist.

Q^{09}: Meine Kollegen und Kolleginnen haben einen inneren Antrieb, Arbeit von hoher Qualität zu leisten.

Q^{10}: Ich habe einen sehr guten Freund/eine sehr gute Freundin innerhalb der Firma.

Q^{11}: In den letzten sechs Monaten hat jemand in der Firma mit mir über meine Fortschritte gesprochen.

Q^{12}: Während des letzten Jahres hatte ich bei der Arbeit die Gelegenheit, Neues zu lernen und mich weiterzuentwickeln.

Jedes der zwölf Statements kann dabei sowohl eine positive Wirkung auf Mitarbeiterbindung haben, als auch eine negative. Einige persönliche Gründe für eine Kündigung können aber mit keiner personalwirtschaftlichen Maßnahme beeinflusst werden. Dazu zählen etwa Heirat, Ruhestand oder andere grundlegende Veränderungen im Leben des Mitarbeiters.

Nachfolgend beschreibe ich Ihnen die Gallup $Q^{12®}$–Fragen in einer erweiterten Interpretation:

Zu Q^{01}: Die an einen selbst gestellten Erwartungen zu kennen, ist eine grundlegende Voraussetzung für Angestellte, um produktiv arbeiten zu können, und Manager sind dafür verantwortlich, diese Erwartungen zu formulieren. Nicht nur die Erwartungen an die jeweilige Person zu kennen, die eine bestimmte Stelle besetzt, sondern diese qualitativ wie auch quantitativ zu verstehen, gehört außerdem zu einer klaren Kommunikation der Erwartungen seitens der Manager.

Zu Q^{02}: Die wichtige Tatsache, dass Mitarbeitern Arbeitsutensilien zur Verfügung stehen, wirkt sich auch auf die Effizienz aus. Mitarbeitern ist wichtig, dass sie sehen, wie ihre Arbeitsmaterialien mit der Produktivität des Unternehmens in Verbindung stehen. Mit Bereitstellung des benötigten Equipments wird Wertschätzung ausgedrückt: Anerkennung der Arbeit anderer fängt damit an, dass alle Materialien und Arbeitsmittel verfügbar sind.

Zu Q^{03}: Was wir am besten tun, haben wir schon oft getan – und das wahrscheinlich, weil wir es auch gern tun. Hat man die Chance, in der Firma Aufgaben zu übernehmen, die man selbst am besten lösen kann, handelt es sich dabei wohl gleichzeitig um solche, die man gern und aus eigenem Willen heraus bewältigen möchte. Etwa jeder dritte Beschäftigte sagt von sich, seine Position liege ihm und er habe die Möglichkeit, Aufgaben zu erfüllen, die er am besten lösen kann. Seinen Mitarbeitern als Manager zu helfen, die jeweils passende Rolle zu finden, deckt nicht nur Talente auf. Das Wissen um individuelle Unterschiede kann auch die Arbeitseffizienz beeinflussen.

Zu Q^{04}: Ein kleiner, aber ehrlicher Dank für den Einsatz ist manchmal mehr wert als ein förmlicher Dankesbrief. Lob sollte vor allem ernst gemeint sein und so überbracht werden, dass es richtig wahrgenommen wird. Leider fühlen sich nur 19 % der Arbeitnehmer angemessen für ihre Arbeit wertgeschätzt. Allerdings kann Lob allein bei ansonsten nicht stark ausgeprägter Unternehmenskultur kaum Positives bewirken, sodass der Fokus auf mehr als nur auf diesem einen Kriterium liegen sollte. Lob und Anerkennung verlieren ihre Effektivität im Umfeld einer schwachen Arbeitsplatzkultur, sind aber dennoch ein Grundbedürfnis der Mitarbeiter und können zu Höchstleistungen motivieren. Nicht individuell angepasstes Lob wirkt nicht authentisch. Häufig erscheint es wie eine Pflichtaufgabe, der man als Manager nachgeht. Daher sollten Führungskräfte herausfinden, welcher Mitarbeiter welche Art von Lob wie oft benötigt. Es kommt dabei besonders auf die ehrliche Intention an – seien Sie auch gern natürlich und herzlich, auf dieser Ebene können ruhig die Emotionen sprudeln!

Zu Q^{05}: Viele Menschen mit all ihren Launen und Charakterzügen wirken in einem Unternehmen und beeinflussen die Leistung. Klar, dass die Mitarbeiter daher als Personen mit Charakter und Gefühlen betrachtet werden müssen. Leider fühlen sich fast 70 % der Mitarbeiter nicht als Mensch wahrgenommen. Jeder Mitarbeiter braucht eine andere Art von Fürsorge, Manager können aber zwischen den Erwartungen der Mitarbeiter und denen des Unternehmens eine Verbindung schaffen.

Zu Q^{06}: Von Natur aus streben Menschen nach Fortschritt in allen Lebensbereichen – so auch im Beruf. Eine individuelle Förderung der Entwicklung, die zur jeweiligen Persönlichkeit passt, stillt dieses Bestreben. Gleichzeitig profitieren auch Unternehmen davon, wenn Stärken gefördert werden, weil Mitarbeiter so effizienter arbeiten.

Zu Q^{07}: So, wie jeder Mitarbeiter seinen unabdingbaren Teil zur Wirtschaftlichkeit des Unternehmens beiträgt, hat auch jeder Einzelne seine eigenen Ansichten zu vertreten. Arbeitnehmer wünschen sich das Gefühl, etwas zu sagen zu haben, aber lediglich ein Viertel der Mitarbeiter kann bestätigen, dass sie sich in unternehmerische Entscheidungen einbezogen fühlen. Meinungen sollten zählen. Denn es strahlt Vertrauen aus und bestätigt Kompetenz und Verantwortung, wenn Führungskräfte andere Meinungen einfordern. Oft sind auch bessere Entscheidungen eine Folge, da Mitarbeiter näher am operativen Geschäft agieren und somit weitere Sichtweisen berücksichtigt werden.

Zu Q08: Jede Aufgabe ist wichtig und trägt ihren Teil dazu bei, dass Unternehmensziele erfüllt werden. Als Manager kann man seine Belegschaft an das Big-Picture erinnern und ihr klar machen, welchen Einfluss die Arbeit jedes Einzelnen auf das gesamte Unternehmen sowie auf Kunden und Öffentlichkeit hat [17].

Zu Q09: In einem engagierten Team werden Mitglieder durch die Gemeinschaft und das gemeinsame Ziel zu weiteren guten Leistungen motiviert. Managementaufgabe ist es dabei, Teams so zusammenzustellen, dass die Mitglieder das Bewusstsein entwickeln, für ein gemeinsames Ziel zu arbeiten und sich so stärker mit der Unternehmensstrategie identifizieren zu können. Der persönliche Anspruch, Arbeit von hoher Qualität zu leisten, wird dadurch erfüllt, dass die Ziele des Unternehmens oder des Teams zu den persönlichen Zielen des Mitarbeiters passen. Diese in Übereinstimmung zu bringen, ist auch Aufgabe der Führungskraft.

Zu Q10: Ein Mensch, zu dem man in einem ganz besonderen Verhältnis steht, hat einen starken Einfluss auf die eigene Person. Freunde teilen nicht nur Negatives; positive Eindrücke potenzieren sich viel stärker. Anstatt Freundschaften am Arbeitsplatz zu erschweren und Arbeit auf die Erledigung des Tagesgeschäfts zu reduzieren, sollte das menschliche Bedürfnis, sich kennenzulernen, stets berücksichtigt werden. In Abhängigkeit von der Unternehmenskultur beeinflussen sich Freunde nämlich gegenseitig. Gute Freunde sind dem Arbeitgeber zusammen treu, neigen aber auch eher dazu, den Arbeitgeber gemeinsam zu wechseln. Im Arbeitsalltag haben gute Freundschaften innerhalb der Firma Auswirkungen auf den Informationsfluss. Außerdem beeinflusst diese zwischenmenschliche Beziehung auch Innovation und Profitabilität des Unternehmens.

Zu Q11: Beachten Manager auch kleine Fortschritte, können sie in Gesprächen mit ihren Angestellten sowohl Hilfestellung leisten als auch von diesen lernen. Dadurch sind beide in der Lage, bessere Entscheidungen zu treffen. Der regelmäßige Dialog zwischen Vorgesetzten und ihren Mitarbeitern wirkt auf die Fluktuationsrate ähnlich wie Lob. Außerdem kann diese Art von Gesprächen tatsächlich die zukünftigen Entwicklungen beeinflussen.

Zu Q12: Das neu Gelernte muss nicht nur theoretisch angeeignet sondern vor allem in der Praxis geübt werden; nur das fördert die Entwicklung. Neben dem Bedürfnis auf Anerkennung der eigenen Arbeit brauchen Mitarbeiter auch die Möglichkeit, ihr Können stetig verbessern und ihr Wissen ausbauen zu können. Die Aufgabe des Managements ist hierbei, die Weiterentwicklungsmodule so zusammenzustellen, dass Individuum und Unternehmen gleichermaßen davon profitieren [17–20].

Die Gallup Q12®–Fragen können Führungskräfte dabei unterstützen, konkrete Handlungen aus ihnen abzuleiten:

Handlungsempfehlungen für Führungskräfte

- Ich sorge dafür, dass alle meine Mitarbeiter genau wissen und verstehen, was von ihnen erwartet wird.

- Ich stelle meinen Mitarbeitern alle Arbeitsmaterialien zur Verfügung, die sie zur Erledigung ihrer Arbeit brauchen.
- Ich gebe meinen Mitarbeitern jeden Tag die Gelegenheit, das zu tun, was sie am besten können.
- Ich gebe meinen Mitarbeitern kontinuierlich Anerkennung/Lob für ihre Arbeit.
- Ich interessiere mich für meine Mitarbeiter als Mensch.
- Ich fördere die individuelle Entwicklung meiner Mitarbeiter.
- Ich nehme die Meinungen meiner Mitarbeiter ernst.
- Ich zeige meinen Mitarbeitern ihren Beitrag zu den Zielen des Unternehmens auf.
- Ich schaffe eine Arbeitsatmosphäre, in der alle Teams und die gesamte Belegschaft einen inneren Antrieb haben, Arbeit von hoher Qualität zu leisten.
- Ich biete meinen Mitarbeitern die Möglichkeit, sich kennenzulernen.
- In spreche regelmäßig mit meinen Mitarbeitern über ihre Fortschritte.
- Ich biete meinen Mitarbeitern die Möglichkeit, Neues zu lernen und sich weiterzuentwickeln.

Kommen wir nun zum zweiten Modell: „Great Place to Work" [21]. Das klingt schon nach einem idyllischen Ort zum Geldverdienen. Das Modell beschreibt die Arbeitsplatzkultur in fünf Dimensionen. Zusammenwirkend kommen diese dem Ideal sehr nahe, Mitarbeiter als Menschen zu betrachten. Das Modell ist empirisch fundiert und hat sich bereits international bewährt.

Die drei Dimensionen Glaubwürdigkeit, Respekt und Fairness sind Grundlage für ein gegenseitiges Vertrauen. Glaubwürdigkeit entsteht, wenn die Worte der Führung in Taten umgesetzt werden. Anerkennung, Einbezug der Mitarbeiter und Fürsorge schaffen Respekt. Fairness im Unternehmen entsteht durch ein ausgewogenes Verhältnis von Geben und Nehmen.

Dies mag im Unternehmensalltag zur Herausforderung werden, umso erfreulicher sind aber die positiven Ergebnisse gemeinsamer Arbeit auf dem soliden Fundament des Vertrauens. Weitere Dimensionen sind Stolz und Teamgeist. Mitarbeiter, die nicht nur auf ihre persönliche Tätigkeit, sondern auf die Arbeit des Teams und auf die Leistung des gesamten Unternehmens stolz sind, tragen zu einer angenehmen Unternehmenskultur bei. Authentizität und Vertrautheit, eine freundliche Arbeitsatmosphäre und das gemeinsame Streben nach einem Ziel fördern Teamgeist.

Und: Jedes Unternehmen hat das Potential, zu einem „Great Place to Work" zu werden. Wie können Vertrauen, Stolz und Teamgeist im Unternehmen gemessen werden? Mit 60 Fragen können Sie sich ein Bild von Ihrer Attraktivität und Kultur als Arbeitgeber machen. Gemessen werden relevante Benchmarks, außerdem werden Anregungen zur Weiterentwicklung geboten Die besten Arbeitgeber werden auf Basis einer Untersuchung des Instituts zu ausgezeichneten Arbeitgebern gekürt (Abb. 3.4).

Das Modell fokussiert sich auf die Beziehungen zwischen Mitarbeitern und Management, zwischen Mitarbeitern untereinander sowie auf das Verhältnis der Mitarbeiter zu ihrer Arbeitstätigkeit und zum Unternehmen. Die beschriebenen Elemente sollten eher als

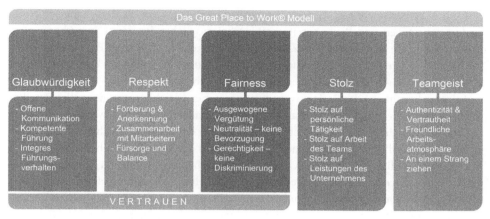

Abb. 3.4 Das Great Place to Work® Modell. [22]

Anregung für den Alltag verstanden werden, anstatt als Auflistung erfolgversprechender Maßnahmen. Es gibt keinen einheitlichen Erfolgsweg in der Anwendung des Modells, seine Kernqualitäten können aber individuell an das jeweilige Unternehmen angepasst werden. Die Leitlinien können Ihnen dabei helfen, die eigene Arbeitsplatzkultur zu entwickeln und zu fördern.

Führungskräfte können Glaubwürdigkeit schaffen, indem sie die Unternehmensziele kommunizieren. Die Beschäftigten sollten Details zu Plänen und der Ausrichtung des Unternehmens erfragen können, während sie zusammen mit den Ressourcen im Unternehmen effektiv koordiniert werden.

Vorgesetzte, die sich nicht über ihre Mitarbeiter erheben und Tür und Ohr für Gespräche und Anliegen offen haben, gewinnen Respekt und Loyalität. Jede Führungskraft kann aktiv mit den Mitarbeitern in den Dialog treten. Sich Zeit zu nehmen für den Menschen und dies als regelmäßig wiederkehrenden Termin einzuplanen, ist nicht nur Ausdruck der Wertschätzung, sondern lässt beide Seiten profitieren. Sich aufeinander einzulassen und sich näherzukommen, fördert Glaubwürdigkeit und Loyalität.

Indem man seinen Mitarbeitern Anerkennung für ihre Arbeit und ihren Einsatz zeigt, bringt man ihnen Respekt entgegen. Das bedeutet, dass Führungskräfte die Belegschaft und deren Interessen einbeziehen und abteilungsübergreifend in den Dialog treten sollten – insbesondere bezüglich eines ausgeglichenen Lebensstils. Stellt man seinen Mitarbeitern das für die jeweilige Arbeit benötigte Equipment sowie Ressourcen zur Verfügung und bietet passende Möglichkeiten zur individuellen Weiterentwicklung, können sie ihre Arbeit von Grund auf besser erfüllen.

Es gehört auch zum respektvollen Umgang miteinander, Fehler auf Managementebene einzugestehen. Anstatt dabei aber auf den schlechten Entscheidungen der Vergangenheit zu beharren, kann der Fokus auf das daraus Gelernte wandern. Das verhindert Verstimmung und Streit, macht Mut für die Zukunft und gibt das gute Gefühl, zuversichtlich gemeinsam weiter wirken zu können.

Eine Arbeitsatmosphäre, in der Mitarbeiter keine Angst vor Fehlern haben müssen, fördert neue Ideen und Risikobereitschaft. Dabei möglichst den Menschen über Unternehmensgewinne zu stellen, ist ein Zeichen wertschätzenden Umgangs. Ein ausgewogenes Verhältnis zwischen den Arbeitsanforderungen und der persönlichen Lebensqualität der Mitarbeiter ermöglicht eine positive und effiziente Arbeitsatmosphäre.

Fairness beruht auf der Basis unvoreingenommener Gleichberechtigung aller Beteiligten, sie entsteht, wenn die gemeinsamen Regeln von allen eingehalten werden, auch vom Management. Sichtbar wird dies auch in Anerkennung der Leistung durch monetären Ausgleich. Der wirtschaftliche Erfolg eines Unternehmens, an dem zweifelsohne jeder einzelne Mitarbeiter beteiligt ist, kann als Zeichen der Wertschätzung durch Vergütung und Sonderleistungen anerkannt werden. Gerechtigkeit und Gleichbehandlung ohne Bevorzugung sind wichtig für das Wir-Gefühl. Ohne Diskriminierung gelten für alle die gleichen Verfahren zur Lösung von Konflikten und Behandlung von Beschwerden jeglicher Art. Stichwort: Chancengleichheit. In einer offenen Firmenkultur werden Feedback und Ehrlichkeit positiv aufgenommen. Führungskräfte, die harte und konsequente Entscheidungen fair treffen, erfahren Wertschätzung.

Stolz für das Unternehmen ist ein oft unterschätzter Faktor, der sich auf die Gesamtheit der Unternehmenskultur auswirken kann. Worauf können Sie stolz sein? Denken Sie dabei nicht nur an Ihre persönliche Leistung, die natürlich von großer Bedeutung ist. Nichts macht uns stärker, als das Gefühl, ein anspruchsvolles Ziel aus eigener Kraft erreicht zu haben. Beachten Sie auch, was Sie mit Ihrem Team bewegt haben. Denn gemeinsam arbeitet es sich nicht nur besser, die Freude über das Ergebnis ist im Team auch umso größer. Schauen Sie auch über die Abteilungsgrenzen hinaus und sehen Sie das Zusammenwirken im Unternehmen als eine Einheit. Überlegen Sie einmal, wie viel diese Menschen täglich bewegen. Darauf können Sie mächtig stolz sein.

Wenn die Arbeitsatmosphäre das Gefühl vermittelt, dass jeder Einzelne durch sein Wirken zum Gesamtprodukt der Firma beiträgt, steigt auch die persönliche Identifikation mit dem Unternehmen. Zufriedenheit und Entscheidungsfreiheit motivieren umso mehr, wenn der Einsatz auch wirklich Früchte trägt.

Teamgeist als Gefühl der Zusammengehörigkeit schafft eine sozial freundliche Arbeitsatmosphäre. Kapitel 13 Arbeitet man nicht als Einzelkämpfer, können Synergieeffekte im Team genutzt werden: Die Beziehung zwischen den Mitarbeitern untereinander wird insgesamt harmonischer. Durch die Gemeinschaft am Arbeitsplatz erleben Mitarbeiter, dass sie sich nicht verstellen müssen und Erfolge gemeinsam feiern können. Wirklich gute Leistung wird nur von Mitarbeitern erbracht, die sich in der Kultur des Teams und des Unternehmens wohlfühlen [22].

Als letztes Problemfeld sollen in diesem Kapitel nun noch der demographische Wandel und die Generation Y vorgestellt werden. In den letzten Jahren hat vor allem ein Thema die Welt des Personalwesens dominiert: der demographische Wandel und dessen Auswirkungen auf den Arbeitsmarkt. Eine steigende Lebenserwartung und sinkende Geburtenraten führen zu einer Überalterung der Gesellschaft. Bis zum Jahr 2060 werden nach den Berechnungen des Statistischen Bundesamtes rund 17 Mio. Menschen weniger als heute in

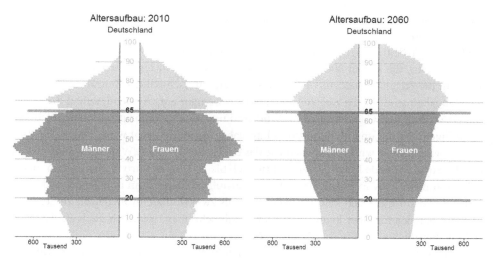

Abb. 3.5 Altersaufbau in Deutschland in den Jahren 2010 und 2060. (Statistisches Bundesamt 2012 [Urheberrecht beim Autor] Datei: 3.5)

	2010	2060	Veränderung
Erwerbsfähige Bevölkerung	49,7 Mio.	32,6 Mio.	- 34,4 %
Gesamtbevölkerung	81,5 Mio.	64,7 Mio.	- 20,6 %

Abb. 3.6 Veränderungen der erwerbsfähigen Bevölkerung und der Gesamtbevölkerung. (Statistisches Bundesamt 2012)

Deutschland leben [23]. Jeder Dritte wird dann über 65 Jahre alt sein. Heute leben in Deutschland etwa 50 Mio. Menschen im erwerbsfähigen Alter (20–64 Jahre), 2030 werden es voraussichtlich etwa 42 Mio. sein. Diese Zahl wird im Laufe der Zeit weiter sinken. Dramatisch wird es Prognosen zufolge im Jahr 2060, in dem die Gruppe der Erwerbstätigen verglichen mit heute um 34,4 % auf 32,6 Mio. Menschen geschrumpft sein wird [24]. Dabei geht diese Prognose davon aus, dass jährlich 100.000 Personen zuwandern. Die demographische Entwicklung wird somit den schon jetzt herrschenden Fachkräftemangel in Deutschland deutlich verstärken [25] (Abb. 3.5 und 3.6).

Vor diesem Hintergrund gilt es, neuen Arbeitnehmergenerationen besondere Aufmerksamkeit zu schenken. Fachkräfte werden sich ihre Arbeitgeber aussuchen können und dies u. a. auch mit Blick auf die im Unternehmen vorhandene Führungskultur tun. Für die Zukunftssicherung von Unternehmen ist es daher unverzichtbar, sich rechtzeitig auf die

Anforderungen kommender Generationen einzustellen und sich als attraktiver Arbeitgeber zu positionieren.

Die neue Arbeitnehmergeneration, auch Generation Y oder Millennials genannt, umfasst Personen, die in den 80er und 90er Jahren geboren wurden. Verschiedene Quellen geben für die Zugehörigkeit zur Generation Y leicht unterschiedliche Zeiträume an, exakte Jahresangaben sind für die Zugehörigkeit jedoch weniger entscheidend, zumal die Übergänge zwischen den Generationen fließend sind und eine Zugehörigkeit letztendlich nur durch Eigenschaften und nicht durch Geburtsjahrgang ausgemacht wird.

Die Generation Y wird gesprochen wie das englische „Why" – „Warum?"– und dies ist die alles entscheidende Frage. „Warum muss ich bis 18 Uhr im Büro bleiben, wenn nichts mehr zu tun ist?". „Warum soll ich Aufgaben ausführen, deren Sinn und Zweck nicht klar sind?". „Warum traut sich kein Kollege, mehr als zwei Monate in Elternzeit zu gehen?". „Warum darf ich tagsüber keine privaten E-Mails schreiben, wenn ich doch am Samstag auch die beruflichen beantworten soll?" [26].

Diese Generation, die laut dem schwedischen Forscher Parment in gewisser Hinsicht sogar leistungsbereiter und ehrgeiziger als ihre Eltern- und Großelterngeneration ist, will sich einfach nicht langweilen [27]. „Die ältere Generation sieht Arbeit als etwas, wo man hingeht und etwas macht, was jemand einem vorschreibt" [28]. Die Jungen sähen das ganz anders: Sie wollten selbst denken und kommunizieren, eigenverantwortlich an Projekten arbeiten. Kurz: Sich selbst verwirklichen. Sinn und Freude an der Arbeit sind dabei zentrale Aspekte dieser Verwirklichung und werden von den Konzepten der Positiven Psychologie gefördert.

Die Millennials unterscheiden sich in Persönlichkeitseigenschaften und Erwartungen von ihren Vorgängern. Diese Unterschiede müssen identifiziert und folglich in Form von angepassten neuen Personalmanagementmethoden angegangen werden. Wirft man einen Blick auf die in der Einleitung beschriebenen PERMA Elemente, kann man Verbindungen zu Eigenschaften und Erwartungen der Millennials feststellen:

- *Positive Emotionen*
  Die Wirkung und Wichtigkeit von positiven Emotionen ist bei Mitarbeitern der Generation Y genau wie bei anderen Mitarbeitern, die Millennials haben bisweilen jedoch eine noch höhere Erwartung an positive Emotionen. Eine klare Trennung von Arbeits- und Privatleben ist nicht mehr die Norm, gerade in der Generation Y gibt es diese Grenze kaum noch. Wo diese Trennung früher vielleicht die Erwartung für positive Emotionen bei der Arbeit verringert und eher der Freizeit zugeteilt hat, ist heute ein klares Verlangen nach Spaß, Zufriedenheit und Anerkennung im Beruf vorhanden.

- *Engagement*
  Im Angesicht des drohenden Fachkräftemangels haben mehrere Studien die Ansprüche der Millennials an ihre Arbeitgeber untersucht. Hierbei konnte festgestellt werden, dass eine anspruchsvolle und herausfordernde Tätigkeit zu den

Top-Präferenzen von Millennials bei der Arbeitgebersuche gehört. Dies ist somit nicht nur Voraussetzung für das Erreichen eines Flow-Zustandes, sondern auch notwendig, um die Ansprüche der Millennials zu erfüllen [29].

- *Relations/Beziehungen*
  Im Arbeitsumfeld sind die Beziehungen zu Kollegen und Vorgesetzten ein wichtiger Aspekt für die Generation Y. Bei Befragungen gaben 88 % der Millennials an, dass ihnen ein kollegiales Umfeld sehr wichtig oder ziemlich wichtig sei, während keiner der Befragten es als unwichtig empfand [20]. Auch bei Präferenzen für Arbeitgeber ist ein angenehmes, kollegiales Betriebsklima stets unter den Top-Angaben zu finden. Ein gutes Miteinander und Teamwork sind außerdem wichtige Faktoren für die Millennials [29].
- *Meaning/Sinn*
  Auch die Sinnempfindung bei Ausführen der Tätigkeit hat bei Millennials einen großen Stellenwert. 93 % der Befragten finden es wichtig, dass ihre Arbeit eine gewisse Bedeutung hat, und möchten sich mit ihrer Tätigkeit identifizieren können und wohl fühlen [30].
- *Accomplishment/Erfolgreiche Bewältigung*
  Aus der Gesellschaft und auch aus Unternehmen ist man das Senioritätsprinzip gewohnt: Wer älter ist, hat Vorrang, unabhängig von Leistung. Auch wenn dieses Prinzip in den letzten Jahren sicher an Bedeutung verloren hat, wird es von der Generation Y komplett abgelehnt. Leistungen und Ergebnisse sowie deren Würdigung und Kritik in regelmäßigen Feedbackgesprächen sind maßgeblich für die Arbeitshaltung der Generation Y.

Zusätzlich ist anzumerken, dass Millennials andere Vorstellungen von Karriere haben als frühere Generationen. Das traditionelle „Hocharbeiten" ist bei der Generation Y nicht erwünscht, sie planen, ihren Arbeitgeber relativ häufig zu wechseln, und verspüren eine vergleichsweise niedrige Loyalität zu ihrem Arbeitgeber.

In Anbetracht der hohen Kosten, die durch Mitarbeiterfluktuationen auftreten, gilt es, ein Umfeld zu schaffen, in dem sich die Millennials wohlfühlen und das Loyalität fördert. Eine Orientierung an den PERMA Elementen und den Methoden, die in diesem Buch vorgestellt werden, kann bei der Schaffung eines solchen Umfeldes von Nutzen sein.

Take-Away-Message

Nur 14 % der Arbeitnehmer sind im Beruf hoch emotional gebunden, während der Großteil nur wenig oder nicht emotional gebunden ist.

Emotional hoch gebundene Mitarbeiter haben durch ihre Bindung diverse positive Effekte für das Unternehmen.

Das „Great Place to Work"-Modell besteht aus fünf Dimensionen, die für einen ausgezeichneten Arbeitsplatz essentiell sind: Glaubwürdigkeit, Respekt, Fairness, Stolz, Teamgeist.

Der demographische Wandel hat einen erheblichen Rückgang der arbeitsfähigen Bevölkerung zur Folge. Neue Arbeitnehmergenerationen unterscheiden sich in Ansprüchen und Erwartungen von ihren Vorgängern. Unternehmen müssen ihre Personalstrategien an die Bedürfnisse der Generation Y anpassen, um als Arbeitgeber attraktiv zu sein.

Methoden und Ansätze der Positiven Psychologie können Mitarbeiterengagement erhöhen, Unternehmen zu einem großartigen Arbeitsplatz machen und die Generation Y im Unternehmen integrieren.

Literatur

1. Gallup, Inc. (2012). Gallup engagement index Deutschland 2011. http://www.gallup.com/file/strategicconsulting/158183/ Gallup_EEI_2011_PrÃ◇sentation_Pressekonferenz_Download.pdf. Zugegriffen: 22. Okt. 2012.
2. Berechnungsgrundlage: 34,125 Millionen Erwerbstätige ab 18 Jahre (ohne Selbständige, mithelfende Familienangehörige) gemäß Statistischem Bundesamt, davon weisen 14 % eine hohe emotionale Bindung an ihr Unternehmen auf, 63 % eine geringe emotionale Bindung und 23 % keine emotionale Bindung auf. Die Anzahl der Fehltage basiert auf der Selbstauskunft der Befragten. Die durchschnittlichen Arbeitskosten pro Stunde betragen laut dem Institut der deutschen Wirtschaft 36,28 Euro. Jeder Fehltag verursacht damit Kosten in Höhe von 290,24 Euro.
3. Techniker Krankenkasse. (2012). Gesundheitsreport 2012 – Veröffentlichungen zum Betrieblichen Gesundheitsmanagement der TK. Bd. 27. http://www.tk.de/centaurus/servlet/contentblob/457490/Datei/81039/Gesundheitsreport%202012.pdf. Zugegriffen: 25. Okt. 2012.
4. Die durchschnittlichen Fluktuationskosten wurden auf der Grundlage von Daten des Statistischen Bundesamtes für die Bundesrepublik Deutschland aus dem Jahr 2011 unter Berücksichtigung der Berechnungsgrundlage des Corporate Leadership Council, Corporate Executive Board (Workforce turnover and firm performance. The new business case for employee retention) ermittelt (Summe von 36.168 Euro × 0,41 = Fluktuationskosten).
5. MacLeod, D., & Clarke, N. (2009). Engaging for success: Enhancing performance through employee engagement. http://www.bis.gov.uk/files/file52215.pdf. Zugegriffen: 26. Okt. 2012.
6. Ott, B. (2006). Investors, take note: Engagement boosts earnings. Gallup business journal. http://businessjournal.gallup.com/content/27799/Investors-Take-Note-Engagement-Boosts-Earnings.aspx#1. Zugegriffen: 22. Okt. 2012.
7. Hay Group. (2001). Engage employees and boost performance. http://www.haygroup.com/ww/downloads/details.aspx?id=1041. Zugegriffen: 22. Okt. 2012.
8. Hewitt Associates. (2004). Research brief. Employee engagement higher at double-digit growth companies. http://www.mckpeople.com.au/SiteMedia/w3svc161/Uploads/Documents/016fc-140-895a-41bf-90df-9ddb28f4bdab.pdf. Zugegriffen: 22. Okt. 2012.
9. Harter, J. K., Schmidt, F. L., Kilham, E. A., & Asplund, J. W. (2006). The Gallup Organisation Q12 Meta-Analysis. http://strengths.gallup.com/private/Resources/Q12-Meta-Analysis_Flyer_GEN_08%2008_BP.pdf. Zugegriffen: 22. Okt. 2012.

10. Corporate Leadership Council. (2008). Improving employee performance in the economic downturn. Four cost-effective strategies to improve employee outcomes. Corporate executive board. http://hoosonline.virginia.edu/atf/cf/%7Bbda77a21-0229-499a-ae10-eadbe96789d6%7D/CLC_IMPROVING_EMPLOYEE_PERFORMANCE_IN_THE_ECONOMIC_DOWNTURN.PDF. Zugegriffen: 29. Okt. 2012.
11. Worrall, L., & Cooper, C. L. (2012). The quality of working life 2012, managers' wellbeing, motivation and productivity. http://www.mbsportal.bl.uk/taster/subjareas/mgmt/cmi/134042qualitywl12.pdf. Zugegriffen: 24 Okt. 2012.
12. Watson Wyatt. (2008). Continuous engagement: The key to unlocking the value of your people during tough times. http://www.watsonwyatt.com/research/pdfs/2008-EU-0617.pdf. Zugegriffen: 22. Okt. 2012.
13. Gallup, Inc. (2011). Gallup engagement index Deutschland 2010. http://eu.gallup.com/file/Berlin/146030/PräsentationProzent20zumProzent20GallupProzent20EEIProzent202010.pdf. Zugegriffen: 22. Okt. 2012.
14. Aon Hewitt. (2011). Mitarbeiter-Engagement in Europa liegt weit unter globalem Durchschnitt. http://www.aon.com/germany/downloads/pressemitteilungen/pm20111129_mitarbeiter-engagement-in-europa-liegt-weit-unter-globalem-durchschnitt.pdf. Zugegriffen: 22. Okt. 2012.
15. Markos, S., & Sridevi, S. (2010). Employee engagement: The key to improving performance. *International Journal of Business and Management, 5*(12), 89–96.
16. AON Hewitt. (2011). Trends in global employee engagement. Consulting Talent & Organization. http://www.aon.com/attachments/thought-leadership/Trends_Global_Employee_Engagement_Final.pdf. Zugegriffen: 13. Nov. 2012.
17. Harter, J. K., & Blacksmith, N. (2009). Employee engagement and the psychology of joining, staying in, and leaving organizations. In P. A. Linley, S. Harrington, & N. Garcea (Hrsg.), *Oxford handbook of positive psychology and work* (S. 121–130). New York: Oxford University Press.
18. Hoffmeister, K. (2009). Talente und Engagement als Erfolgsfaktoren für Unternehmen und Menschen. Fortbildung und Landesversammlung des Psychologielehrerverbandes NRW. Partner Gallup Deutschland. http://www.psychologielehrer.de/cnew/_data/Hoffmeister.pdf. Zugegriffen: 13. Nov. 2012.
19. Harter, J. K., Schmidt F. L., Killham E. A., & Agrawal S. (2009). Q12® Meta-Analysis: The relationship between engagement at work and organizational outcomes. http://www.gallup.com/file/strategicconsulting/126806/MetaAnalysis_Q12_WhitePaper_2009.pdf. Zugegriffen: 13. Nov. 2012.
20. Wagner, R., & Harter, J. K. (2012). 12: The elements of great managing. Gallup business journal. http://businessjournal.gallup.com/content/25402/Book-Center.aspx. Zugegriffen: 13. Nov. 2012.
21. Great Place to Work® Deutschland. (2012). http://www.greatplacetowork.de/. Zugegriffen: 20. Dez. 2012.
22. Great Place To Work. (2012). Was ist eine ausgezeichnete Arbeitsplatzkultur? http://www.greatplacetowork.de/unser-ansatz/was-bedeutet-ausgezeichnete-arbeitsplatzkultur. Zugegriffen: 13. Nov. 2012.
23. Bundesministerium des Innern. (2011). Daten und Fakten zur Bevölkerungsentwicklung http://www.bmi.bund.de/DE/Themen/PolitikGesellschaft/DemographEntwicklung/Demografiebericht/Daten&Fakten/daten&fakten_node.html. Zugegriffen: 22. Okt. 2012.
24. Statistisches Bundesamt. (2009). Bevölkerungspyramide. https://www.destatis.de/bevoelkerungspyramide/. Zugegriffen: 22. Okt. 2012.
25. Bundesagentur für Arbeit. (2009). Perspektive 2025, Fachkräfte für Deutschland. http://www.arbeitsagentur.de/zentraler-Content/Veroeffentlichungen/Sonstiges/Perspektive-2025.pdf. Zugegriffen: 22. Okt. 2012.

26. Klaffke, M. (2011). *Personalmanagement von Millennials: Konzepte, Instrumente und Best-Practice*. Wiesbaden: Gabler.
27. Parment, A. (2011). *Generation Y in consumer and labour markets*. New York: Routledge.
28. Sonnet, C. (2012). Generation Y – Mehr Leichtigkeit im Arbeitsleben. http://www.karriere.de/beruf/mehr-leichtigkeit-im-arbeitsleben-164497/. Zugegriffen: 22. Okt. 2012.
29. DGFP – Deutsche Gesellschaft für Personalführung e. V. (2011). Zwischen Anspruch und Wirklichkeit: Generation Y finden, fördern und binden, Praxis Papier 9/2011. http://static.dgfp.de/assets/publikationen/2011/GenerationY-finden-foerdern-binden.pdf. Zugegriffen: 22. Okt. 2012.
30. Parment, A. (2009). *Die Generation Y – Mitarbeiter der Zukunft: Herausforderung und Erfolgsfaktor für das Personalmanagement*. Wiesbaden: Gabler.
31. Q12® ist ein „registered Trademark" des Beratungsunternehmens Gallup.

Teil II

Positive Emotionen

In diesem Teil zeigen wir im Detail auf, wie positive Emotionen wirken und wie sie ganz konkret und gezielt auch im Berufsalltag hervorgerufen werden können. Insbesondere fokussieren wir uns auf die Bereiche Dankbarkeit, anderen etwas Gutes tun, gesunder Schlaf und Humor.

Wie wirken positive Emotionen?

4

Anni-Lea Jensen

> Es ist spannend, die Auswirkungen von positiven Emotionen zu beobachten - egal ob man laut lacht oder ruhig in sich hinein grinst. Noch viel spannender ist es aber, zu erfahren, ob sich diese Gefühle auf die Zukunft auswirken und, wenn ja, welchen Wert sie dann noch haben. Ich bin davon überzeugt, dass man das Lachen in der Zukunft zwar nicht mehr hören, es aber immer noch nachspüren kann. (Anni-Lea Jensen)

Positive Emotionen sind ein Zeichen von Wohlergehen. Wer sie empfindet, dem geht es gut. Das heißt, diese Gefühle wollen immer wieder gesucht, erlebt und wahrgenommen werden. Das klingt auf Dauer anstrengend, und das ist es auch. Sehr komprimiert zusammengefasst sind das aber die Aussagen, die Ihnen bis jetzt vermutlich am stärksten im Gedächtnis geblieben sind. Freilich möchte man sich gut fühlen und man ist bereit, dafür neue Wege auszuprobieren. Aber muss man dafür wirklich immer und immer wieder von vorn anfangen? Irgendwann muss man doch sein Glück gefunden haben!

Das hat sich auch Barbara L. Fredrickson gedacht. Bevor Sie sich also fragen, wie der Beginn Ihres Wohlergehens aussehen könnte, widmen Sie Ihre Aufmerksamkeit dieser Dame: Fredrickson ist eine amerikanische Psychologie-Professorin, die die Meinung vertritt, dass positive Emotionen nicht nur ein Anzeichen für das empfundene subjektive Wohlergehen sind, sondern dass sie das Wohlergehen selbst hervorrufen. Und dass sie dieses Wohlergehen nicht nur kurzfristig hervorrufen, sondern es bis in die ferne Zukunft erhalten, weit über den Alltag hinaus. Hat man also einmal den Anfang gemacht, wird es immer leichter, gute Gefühle zu empfinden. Und das ist nur die erste gute Nachricht dieses Kapitels.

A.-L. Jensen (✉)
Hamburg, Deutschland
E-Mail: mail@positive-psychologie-im-beruf.de

T. Johann, T. Möller (Hrsg.), *Positive Psychologie im Beruf*,
DOI 10.1007/978-3-658-00265-7_4, © Springer Fachmedien Wiesbaden 2013

Fredrickson behauptet darüber hinaus, dass positive Emotionen die psychologische Weiterentwicklung und sogar den physischen Gesundheitszustand eines Menschen nachhaltig beeinflussen. Der Begriff des Wohlergehens bezieht sich also nicht nur auf das Glück, das Sie subjektiv empfinden, sondern auch auf das, was andere an Ihnen wahrnehmen können. Es geht um die Gesundheit, Fitness, enge soziale Kontakte und glückliche Beziehungen.

Um diese Aussagen nach und nach wissenschaftlich belegen zu können, entwickelte Fredrickson die Broaden-and-Build-Theorie. Die Broaden-and-Build-Theorie besagt konkret, dass das Wahrnehmungs- und Verhaltensrepertoire des Menschen durch positive Emotionen erweitert (= *broadened*) wird. Daraus ergeben sich neue Reaktionen, Ideen und Umstände, die wiederum die persönlichen Ressourcen des Menschen fördern und aufbauen (= *build*). „Ressourcen" – das klingt schon sehr nachhaltig, und das ist es auch.

Diese Zusammenfassung mag nun noch etwas vage klingen – im Folgenden wird die Broaden-and-Build-Theorie genauer erläutert und es wird gezeigt, wie der einmal gewählte Weg der positiven Emotionen nicht immer wieder von vorne beschritten werden muss, sondern wie er zu einer nachhaltig positiven Grundeinstellung des Menschen führt.

Fredrickson [1] ist eine US-amerikanische Professorin an der University of North Carolina in Chapel Hill. Ihren Doktortitel der Psychologie erlangte sie 1990 an der Stanford University. Danach erforschte sie an der University of Michigan mehr als ein Jahrzehnt lang positive Emotionen wie Glück, Liebe und Dankbarkeit, um herauszufinden, welche Rolle diese in der Anpassung des Menschen spielen und warum sich ihr Empfinden überhaupt entwickelte. Seit 2007 erforscht sie diese Themen als Direktorin ihres „Positive Emotions and Psychophysiology (PEP) Laboratory" an der University of North Carolina. Das erklärte Ziel dieses Laboratoriums ist es, herauszufinden wie sich positive Emotionen ansammeln, verbinden und das Leben eines Menschen nachhaltig zum Besseren verändern können. Hier wird das universelle Rezept für das emotionale „Gedeihen" des Menschen gesucht. Einen essentiellen Teil dieses Rezepts bildet die Broaden-and-Build-Theorie.

Um die Theorie zu unterlegen, werden in dem PEP-Lab das Nervensystem und Gesichtsmuskeln mit verschiedenen Techniken untersucht, es werden Reaktionstest und Befragungen durchgeführt. Insgesamt wird die Broaden-and-Build-Theorie immer stärker empirisch belegt und ergänzt.

Martin Seligman hält Barbara L. Fredrickson für das „Genie der Positiven Psychologie" [2], Klappentext. Sie zeigt uns, welche nachhaltig guten Auswirkungen positive Emotionen auf unser gesamtes Leben haben. Die Wirkung positiver Emotionen wird, wie soeben aufgezeigt, von Barbara Fredrickson einer gründlichen Betrachtung unterzogen. Dabei stellt sie sechs verschiedene Tatsachen zu positiven Emotionen fest [1].

Tatsache 1: Positive Emotionen fühlen sich gut an. Eine simple Wahrheit, die sich leicht nachempfinden lässt.

Tatsache 2: Positive Emotionen verändern den Inhalt der Gedanken und unsere geistigen Grenzen. Sie weiten somit den Blick für Gelegenheiten und Chancen, die das Leben täglich bringt, und geben uns die Möglichkeit, diese zu nutzen.

Tatsache 3: Folgend aus Tatsache 2, ermöglichen uns positive Emotionen, über uns selbst hinauszuwachsen. Sie tragen eine zukunftsverändernde Kraft in sich.

Tatsache 4: Positivität „bremst" die erlebte Negativität und erhöht damit die seelische und physische Widerstandsfähigkeit.

Tatsache 5: Dadurch, dass Sie den kritischen Punkt überwinden, an dem Sie sich mehr auf positive Emotionen einstellen als auf negative und ein wenig mehr Positivität bewusst erleben, wird sich Ihre Lebenseinstellung radikal verändern.

Tatsache 6: Fredrickson stellt fest, dass jeder seine Fähigkeit zu einer positiveren Lebenseinstellung und einer offeneren Wahrnehmung selbst steigern kann. Es ist möglich, seine individuellen positiven Emotionen selbst in die Hand zu nehmen und aktiv zu beeinflussen.

Nun klingen diese Tatsachen alle sehr theoretisch und wissenschaftlich. Doch vermutlich haben auch Sie die Wirkung von positiven Emotionen schon selbst gespürt, wenn auch vielleicht nicht bewusst wahrgenommen. Positive Emotionen sind mehr als die Abwesenheit negativer Emotionen. Und daraus ergibt sich die naheliegende Frage: Was sind positive Emotionen?

Zwar wurde der Begriff Emotion schon in den einleitenden Kapiteln genannt, aber was bleibt, ist letztendlich die Definition einer objektgerichteten, unwillkürlichen, zeitlich befristeten Reaktion auf etwas Erlebtes [3]. Das Erlebte löst eine Flut von Handlungstendenzen aus, die sich durch Gesichtsausdrücke und physiologische Veränderungen sofort bemerkbar machen. Lob ruft beispielsweise ein Lächeln hervor. Wer glücklich ist, dem ist die Glückseligkeit ins Gesicht geschrieben. Dabei werden dann die Glückshormone ausgeschüttet, die in Kap. 2 vorgestellt wurden.

Bislang gibt es viele Modelle von Emotionen, die sich vorrangig auf eindeutige negative Emotionen beziehen. Am Ende der Auflistung werden dann immer wieder ein paar positive Emotionen genannt – der Vollständigkeit halber [4]. Auch dieser generellen Vernachlässigung hat sich Fredrickson mit der Entwicklung ihrer Theorie und der nach und nach folgenden darauf aufbauenden Forschung angenommen. Fredrickson sieht das Empfinden positiver Emotionen als eine menschliche Stärke, die in unseren heutigen westlichen Kulturen unterbewertet wird. In diesen Kulturen wird mehr Wert auf disziplinierte Arbeit gelegt als auf eine erfüllte Freizeit. Dabei sind es gerade die positiven Emotionen, deren Auswirkungen über das kurzfristige Abwenden oder Mildern von Leid hinausgehen [4].

Es gibt vielfältige Gründe für die Vernachlässigung der positiven Emotionen in der Forschung [5]:

- Es gibt weniger positive als negative Emotionen. Die negativen Emotionen sind klar voneinander abgegrenzt, die positiven Emotionen haben eher schwammige Bezeichnungen und wurden bisher nicht klar definiert. Dieses Ungleichgewicht spiegelt sich beispielsweise auch darin wider, dass es im Englischen mehr Worte für negative Emotionen gibt als Worte, um gute Gefühle auszudrücken.
- Die Psychologie beschäftigt sich mit Problemen und deren Lösungen. Positive Gefühle passen nicht in diese typische Arbeitsweise, einfach weil sie keine Probleme nach sich ziehen.
- Wenn ein Versuch gemacht wurde, eine Theorie abzuleiten oder ein Modell für Emotionen aufzubauen, wurde darauf geachtet, dass diese evolutionsbiologisch zu begründen sind. Negative Emotionen lassen sich einfach als Faktor benennen, der es dem Menschen als Spezies ermöglicht hat, zu überleben. Angst löst zum Beispiel den Reflex aus, weglaufen zu wollen. Letztendlich rettet sie dem, der die Angst empfindet, im Ernstfall das Leben. Derjenige, der Angst stärker empfindet und daraufhin einen stärkeren Fluchtdrang verspürt, hat eher die Chance, sich fortzupflanzen und seine Gene weiterzugeben. Welche evolutionären Vorteile die positiven Emotionen bieten, damit hat sich noch kaum jemand wirklich ernsthaft beschäftigt. Sie passen jedoch auch nicht in die schon bestehenden Theorien.

Eine fundierte Theorie, die sich ausschließlich auf positive Emotionen bezieht, ist Fredricksons Broaden-and-Build-Theorie. Vom Beginn der Entwicklung ihrer Theorie an beschäftigte sie sich mit den vier grundlegenden positiven Emotionen [5]: Interesse, Zufriedenheit, Glück und Liebe. Im Berufsalltag sind vor allem die beiden ersten Emotionen erlebbar und erstrebenswert.

Zwei Annahmen werden im Vorfeld der Theorie getroffen: Erstens ruft jede Emotion eine bestimmte Handlungstendenz hervor. Positive Emotionen bewirken dabei nicht so spezielle Handlungsweisen wie negative Emotionen. Eine typische, leicht nachzuvollziehende negative Emotion ist die schon angesprochene Angst: Sie engt die Wahrnehmung ein. Im Moment der Angst nimmt der Mensch einzig die konkrete Gefahr wahr und evaluiert sie nach einem klaren Muster innerhalb von Sekundenbruchteilen. Sein Verhalten ist vorhersehbar, weil der Ursprung der Reaktion der Amygdala (zu Deutsch „Mandelkern") entspringt, einem der ältesten Teile des Gehirns [6]. Treten negative Emotionen wie Angst auf, heißt das oft, dass das Leben in Gefahr ist und der Mensch darauf angewiesen ist, schnell und richtig zu handeln. Im Laufe der Evolution (also mit der fortschreitenden Anpassung des Menschen an seine Umwelt) wurde mit „Gefahr" die negative Emotion „Angst" verknüpft, und diese wiederum mit einigen wenigen Handlungstendenzen wie

Flucht oder Angriff. Der Mensch ist auf seine schnelle und richtige Reaktion angewiesen, also werden automatisch Wahrnehmungs- und Verhaltensmuster abgerufen.

Die zweite Annahme ist, dass die Art zu handeln, die durch eine Emotion hervorgerufen wird, physischer Natur ist. Beim Empfinden einer Emotion regt sich der Körper. Bei positiven Emotionen sind diese physiologischen Auswirkungen weniger deutlich bemerkbar. Negative Emotionen hingegen lösen drastische Veränderungen aus. Am Beispiel der Angst betrachtet heißt das, dass sich die Muskeln anspannen, der Blutdruck steigt, die Atmung flacher wird und die Seh- und Hörnerven empfindlicher werden. Es ist außerdem erwiesen, dass Angstzustände dazu führen, dass periphere Informationen kaum noch wahrgenommen werden, dass die Wahrnehmung stark eingeschränkt wird und dass sich der Organismus automatisch auf die Gefahr oder auf das Problem konzentriert [7]. Bei positiven Emotionen ändert sich zwar auch die Wahrnehmung, aber weitaus unmerklicher und unspezifischer.

Um das alles deutlich zu machen, stellen Sie sich einmal vor, Sie haben gerade Ihrem Chef die neuen Verkaufszahlen präsentiert und er hat Sie für den Niedergang der gesamten Firma verantwortlich gemacht. Sie sind enttäuscht, wütend, hilflos. Leiht sich Ihr Kollege nun, ohne zu fragen, für eine Unterschrift Ihren Kugelschreiber, werden Sie das als weiteren persönlichen Affront betrachten und dem Kollegen sein rabiates Verhalten vorwerfen.

Hat der Chef Sie aber für Ihre wirklich hervorragende Arbeit im letzten Quartal gelobt, kehren Sie mit einem Lächeln an den Arbeitsplatz zurück, fühlen sich in Ihrer Arbeit bestärkt und nehmen das Wegnehmen des Kugelschreibers durch Ihren Kollegen als vertraute Geste wahr, die nur widerspiegelt, wie wohl Sie sich in dieser Abteilung fühlen. Oder Sie nehmen die Aktion des Kollegen als Anlass, mal wieder einen Kaffee mit ihm zu trinken. Oder Sie scherzen mit ihm.

Ohne dass Sie als rational denkender Mensch etwas dazu beitragen können, haben sich in Ihrem Gehirn zwischen der negativen und der positiven Emotion zwei biochemisch völlig unterschiedliche Prozesse abgespielt, die Ihnen nur im direkten Vergleich miteinander bewusst werden. Ihre Handlungstendenz war im negativen Fall vorhersehbar, im positiven Fall entwickelten Sie Ihre eigene Art, auf den Kollegen zu reagieren. Einmal war Ihre Wahrnehmung eng und konzentrierte sich auf Sie selbst, im anderen Fall nahmen Sie auch den Kollegen als Person wahr.

Das englische Wort „broaden" bedeutet „erweitern" oder „ausweiten". Dieser Teil der Theorie besagt, dass positive Emotionen das Wahrnehmungs- und Verhaltensrepertoire eines Menschen erweitern. Doch wie soll das funktionieren?

Positive Emotionen sind niemandem fremd: Glück ruft den Drang hervor, neue Dinge spielerisch auszuprobieren. Wer zufrieden ist, möchte sich diesen Zustand bewahren und in seinen Alltag integrieren. Wer eine schwierige Aufgabe erfüllt hat, möchte die nächste Herausforderung in Angriff nehmen. Die Auswirkung dieser positiven Emotionen ist, dass die Wahrnehmungskraft des Menschen gesteigert wird. Es werden mehr Details aufgenommen und mehr Informationen verarbeitet.

Begeben wir uns zunächst einmal in Ihr Büro, um nachvollziehen zu können, was mit der „Erweiterung des Verhaltensrepertoires" gemeint ist: Sie übernehmen einen neuen Kunden. Nehmen wir an, Sie übernehmen einen Kunden aus einem Ihnen völlig unbekannten Land – wie dem Iran. Um überhaupt einen ersten Eindruck von diesem Land zu bekommen, das Ihnen aus den Medien eher als gefährlich und instabil bekannt ist, bemühen Sie zunächst das Internet. Schließlich müssen Sie über den Heimatstaat Ihres Kunden Bescheid wissen, wenn Sie ihn verstehen wollen. Nach Einwohnerzahlen, Einreisebestimmungen und Staatsform beschließen Sie, Ihr Telefon auf Rufumleitung zu stellen, um sich für eine halbe Stunde tiefergehend mit dem Land beschäftigen zu können. Bei der Lektüre stellen Sie nach und nach fest, dass der Iran fast fünf Mal so groß ist wie Deutschland, dass hier mehr als acht verschiedene Ethnien leben, dass 60 % der Studierenden dort Frauen sind, dass Perserteppiche schon in der Bronzezeit geknüpft wurden, und so weiter und so fort. Kurzum: Der Iran hat Ihr Interesse geweckt. Sie möchten mehr über Persien erfahren, suchen immer neue Informationen, wandern mental vom Kaspischen Meer zum Persischen Golf. Dadurch, dass Sie Interesse empfinden, was als eine positive Emotion klassifiziert wird, sind Sie bereit, über das übliche Maß an Recherche, das Sie normalerweise betreiben, hinauszugehen. Irgendwann blicken Sie auf und stellen fest, dass die halbe Stunde wie im Flug vergangen ist. Wie ist das möglich?

Schon lange vor dem Entstehen der Broaden-and-Build-Theorie fanden die Psychologin Alice M. Isen und ihre Kollegen in mehreren Experimenten heraus, dass Menschen, die gerade positive Emotionen empfinden, Denkweisen zeigen, die besonders außergewöhnlich sind und aus dem Muster fallen. Die Denkweisen zeichnen sich durch Flexibilität, Kreativität, Offenheit und Effizienz aus. Möglich wird dies durch den erhöhten Dopamin-Spiegel im Gehirn [8, 9]. Mit dem Denken allein ist es selbstverständlich nicht getan – ihm folgt ein Handeln, hier also die ausgiebige Recherche. Die Frage, die sich Ihnen jetzt stellt, ist: Was hat Ihnen Ihr großes Interesse eigentlich gebracht?

Damit kommen wir zum zweiten Teil der Broaden-and-Build-Theorie: „Build" heißt so viel wie „aufbauen", „ausbilden" oder auch „fördern". Durch die Schärfung der Wahrnehmung und das erweiterte Spektrum der Handlungsmöglichkeiten hat der Mensch die Möglichkeit, persönliche Ressourcen zu bilden oder zu fördern. Persönliche Ressourcen können intellektueller, physischer, sozialer oder psychischer Natur sein.

Durch die Förderung intellektueller Ressourcen wird man kreativer [10] und die Aufmerksamkeit nimmt zu. Fördert man physische Ressourcen, wird der Körper fitter. Soziale Ressourcen sind für die Interaktion mit anderen zuständig. Das heißt, dass die Zusammenarbeit verbessert werden kann. Baut man psychische Ressourcen aus, heißt das, dass sich Charakterzüge festigen und man insgesamt optimistischer wird.

Kommen wir zurück zu Ihrem außergewöhnlich großen Interesse am Iran. Dadurch, dass Sie ein umfassendes Wissen über das Land und seine Gepflogenheiten aufgebaut haben, können Sie der Begegnung mit Ihrem neuen Kunden gelassen entgegensehen. Ihre anfängliche Skepsis ist einer neuen Offenheit gewichen, Sie können ihn in seiner Landessprache begrüßen und freuen sich auf die Zusammenarbeit. Diese, so stellt sich heraus, ist in der Tat erfolgreich, der Kunde fühlt sich wohl bei Ihnen und Ihrer Firma und bedankt sich häufig für Ihre gute Arbeit.

Aus Ihrem anfänglichen Interesse ist ein wirtschaftlicher und persönlicher Erfolg geworden. Dieser lässt sich mit dem „Build"-Teil der Theorie Fredricksons plausibel erklären: Dadurch dass Sie ein solides Vorwissen in Bezug auf die Herkunft Ihres Kunden

Abb. 4.1 Die Wirkung
positiver Emotionen: die
Broaden-and-Build-Theorie

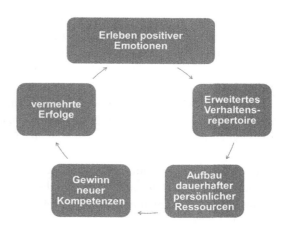

aufgebaut haben, waren Sie in der Lage, angemessen auf ihn und seine Wünsche zu reagieren. Sie haben sich eine neue intellektuelle und soziale Ressource zugelegt, die Ihnen neue Handlungsweisen ermöglicht hat.

Letztendlich beschreibt die Broaden-and-Build-Theorie also einen Kreislauf, der in verschiedenen Situationen und immer wieder durchlaufen werden kann (Abb. 4.1).

Zuerst empfanden Sie ein Interesse, das Sie dazu bewegte, sich näher mit einem Thema zu beschäftigen. Ihr sogenanntes „momentanes Verhaltensrepertoire" wurde erweitert. Durch Ihre Recherche bauten Sie sich neues Wissen und damit die Kompetenz auf, angemessen auf Ihren Kunden zuzugehen. Der Kunde fühlte sich entsprechend wohl, arbeitete gerne mit Ihnen zusammen, und so erlebten Sie ein optimales Arbeitsumfeld. Sie konnten den Auftrag des Kunden erfolgreich abschließen, waren zufrieden mit sich und erlebten wiederum eine positive Emotion.

Die gestärkten persönlichen Ressourcen eines Menschen helfen ihm also, mehr positive Emotionen zu erleben. Sie unterstützen ihn in seinem Leben und bei der Bewältigung von Schwierigkeiten. Aus einer positiven Emotion ist etwas langfristig Nutzbares geworden. Es geht voran auf dem Weg der Positivität!

Nicht zuletzt haben positive Emotionen auch einen bedeutenden Einfluss auf zwischenmenschliche Beziehungen und somit auf das soziale Netzwerk. Sie bewegen Menschen zur sozialen Kontaktaufnahme mit anderen Menschen und fördern die Hilfsbereitschaft [11]. Glückliche Mitarbeiter sind wesentlich kommunikativer und offener. Sie gehen schneller auf Kollegen zu und sind eher bereit, Probleme anzusprechen, um sie aus der Welt zu schaffen. Durch die erhöhte Kommunikationsbereitschaft werden zusätzliche Schnittstellen geschaffen, durch die Fehler erkannt und vermieden werden können. Glückliche Menschen lösen also Probleme dauerhaft schneller und besser. Außerdem sind sie aufmerksamer und netter und tragen so zu unser aller Gemeinwohl bei [12].

Positive Emotionen wie Freude machen den Menschen zudem für andere attraktiv, da diese Emotionen unbewusst von anderen wahrgenommen werden und ansteckend wirken [13]. So tendieren positive Emotionen dazu, einen doppelten sozialen Effekt zu haben: Zum einen führen sie zu sozialer Kontaktaufnahme, zum anderen erhöhen sie die Attraktivität der positiv gestimmten Person, was wiederum andere Menschen zur Kontaktaufnahme bewegt. Studien zeigen, dass positive Emotionen einer Führungskraft besonders ansteckend wirken und einen großen Einfluss auf die Leistung der Mitarbeiter haben [14].

Betrachten wir nun noch, wie Ihre physischen Ressourcen durch positive Emotionen gestärkt werden. Zwar lösen positive Emotionen keine verstärkten Herz-Kreislauf-Reaktionen aus, jedoch beruhigen sie solche Reaktionen, die durch negative Gefühle hervorgerufen worden sind [15]. Wie das abläuft, hat Fredrickson in einem ähnlichen Experiment herausgefunden: Versetzen Sie sich geistig in eine stressige Situation. Nehmen wir an, Ihr Vorgesetzter informiert Sie überraschend, dass Sie in fünf Minuten bei der Unternehmenspräsentation für Ihren kranken Kollegen einspringen sollen. Die Präsentation soll vor mehreren Journalisten stattfinden. Sie fühlen sich völlig überfordert. Weder kennen Sie die Präsentation, noch wissen Sie eigentlich genau, aus welchem Anlass diese Pressekonferenz stattfindet. Sie merken, wie Ihre Hände anfangen zu schwitzen, Ihr Herz beginnt zu rasen. Außerdem steigt Ihr Blutdruck, es werden verschiedene Stresshormone wie Adrenalin ausgeschüttet. Mit zitternden Händen setzen Sie sich fünf Minuten später völlig unvorbereitet zu Ihrem Vorgesetzten an den Tisch vor den Journalisten. Nervös kneten Sie Ihre Hände.

Sieben Minuten später ist alles vorbei. Ihr Kollege, für den Sie eingesprungen sind, hat die übliche Unternehmenspräsentation verwendet, die auch Sie neuen Kollegen an deren erstem Tag zeigen. Ihr Vorgesetzter beantwortet sämtliche Fragen der Journalisten und bei genauerer Betrachtung stellt sich heraus, dass da eigentlich auch nur eine Handvoll Menschen mit Aufnahmegeräten und Notizblöcken vor Ihnen sitzen, die im Grunde nur für Informationen über das neue Produkt gekommen sind. Erleichtert lehnen Sie sich zurück und müssen unwillkürlich lächeln, als Ihr Vorgesetzter wegen der vielen ähnlichen Fragen leicht genervt wirkt. Jetzt fangen Sie an, sich auf die Häppchen zu freuen – schließlich haben Sie sich nun auch welche verdient. Schon empfinden Sie wieder positive Emotionen wie Freude über das Gelingen und auch ein wenig Stolz, dass Sie in dieser stressigen Situation das Beste gegeben haben. Durch das Empfinden dieser positiven Emotionen erleichtern Sie es Ihrem Körper, wieder in einen stressarmen Zustand mit normalem Blutdruck überzugehen. Ihrem Herz-Kreislauf-System tun Sie damit etwas Gutes. Denn nichts ist gefährlicher für den Körper als Dauerstress und Angespanntheit.

Der Körper wird durch negative Emotionen angegriffen und die positiven Emotionen schaffen es, diese Angriffe auf das Herz-Kreislauf-System abzumildern oder sogar rückgängig zu machen. Damit kann man nicht nur sein erweitertes Verhaltensrepertoire wieder besser anwenden, sondern lebt auch noch gesünder [16].

Wenn man nun zurückblickt auf die zuletzt beschriebene stressige Situation, bei der deutlich wurde, was alles hinter diesen positiven Emotionen steckt – die Prozesse, die im Gehirn ablaufen, die Veränderungen, die der Körper durchläuft – dann wird etwas ganz deutlich: Positive Emotionen müssen einen evolutionären Nutzen haben. Warum sollte man sie sonst empfinden können?

Wenn Angst einen Nutzen hat, muss doch auch Interesse einen Nutzen haben. Und zwar einen, der über neue Erkenntnisse über ein fernes Land hinausgeht. Einen, der eine Rolle spielt in der fortlaufenden Anpassung des Menschen, der Evolution. Natürlich hat Fredrickson zuerst diese Überlegung angestellt, und sie sei an folgendem Beispiel erläutert: Der Mensch liebt es, zu spielen. Schon als Kinder toben wir herum, was das Zeug hält. Nicht umsonst gibt es allerorts Spielplätze, auf denen das Klettern, das Balancieren und die Koordination geübt werden können. Die Emotion, die bei diesen Tätigkeiten empfunden wird, ist Glück. Die Kinder sind frei, zu tun und zu lassen, was sie wollen. Häufig sind sie mit Kameraden unterwegs und so spielen und spielen sie, bis sie irgendwann nach Hause geholt werden. Schon die Kinder in der Steinzeit haben dieses Glück empfunden, was auch sie zum Spielen brachte. Freies, unbändiges Spielen hilft, Muskeln aufzubauen und die Kondition zu verbessern. Beides sind Elemente, die man damals zum Jagen, bei der Flucht oder beim Kampf benötigte. Gerade beim Kampf und bei der Flucht geht es um das schiere Überleben. Und wer Hunger hat, muss jagen können!

Es wird deutlich: Das Glück aus Kindertagen entfaltet seinen Sinn. Wer mehr Glück empfindet, spielt mehr – wer mehr spielt, baut eine bessere körperliche Verfassung auf. Wer in besserer Verfassung ist, überlebt eher und hat die Chance, sich fortzupflanzen und seine (Glücks-)Gene weiterzugeben. Darüber hinaus fördert das Spielen die Gehirnentwicklung, es werden neues Wissen und neue soziale Fähigkeiten erworben, man lernt sich selbst kennen und erweitert seinen Blick auf die Welt.

Ein neues Spielzeug weckt mit erstaunlicher Sicherheit das Interesse eines Kindes. Das Kind beschäftigt sich mit seinem Spielzeug, probiert es aus und lernt so dazu. Es verbessert seine Koordination, es lernt, mit neuen Situationen umzugehen und das Spielzeug zu gebrauchen. Diese neuen oder gestärkten persönlichen Ressourcen unterstützen das Kind später in seinem Überleben und bei der Bewältigung von Schwierigkeiten. Ohne positive Emotionen werden weniger kreative Lösungen zu Problemen gefunden, die Lösungen können in akuten Situationen nicht wieder angewandt werden und die Überlebenschancen (und damit die Fortpflanzungschancen) werden minimiert. Fazit: Positive Emotionen sind eine psychologische Angepasstheit, die es unseren Vorfahren ermöglichte, Bedrohungen zu entkommen. Ihr Wert und Nutzen entfaltet sich in der Zukunft.

Sie wissen jetzt, dass die Auswirkung positiver Emotionen über das schlichte Erleben hinausgeht. Die positiven Emotionen sorgen vielmehr dafür, dass man selbst mehr wahrnimmt, dass man besser und anders auf Situationen reagieren kann. Und das wiederum führt dazu, dass einem mehr Handlungen einfallen und man sich diese für die Zukunft besser merken kann. Das hilft nicht nur für die nächste Präsentation, sondern hat auch seinen evolutionären Nutzen. Stellen Sie sich vor, alle folgten immer den gleichen, vorausseh-baren Handlungsstrukturen und versuchten so, ihr Leben zu bestreiten – das kann nicht funktionieren. Irgendwo lauert schließlich immer Unerwartetes, lauern Gefahren oder Herausforderungen, die nur mit Kreativität, neuen Ideen und unerwarteten Maßnahmen bewältigt werden können. Wer dazu in der Lage ist, der übersteht solche Situationen un-beschadet und empfindet gleich die nächsten positiven Emotionen wie etwa Stolz und Zufriedenheit.

Wir tun unserem Körper etwas Gutes, wenn wir auch nur kurz etwas als positiv empfinden – denken Sie nur an das Herz-Kreislauf-System, das sich so der Auswirkungen der
negativen Emotionen entledigt und sich schneller regenerieren kann. Sie sind fitter, haben
öfter den Überblick und fühlen sich dadurch sicherer.

Im Berufsalltag kann man es so schaffen, einen positiven Kreislauf in Gang zu setzen.
Wer Interesse für das empfindet, was er tut, wird erfinderischer und kreativer. Man ist stolz
darauf, die letzte Präsentation vor dem Geschäftsführer souverän gemeistert zu haben, man
sticht heraus, die Kollegen fragen um Rat – die positiven Emotionen akkumulieren sich.
Das soziale Netzwerk wird erweitert und Sie lernen, über Ihre ehemaligen Grenzen hinweg
zu denken. Man merkt, wie sich die eigenen Fähigkeiten festigen – die Akquisition des
letzten Kunden haben Sie nicht mehr dem Zufall, sondern sich selbst zu verdanken. Es
entsteht diese Aufwärtsspirale, der Weg des Wohlbefindens, den man nicht immer wieder
erneut suchen muss, sondern den man fortwährend beschreiten kann [17].

Was für Sie zutrifft, gilt ebenfalls für Ihre Mitarbeiter: Positive Emotionen führen zu
zielgerichtetem Handeln, stärken die sozialen Netze innerhalb des Unternehmens, fördern
den Kommunikationsfluss, stärken die Gesundheit der Mitarbeiter und bilden somit eine
solide Grundlage für einen anhaltenden Unternehmenserfolg.

Take-Away-Message

Im Hier und Jetzt helfen positive Emotionen dem Körper, die Auswirkungen negativer
Gefühle auszugleichen.

Der Nutzen einer positiven Emotion entfaltet sich darüber hinaus weit in der Zukunft: Das Empfinden einer positiven Emotion erweitert Ihre Aufmerksamkeitsspanne
und damit Ihr Denkvermögen. Sie haben so ganz automatisch die Möglichkeit, neue
Handlungen auszuprobieren. Ihre persönlichen Ressourcen werden dadurch gestärkt
und entwickeln sich weiter. So erleben Sie auch in der Zukunft mehr Positives.

Hierin spiegelt sich der evolutionäre Nutzen der positiven Emotion wider: Sie ermöglicht dem Menschen, neue Wege zu gehen und sein Überleben auf kreative Art und
Weise mit einem gestärkten sozialen Netzwerk zu sichern.

Literatur

1. Fredrickson, B. L. (2008). Curriculum Vitae 04/2008. Resource Document. University of North
   Carolina, Chapel Hill. http://www.unc.edu/peplab/publications/blfVITA408.pdf. Zugegriffen:
   1. Aug. 2012.
2. Fredrickson, B. L. (2011). *Die Macht der guten Gefühle – Wie eine positive Haltung Ihr Leben
   dauerhaft verändert.* Frankfurt a. M.: Campus.
3. Rothermund, K., & Eder, A. (2011). *Allgemeine Psychologie: Motivation und Emotion.*
   Wiesbaden: Verlag für Sozialwissenschaften.

4. Fredrickson, B. L. (2000). Cultivating positive emotions to optimize health and well-being. http://www.rickhanson.net/wp- content/files/papers/CultPosEmot.pdf. Zugegriffen: 15. Sep. 2012.
5. Fredrickson, B. L. (1998). What good are positive Emotions? *Review of General Psychology, 2*(3), 300–319.
6. Pritzel, M., Brand, M., & Markowitsch, H. (2003). *Gehirn und Verhalten: Ein Grundkurs der physiologischen Psychologie.* Heidelberg: Spektrum Akademischer Verlag.
7. Johnson, K. J., Waugh, C. E., & Fredrickson, B. L. (2010). Smile to see the forest: Facially expressed positive emotions broaden cognition. *Psychology Press, 24*(2), 299–321.
8. Isen, A. M. (1990). The influence of positive and negative affect on cognitive organization: Some implications for development. In: N. L. Stein, B. L. Leventhal, & T. R. Trabasso (Hrsg.), *Psychological and biological approaches to emotion* (S. 75–94). New Jersey: Lawrence Erlbaum Associates, Inc.
9. Ashby, F. G., Isen, A. M., & Turken, A. U. (1999). A neuropsychological theory of positive affect and its influence on cognition. *Psychological Review, 106*(3), 529–550.
10. Rieger, J. (1999). *Der Spaßfaktor. Warum Arbeit und Spaß zusammengehören.* Offenbach: Gabal.
11. Isen, A. M. (2002). A role for neuropsychology in understanding the facilitating influence of positive affect on social behavior and cognitive processes. *Handbook of Positive Psychology, 38,* 528–540.
12. Haas, O. (2010). *Corporate Happiness als Führungssystem. Glückliche Menschen leisten gerne mehr.* Berlin: Schmidt.
13. Hartmann, U., Schneider, U., & Emrich, H. M. (2002). Gefühlswelt. Auf der Jagd nach dem Glück. *Gehirn und Geist,* (4), 11.
14. George, J. M. (1991). State or trait: Effects of positive mood on prosocial behaviors at work. *Journal of Applied Psychology, 76*(2), 299–307.
15. Fredrickson, B. L. (2003). The value of positive emotions. *American Scientist, 91,* 330–335.
16. Fredrickson, B L. (2004). The broaden and build theory of positive emotions. *Philosophical Transactions of The Royal Society, 359*(1449), 1367–1377.
17. Fredrickson, B. L., & Joiner, T. (2002). Positive emotions trigger upward spirals toward emotional well-being. *Psychological Science, 13*(2), 172–175.

Weiterführende Literatur

Cavanaugh, L., & Fredrickson, B. L. (2010). Positive emotions are like a box of chocolates: Without identifying the different flavors - You never know what behavior you're going to get. *Advances in Consumer Research,* (37), 24–28.
Fredrickson, B. L. (2012). Positive emotions and psychophysiology laboratory. http://www. unc.edu/peplab/home.html. Zugegriffen: 1. Aug. 2012.
Fredrickson, B. L., & Branigan, C. (2005). Positive emotions broaden the scope of attention and thought-action repertoires. *Psychology Press, 19*(3), 313–332.

Wie wirkt die positive Emotion Dankbarkeit?

Marius Holle

> Es sind die Menschen voller Leidenschaft und Lebensfreude, die uns ein Lächeln schenken, für ein Projekt begeistern und unsere Welt bereichern. Jeder von uns hat die Chance, so ein Mensch zu sein. Und mit der Erkenntnis, dass „Gutes tun" glücklich macht, gibt es gute Gründe, diese Chance zu nutzen. Mit den folgenden Seiten möchte ich daher inspirieren, neue Wege zu gehen, und helfen, das Glück in unserer Welt neu zu entdecken. (Marius Holle)

Kennen Sie diese Menschen, die einfach alles als selbstverständlich hinnehmen und sich für rein gar nichts bedanken? Vielleicht ist es Ihnen auch schon einmal vorgekommen, dass Sie so jemand um einen großen Gefallen bittet und sehr kurzfristig Ihre Hilfe braucht. Besonders prädestiniert für solche Bitten sind große Projekte, für die ein Kollege am Montagmorgen einen „ganz wichtigen Abgabetermin" hat, den er auf gar keinen Fall verpassen darf. Er bittet Sie daraufhin um Ihre dringende Mithilfe. Sie selbst haben mehr als genug zu tun und für das Wochenende hatten Sie einen entspannten Ausflug mit Freunden geplant. Doch Ihr Kollege drängt Sie so sehr, dass Sie am Ende nachgeben und versprechen zu helfen. Sie haben dabei immer im Hinterkopf, dass Sie früher oder später in derselben Situation stecken und die Hilfe Ihres Kollegen benötigen könnten. Also schieben Sie all die Arbeit beiseite, die Sie am heutigen Montag noch erledigen wollten, und widmen sich dem Projekt Ihres Kollegen. Schnell stellen Sie fest, dass Ihr Feierabend heute noch eine Weile auf sich warten lassen wird, und auch der Wochenendausflug steht auf der Kippe. Als Sie dann am Freitagabend viel zu spät von der Arbeit nach Hause kommen, ist klar: Der Ausflug ist gestrichen. Sie erklären Ihren enttäuschten Freunden, wie wichtig das Projekt ist und dass es Ihnen Leid tut, absagen zu müssen. Mit einem tiefen Grummeln im Magen verbringen Sie auch noch am Samstag und Sonntag so einige Zeit mit der Ausarbeitung. Am Montagmorgen bringen Sie Ihrem Kollegen die Ergebnisse ins Büro,

M. Holle (✉)
Hamburg, Deutschland
E-Mail: mail@positive-psychologie-im-beruf.de

T. Johann, T. Möller (Hrsg.), *Positive Psychologie im Beruf,*
DOI 10.1007/978-3-658-00265-7_5, © Springer Fachmedien Wiesbaden 2013

erklären ausführlich Ihre Arbeit und machen deutlich, wie viel Zeit und Mühe Sie in dieses Projekt gesteckt haben.

Muffelig blättert er Ihre Ausarbeitungen durch: Punkt drei hätte er ja völlig anders gemacht, Punkt sieben sei so nicht zu gebrauchen und alles, was danach kommt, hätte er schon längst selbst erledigt. Außerdem hätte er über das Wochenende viel zu viel zu tun gehabt, sodass er beschlossen hat, das Projekt erst gegen Ende der Woche abzugeben. Mit den Worten, er habe jetzt Besseres zu tun, als sich mit einem Projekt zu beschäftigen, für das er noch die ganze Woche Zeit habe, verweist er Sie seines Büros.

Sie sind soeben der Undankbarkeit in Person begegnet und das ist kein schönes Gefühl. Nicht nur, dass Sie vor Wut kochen, nein, Sie haben auch noch einen ganzen Schreibtisch voller liegengebliebener Arbeit. Mit so einem Verhalten hat sich Ihr Kollege soeben jegliche weitere Hilfe verscherzt und die „zweite Chance" ist gleich mit verwirkt. Schon unsere Großeltern haben uns immer wieder zur Dankbarkeit ermahnt, doch was der amerikanische Wissenschaftler Robert Emmons [1] und viele weitere herausfanden, haben sie uns nicht erzählt. Konnten sie auch gar nicht, denn erst kürzlich hat die Positive Psychologie die Dankbarkeit näher unter die Lupe genommen und ist zu faszinierenden Ergebnissen gekommen.

Bevor wir uns diesen Erkenntnissen näher widmen, betrachten wir zunächst, was Dankbarkeit in diesem Sinne bedeutet. Dankbarkeit baut auf der anerkannten Beobachtung auf, dass es für das eigene Glück wichtiger ist, wie man subjektiv die Dinge sieht, als wie sie objektiv sind. Ob das Glas mit 100 ml Wasser nun halb voll oder halb leer ist, ist das beliebteste Beispiel. Dankbar zu sein, richtet dabei stets den Fokus auf das, was positiv gelaufen ist oder auf die guten Dinge, die manchmal passieren. Auf diese Art und Weise wird die Halbvoll-Halbleer-Diskussion umgangen und durch Dankbarkeit ersetzt; Dankbarkeit dafür, dass der eigene Durst gelöscht werden kann. An diesem Beispiel merken Sie bereits, dass hier die Definition für Dankbarkeit weit über das klassische „Dankesagen" hinausgeht. Dem Leben an sich und all seinen Facetten Wertschätzung, Dankbarkeit und Anerkennung auszudrücken, stellt hierbei die breiter gefasste Betrachtung dar, die das Danksagen einschließt.

Dankbar zu sein, macht glücklich, lautet das einheitliche Echo der Positiven Psychologie. Doch warum macht es glücklich, wenn man dankbar ist? Was gibt es dabei zu beachten und was sollte konkret getan werden, um diese Erkenntnis praktisch umzusetzen? All diese Fragen wollen wir in diesem Kapitel beantworten und auch die Schattenseiten werden nicht außer Acht gelassen. Denn ganz so einfach ist es dann doch nicht mit der Dankbarkeit.

Beginnen wir zunächst mit einem der wichtigsten Experimente in Bezug auf die Dankbarkeit, welches im Jahre 2003 von Robert Emmons beschrieben wurde [2]. Die Versuchsteilnehmer wurden in zwei Gruppen unterteilt. Die erste Gruppe wurde dazu angehalten, einmal pro Woche für zehn Wochen fünf Dinge oder Vorkommnisse aufzuschreiben, für die sie dankbar waren. Die zweite Gruppe, die Kontrollgruppe, sollte stattdessen fünf alltägliche Dinge oder Vorkommnisse aufschreiben. Der Versuchsaufbau war einfach, aber die Ergebnisse eindeutig. Durch genaues Befragen der Probanden konnte Emmons erstmals nachweisen, dass das explizite Ausdrücken von Dankbarkeit dazu führte, dass ein Mensch optimistischer und zufriedener mit seinem Leben wird. Es wurde sogar beobachtet, dass die Menschen insgesamt gesünder wurden und gesünder lebten. Dieser Versuch zeigte, dass Dankbarkeit eindeutig mit dem eigenen Glücksempfinden und der Gesundheit in direkter Verbindung steht.

Bemerkenswert ist dabei, dass mit sehr wenig Aufwand ein sehr nobles Ergebnis erzielt werden konnte. Sonja Lyubomirsky, Professorin der University of California, Riverside, hat sich deshalb die Frage gestellt, was passiert, wenn man mehrmals pro Woche seine Dankbarkeit äußert, und ist zusammen mit ihrem Team dieser Frage auf den Grund gegangen [3].

Warum eigentlich? Ist es nicht mehr als offensichtlich, dass die Menschen noch glücklicher werden, wenn sie noch öfter ihre Dankbarkeit äußerten? Die Kritik scheint berechtigt, doch das macht die Ergebnisse der Untersuchung nur noch spannender. Der Versuchsaufbau von Emmons wurde dafür leicht verändert. Sechs Wochen lang wurden zwei Versuchsgruppen beobachtet. Die Teilnehmer der ersten Gruppe sollten wie zuvor einmal pro Woche fünf Dinge oder Vorkommnisse aufschreiben, für die sie dankbar waren. Die zweite Gruppe sollte auf die gleiche Art und Weise ihre Dankbarkeit ausdrücken, aber drei Mal pro Woche. Wie bereits angedeutet, widersprachen die Ergebnisse der Intuition. Die gesamte Versuchsgruppe wurde zwar glücklicher, doch nur, weil die Versuchsgruppe glücklicher wurde, die ein einziges Mal pro Woche ihre Dankbarkeit zum Ausdruck brachte. Die andere Gruppe zeigte keine wesentliche Veränderung. Aber warum?

Ein Erklärungsansatz findet sich darin, dass die entscheidenden Faktoren für das Lebensglück nicht im bloßen Aufschreiben von tollen Vorkommnissen liegen, sondern vielmehr in den positiven Emotionen, die Dankbarkeit auslöst. Die zweite Gruppe war auf Dauer einfach gelangweilt von der Aufgabe, weil Sie die Übung nur im Sinne einer To-Do-Liste erledigte. Die erste Gruppe hingegen nahm sich zum Beispiel am Sonntagabend bewusst Zeit dafür, die guten Vorkommnisse der Woche zu reflektieren, anstatt einfach schnell fünf Dinge aufzuschreiben, für die man dankbar sein könnte. Im weiteren Verlauf werden wir deshalb ein Auge darauf behalten, was Sie konkret tun können, um das bestmögliche Ergebnis aus diesen und weiteren Übungen zu erzielen. Doch zunächst stellt sich die Frage, auf welche Art und Weise Dankbarkeit überhaupt glücklich macht und welche positiven Auswirkungen sich für Sie daraus ergeben.

Dankbarkeit führt zum einen dazu, dass wir unserer Umwelt und unserem Leben mit mehr Wertschätzung gegenüber treten [1]. Wie Ihr Kollege im einleitenden Beispiel tendiert der Mensch dazu, gewisse Dinge in unserem Leben als selbstverständlich anzusehen und seinen Gewohnheiten keinen großen Wert mehr beizumessen. Genieße ich zum Beispiel ganz bewusst meinen Espresso und erfreue mich an dessen Aroma – oder erfüllt er nur noch den Zweck, mich wieder in Schwung zu bringen? Geht es für mich beim Essen darum, etwas zu erleben, oder nur noch ums Überleben? Dankbarkeit ist in vielen Fällen nur eine andere Betrachtungsweise mit sehr wohltuender Wirkung. Im normalen Alltagsleben fokussiert man sich leider oft auf die Probleme, die gelöst werden müssen, und auf alles, was zum Glücklichsein noch fehlt. Wenn ein Mensch den größten Teil seines Tages damit verbringt, sich auf genau diese Dinge zu konzentrieren, ist es nur nachvollziehbar, dass er abends kein gutes Bild vom Tag im Kopf hat und froh ist, dass er vorüber ist. Fokussiert sich der Mensch jedoch auf die schönen Dinge, also die, für die er dankbar ist, so ergibt sich am Ende des Tages ein ganz anderes Bild. Starke Kontraste zählen zu den Auslösern eines solchen Perspektivenwechsels wie zum Beispiel die Bilder einer Naturkatastrophe in den Nachrichten. In solchen Situationen sind viele Menschen für einen Augenblick wieder dankbar für das, was ihnen gegeben ist. Wenn man es schafft, bewusst und von Herzen aus dankbar für die eigenen Lebensumstände zu sein, gehört man zu den glücklichen Menschen, die selbst erkannt haben, wie gut es ihnen geht.

Dankbarkeit macht aber noch auf eine ganz andere Art und Weise glücklich. Stress und traumatische Erlebnisse, zwei der Gegenspieler von Glück, werden durch bewusste Dankbarkeit gelindert [4, 5]. Dankbare Menschen sind in der Lage, auch in den schwierigsten Situationen noch die Dinge wertzuschätzen, die ihnen geblieben sind, und es zeigt sich, dass genau diese Einstellung sehr wertvoll sein kann. Besonders negative Erinnerungen, die einen immer wieder verfolgen, ob am Tag oder bei Nacht, werden durch mehr Dankbarkeit tatsächlich geschwächt. Je größer die Wertschätzung für das ist, was wir haben, desto unwichtiger erscheinen uns negative vergangene Erfahrungen. Wenn wir für das dankbar sind, was uns gegeben ist, nehmen wir den alten Gedanken den Platz und reduzieren damit ihre Häufigkeit und auch ihre Intensität.

Soziale Beziehungen werden ebenfalls durch Dankbarkeit gestärkt [6]. Dankbarkeit für die Menschen im eigenen Umfeld stärkt die empfundene Verbundenheit zu diesen Menschen und macht so glücklicher. Die erhöhte Verbundenheit führt auch dazu, dass sich die tatsächliche Qualität der Beziehung bessert. Dankbarkeit kann in diesem Fall der Auslöser einer verbesserten Beziehung sein, für die man wiederum sehr dankbar sein kann. Erinnern Sie sich noch an Ihren fiktiven Kollegen aus dem Eingangsbeispiel, der Ihnen Teile seines Projektes aufgetragen hatte, für das Sie Überstunden machen mussten, Ihren Ausflug abgesagt haben, das Wochenende mit Arbeit verbrachten und am Ende nichts als Undankbarkeit erfuhren? Nehmen wir an, Ihr Kollege hätte wie Sie von den Forschungsergebnissen rund um die Dankbarkeit gehört und wollte sie einfach mal umsetzen. Das müsste noch nicht mal aus Nächstenliebe geschehen. Denn die Beobachtungen beziehen sich schließlich darauf, dass man selbst glücklicher wird. Der positive Nebeneffekt, dass es damit auch anderen besser geht, ist eben genau das: ein Nebeneffekt!

Es ist wieder Montagmorgen und Sie kommen mit Ihren Ausarbeitungen in das Büro von Ihrem Kollegen. Bevor Sie selbst überhaupt etwas sagen können, werden Sie freudestrahlend begrüßt und mit Anerkennung für Ihre Mithilfe überschüttet. Ihr Kollege macht nochmals deutlich, was für einen großen Gefallen Sie ihm getan haben und dass er sich um jeden Preis dafür revanchieren werde. Bei Ihren Ausführungen hängt er Ihnen an den Lippen und verfolgt genau, was Sie erarbeitet haben. Er lobt ganz besonders Ihre Arbeit für den ersten Teil der Ausarbeitung und bedankt sich für die vielen neuen Denkanstöße, die Sie in das Projekt eingebracht haben. Er fragt auch genau nach, wie viel Arbeit Sie in das Projekt gesteckt haben, und entschuldigt sich aufrichtig dafür, dass Sie Ihren Ausflug absagen mussten. Bevor Sie gehen, greift Ihr Kollege noch in seine Schublade und zieht eine Tafel von Ihrer Lieblingsschokolade hervor, nach der er sich bei Ihrer Kollegin erkundigt hat. All der Stress vom Wochenende ist vergessen, Sie tun Ihre Leistung als eine Selbstver-ständlichkeit zwischen Kollegen ab und geben zu erkennen, dass Sie auch beim nächsten Projekt wieder mit anpacken werden. Diese Anerkennung und Wertschätzung unter Kol-legen tut beiden Seiten gut und kann sich langfristig sehr positiv auf das Arbeitsverhältnis auswirken.

Auch Emotionen wie Wut und Angst werden von dem Gefühl der Dankbarkeit gelindert und aufgelöst [7]. Dankbarkeit ist zwar auch eine Form moralischen Verhaltens, aber die positiven Effekte, die sich aus dem Dankbarsein ergeben, sind vielleicht sogar wertvoller als lediglich ein gutes Gewissen.

Leider gestaltet es sich in harten Zeiten oft schwierig, dankbar zu sein. Zum Beispiel, wenn man gerade einen schweren Verlust erlitten hat. Eine elegante Frage, die Sie für solche Fälle im Hinterkopf behalten können ist:

Fragen

Wofür könnte ich in dieser Situation dankbar sein, wenn ich für etwas dankbar sein wollte?

Diese Frage hat zur Folge, dass wir unsere Situation aus einem neuen Blickwinkel betrach-ten und auf Dinge aufmerksam werden, die jemand schätzen würde, dem es schlechter geht als uns selbst.

Der letzte Aspekt (warum es glücklich macht, dankbar zu sein) ist wahrscheinlich einer der wichtigsten überhaupt. Mit Dankbarkeit ist es möglich, einen psychologischen Effekt zu lindern, der täglich Millionen Menschen auf dieser Welt um ihr Glück beraubt. Um diesen Effekt nachzuvollziehen, erinnern Sie sich nochmal daran, wie es sich angefühlt hat, als Sie das erste Mal in Ihrem aktuellen Auto gefahren sind. Vielleicht lag ein Hauch von Leder in der Luft, der Motor schnurrte wie eine Katze, bei jeder Schaltung haben Sie gespürt, wie das Auto arbeitet, Sie haben den Drehzahlen gelauscht und sich mit Freude in die Kurven gelegt. Erinnern Sie sich jetzt noch mal daran, wie Sie das letzte Mal damit zur Arbeit gefahren sind. Bei mir bestand dieser Vorgang aus Einsteigen, Losfahren, Ankommen und Aussteigen. Der Mensch gewöhnt sich an fast alles. Daher ist es für Ihr empfundenes Glück nach nur wenigen Wochen nicht mehr relevant, ob Sie sich mit einem italienischen Sportflitzer oder einem Wolfsburger Kleinwagen durch die Rush Hour quälen.

Aber ist es wirklich so schlimm? Ich selbst hatte meine Zweifel daran und habe eige-ne Nachforschungen angestellt. Nach vielem Durchfragen habe ich tatsächlich Menschen gefunden, die mit mehr als 500 PS unterwegs sind, und mir diesen traurigen Effekt be-stätigten. Jahrelang hatte ein junger Unternehmer hart gearbeitet, um sich seinen Traum von einem Sportwagen zu verwirklichen. Jedoch hat es nur eine Woche gedauert, bis aus einem Traum ein monotoner Arbeitsweg wurde. Doch es geht hierbei nicht nur um die großen Träume. Auch Kleinigkeiten, die uns einst so viel bedeutet haben, verschwinden im Grundrauschen unseres Alltags. Meist machen uns erst neue Bekanntschaften wieder darauf aufmerksam, was wir zum Beispiel für eine schicke Uhr tragen, die uns nur noch sagt, dass die Mittagspause in fünf Minuten vorbei ist. „Hedonistische Anpassung" nennt sich dieser traurige Gewöhnungsprozess, der aber mit Dankbarkeit erheblich verlangsamt werden kann [8]. Denn mit Dankbarkeit machen wir uns selbst immer wieder aufs Neue bewusst, wie gut es uns geht, und wir vergessen nicht so schnell die Dinge, die uns das Leben leichter machen [1]. Lässt die Wertschätzung und Dankbarkeit gegenüber unseren Lebensumständen und Besitztümern nach, setzt der Gewöhnungsprozess mit voller Kraft ein. Am besten kann man das bei Kindern beobachten. Tage, Wochen, wenn nicht sogar Monate lang wird gequengelt, gebettelt und geweint, bis das angebetete Spielzeug endlich gekauft wird. Alle anderen Spielzeuge (die durch dieselbe Masche errungen wurden) verlieren ihre Bedeutung, denn nur dieses eine Spielzeug kann das Kind jetzt noch glücklich machen. Sobald das neue Spielzeug da ist, wird nur noch damit gespielt, bis ein neues Spielzeug in den Fokus gerät und der Prozess erneut beginnt. Wir Erwachsenen belächeln unsere Kinder dabei nur, doch wenn wir ganz ehrlich zu uns sind, haben wir diese Denkweise nie gänzlich abgelegt. Doch es gibt Licht am Ende des Tunnels, denn die folgenden Techniken können Ihnen maßgeblich dabei helfen, nicht nur den Gewöhnungsprozess zu verlangsamen, sondern auch all die anderen positiven Effekte der Dankbarkeit für sich nutzbar zu machen.

Fragen

Die erste Dankbarkeitstechnik lehnt sich an die Übungen aus den oben beschriebenen Versuchen an. Ein Dankbarkeitstagebuch kann dabei helfen, regelmäßig oder spontan die Dinge und Vorkommnisse festzuhalten, für die man dankbar ist. Wie dieses Notizbuch zu führen ist, bleibt ganz Ihnen überlassen. Wie wir im zweiten vorgestellten Versuch gesehen haben, können genaue Vorgaben, wie diese Übung durchzuführen, ist das Ergebnis erheblich beeinträchtigen oder sogar gänzlich verfälschen. Wichtig ist, dass man aufrichtig dankbar ist, und nicht, dass die To-Do-Liste vorschreibt, dienstags um 19 Uhr für fünf Dinge dankbar zu sein. Jeder sollte einen Rhythmus wählen, der zu ihm persönlich passt. Das kann wöchentlich sein oder in längeren Intervallen. Meine Erfahrung ist, dass man für einmalige Vorkommnisse immer dankbar sein kann, ohne dass der Effekt nachlässt. Wenn Ihnen grade heute etwas Tolles passiert ist oder Ihnen jemand einen großen Gefallen getan hat, können Sie das sofort notieren. Wenn man allerdings jeden Tag aufs Neue aufschreibt, dass man dankbar für sein Haus, seinen Job und seine Familie ist, dann ist das zwar nobel, aber man läuft Gefahr, dass die beschriebenen positiven Effekte sehr schnell nachlassen. Es besteht dabei auch die Möglichkeit, die Übung im Geiste durchzuführen, auch wenn das Niederschreiben empfehlenswerter ist. Entscheidend sind die Emotion und die Echtheit der Wertschätzung gegenüber den eigenen Lebensumständen.

Jetzt endlich kommen wir zum eigentlichen Dankesagen und den Feinheiten, mit denen Sie nicht nur die Wertschätzung Ihrem Nächsten gegenüber vergrößern, sondern auch die positiven Effekte der Dankbarkeit besser ausschöpfen können. Das direkte Ausdrücken von Dankbarkeit ist bereits sehr wertvoll, aber es gibt auch Wege, die Ihnen wahrscheinlich noch nicht so geläufig sind. Einer davon wäre ein Dankesbrief. Hierbei geht es nicht um die üblichen Briefe wie zum Beispiel nach Hochzeiten. Nein, es geht darum, einem ganz besonderen Menschen in Ihrem Leben die Wertschätzung zu geben, die er verdient, aber von Ihnen in der Form nie erfahren hat. Martin Seligman hat sich dem Dankesbrief von wissenschaftlicher Seite genähert, mit großem Erfolg. Die Versuchsteilnehmer wurden gebeten, einen Dankesbrief zu schreiben und persönlich an einen Menschen auszuhändigen, der ihnen eine große Hilfe war, bei dem Sie sich aber nie richtig bedankt hatten. Nicht nur, dass die Teilnehmer dadurch erheblich glücklicher wurden, Sie profitierten von dem Dankesbrief auch deutlich stärker als von vergleichbaren Glückstechniken und der Effekt dieses einen Briefs war noch bis zu einen Monat nach Auslieferung messbar [9].

Um für Sie diese wissenschaftlichen Erkenntnisse mit Leben zu füllen, möchte ich Ihnen von einer Erfahrung erzählen, die ein guter Kollege von mir machen durfte. Als wir im Gespräch auf das Thema Dankbarkeit kamen, berichtete er mir von einem Schreiben, welches der Niederlassungsleiter seines ehemaligen Arbeitgebers verfasst hatte. Darin bedankte dieser sich ausdrücklich bei all seinen Kollegen und hinterließ damit bei den Mitarbeitern einen bleibenden Eindruck. Dieses Schreiben hat auch meinen Kollegen so sehr berührt, dass er es nun schon seit zehn Jahren behutsam aufbewahrt und es mir für dieses Kapitel zur Verfügung stellen konnte. Selbst ich, der gar nicht angesprochen war, bekam bei den aufrichtig dankenden Worten dieses Mannes eine Gänsehaut und konnte sehr gut nachvollziehen, warum mein Kollege selbst nach fast zehn Jahren noch voller Hochachtung an seinen Chef zurückdenkt. Auch wenn die Menschen um Sie herum für das bezahlt werden, was Sie tun, geht nichts über persönliche und vor allem menschliche Dankbarkeit. Nehmen Sie deshalb die untenstehenden Fragen als Denkanstoß und lassen Sie sich von Ihren eigenen Erfahrungen faszinieren.

Fragen

Denken Sie an die Menschen, die Ihr Leben maßgeblich beeinflusst haben. Welchem davon schulden Sie noch ein aufrichtiges Dankeschön, das sie durch einen Dankesbrief erfahren könnten? Das kann ein direkter Verwandter sein, ein alter Freund, ein Mentor oder auch ein Mensch, den Sie nie persönlich kennengelernt haben, dessen Arbeit aber einen großen Einfluss auf Sie hatte.

Welche Menschen in Ihrem Umfeld erbringen für Sie großartige Leistungen, denen Sie ab jetzt mit mehr Wertschätzung begegnen wollen? Für welche Dinge oder Vorkommnisse waren Sie die letzte Woche besonders dankbar?

In welchen Intervallen möchten Sie sich ab jetzt an einem Tag 15 min Zeit nehmen, um für all die Dinge dankbar zu sein, die Ihnen lieb und teuer sind?

Denken Sie sich in einen Lebensbereich hinein, mit dem Sie aktuell nicht ganz zufrieden sind. Betrachten Sie diesen Bereich nun einmal aus der Perspektive eines

Menschen, der weit von dem Niveau entfernt ist, mit dem Sie unzufrieden sind, und versuchen Sie herauszufinden, was dieser Mensch ganz besonders wertschätzen würde.

Take-Away-Message

Dankbarkeit bedeutet, dem Leben an sich und all seinen Facetten Wertschätzung und Anerkennung auszudrücken. Das Empfinden von Dankbarkeit führt nachweislich dazu, dass Menschen glücklicher werden.

Entscheidend für die positiven Effekte ist das Empfinden von Dankbarkeit und nicht allein das explizite Danksagen.

Mit Dankbarkeit werden die positiven Dinge im Leben besser wahrgenommen, Stress und andere negative Emotionen werden gelindert, soziale Beziehungen verbessert und die Gewöhnung an positive Veränderungen verlangsamt.

Dankbarkeit kann schriftlich und geistig als Anerkennung festgehalten werden. Oder Sie können sie persönlich (zum Beispiel in Form eines Dankesbriefs) ausdrücken.

Literatur

1. Emmons, R. A. (2008). *Vom Glück, dankbar zu sein.* Frankfurt a. M.: Campus.
2. Emmons, R. A., & McCullough, M. E. (2003). Counting blessings versus burdens: An experimental investigation of gratitude and subjective well-being in daily life. *Journal of Personality and Social Psychology, 84,* 377–389.
3. Lyubomirsky, S. (2007). *The how of happiness: A scientific approach to getting the life you want.* New York: Penguin Press.
4. Fredrickson, B. L., Tugade, M. M., Waugh, C. E., & Larkin, G. R. (2003). What good are positive emotions in crises? A prospective study of resilience and emotions following the terrorist attacks on the United States in September 11, 2001. *Journal of Personality and Social Psychology, 84,* 365–376.
5. Watkins, P. C., Grimm, D. L., & Kolts, R. (2004). Counting your blessings: Positive memories among grateful persons. *Current Psychology: Developmental, Learning, Personality, Social, 23,* 52–67.
6. Algoe, S. B., Haidt, J., & Gable, S. L. (2008). Beyond reciprocity: Gratitude and relationships in everyday life. *Emotion, 8,* 425–429.
7. McCullough, M. E., Emmons, R. A., & Tsang, J. (2002). The grateful disposition: A conceptual and empirical topography. *Journal of Personality and Social Psychology, 82,* 112–127.
8. Eid, M., & Larsen, R. J. (2008). *The science of subjective well-being.* New York: The Guildford Press.
9. Seligman, M. (2011). *Flourish. Wie Menschen aufblühen. Die Positive Psychologie des gelingenden Lebens.* München: Kösel.

Warum wird man selbst glücklicher, wenn man anderen etwas Gutes tut?

6

Marius Holle

Sind auch Sie schon Opfer des unbarmherzigen Joghurt-Diebes in Ihrem Büro geworden? Man öffnet voller Vorfreude den gemeinsamen Kühlschrank im Büro, als einem plötzlich das bedrückende und erschreckende Gefühl durch die Glieder schießt, wenn der mit Namen beschriftete Joghurt nicht mehr da ist. Im ersten Moment fragt man sich noch, ob man ihn vielleicht in der Tasche vergessen hat, aber man wird sich der ernüchternden Wahrheit schnell bewusst: Der Joghurt wurde geklaut! Schlimmer noch, der Lieblingsjoghurt wurde geklaut. Jemand will Ihnen etwas ganz besonders Böses. Jeder hätte es gewesen sein können – und damit beginnen die bürointernen Ermittlungen gegen alle Kollegen, denen Sie über den Weg laufen. Auf dem Flur wird den entgegenkommenden Kollegen tief in die Augen geschaut, um auch noch das kleinste Zwinkern zu erkennen, es wird nur noch mürrisch gegrüßt und die eigene Stimmung trübt sich immer mehr. Hilfe wird den Kollegen grundsätzlich verweigert: So weit kommt es noch, dass man dem Dieb auch noch die Arbeit abnimmt. Während der Dieb still und heimlich den erbeuteten Joghurt genießt, sinkt die Stimmung im Büro auf den Tiefpunkt.

Für den kleinen Glücksmoment zwischendurch ist so manch einer bereit, seinem Nächsten die Freude zu nehmen. Diese Tatsache ist für viele von uns leider trauriger Büroalltag, doch neue Erkenntnisse aus der Positiven Psychologie könnten diesem Bild schon bald eine dramatische Wendung verleihen. Die Amerikanische Psychologieprofessorin Sonja Lyubomirsky konnte durch ihre Forschungen erstmals wissenschaftlich belegen, dass es glücklich macht, Gutes zu tun [1]. Werden die Joghurt-Diebe vielleicht bald zu Wohltätern?

Bislang war lediglich bekannt, dass glückliche Menschen zu Hilfsbereitschaft und guten Taten neigen. Doch der Umkehrschluss, dass Gutes zu tun glücklich macht, war noch

M. Holle (✉)
Hamburg, Deutschland
E-Mail: mail@positive-psychologie-im-beruf.de

T. Johann, T. Möller (Hrsg.), *Positive Psychologie im Beruf,*
DOI 10.1007/978-3-658-00265-7_6, © Springer Fachmedien Wiesbaden 2013

nicht bewiesen. Das grundlegende Forschungsergebnis mag dabei zunächst naheliegend erscheinen, doch viele der Beobachtungen, die bei genauerer Betrachtung des Phänomens gemacht wurden, sind alles andere als intuitiv. Ganz erheblichen Einfluss auf das langfristige Glücksempfinden hatte dabei die Art und Weise, wie die neu entdeckte Großzügigkeit praktiziert wurde. Bei falscher Umsetzung konnte sie sich sogar negativ auf das Glücksempfinden auswirken. Um herauszufinden, welche Wohltaten die Stimmung heben und was dabei zu beachten ist, lohnt sich eine genauere Betrachtung der Forschungsergebnisse.

In der sechswöchigen Studie wurden die Probanden gebeten, jede Woche fünf „gute Taten" zu vollbringen [1]. Dabei wurden die Teilnehmer in zwei Gruppen eingeteilt: Die erste Gruppe war angehalten, die fünf Taten über den Zeitraum einer Woche aufzuteilen. Die zweite Gruppe sollte alle fünf Wohltaten an einem Wochentag vollbringen. Jeden Sonntag notierte jeder für sich, welchen Menschen man eine Freude bereitet hatte, was man getan hatte und wann.

Die Ergebnisse überraschten die Forscher. Zwar konnten sie, wie erwartet, feststellen, dass das Glücksempfinden der Teilnehmer gestiegen war. Doch bei der Analyse der Daten war offensichtlich, dass ganz besonders die Gruppe merklich glücklicher wurde, die alle fünf guten Taten an einem Tag verrichtet hatte. Diejenigen, die die fünf Aufmerksamkeiten über eine Woche verteilt hatten, erlebten nur einen kaum merklichen Anstieg im Glücksempfinden. Ist damit die alte Gelehrtheit „Eine gute Tat am Tag" als glücksneutral zu sehen? Nicht ganz.

Die Ergebnisse zeigten den Forschern, dass die Art und Weise, wie die guten Taten vollzogen wurden, den entscheidenden Unterschied ausmacht. Jeder von uns wird sich mehr oder weniger regelmäßig dabei beobachten können, wie man Freunden einen Gefallen tut, einem Kollegen kurz unter die Arme greift oder einem Touristen bei der Orientierung hilft. Über diesen Weg sind auch die Probanden der „weniger glücklichen" Gruppe auf ihre fünf guten Taten gekommen. Hat man jedoch fünf Aufmerksamkeiten an einem Tag zu verteilen, wird man sich schon deutlich mehr ins Zeug legen und über die gewöhnlichen Gefälligkeiten hinausgehen müssen. Nur bei einer tatsächlichen Veränderung der Gewohnheiten ließ sich auch eine Veränderung in dem individuellen Glücksempfinden beobachten.

Die Forscher gingen den Beobachtungen des ersten Versuchs weiter auf den Grund und stießen in weiteren Experimenten auf noch spannendere Ergebnisse [2]: Es wurde dabei nicht mehr nur die zeitliche Abfolge der Taten betrachtet, sondern auch deren Vielfalt. So wurden die Probanden in der nächsten Studie zu Beginn gefragt, welche guten Taten sie in ihren Alltag integrieren können. Eine Gruppe durfte sich dann für die nächsten zehn Wochen aus dieser Ideensammlung immer drei pro Woche auswählen, während die andere Gruppe jede Woche die gleichen drei guten Taten vollbringen musste.

Zum zweiten Mal wurde das Team um Sonja Lyubomirsky von den Ergebnissen überrascht. Nicht nur, dass es wieder erhebliche Diskrepanzen zwischen den beobachteten Gruppen gab, es wurde zeitweise sogar festgestellt, dass eine der beiden Gruppen unglücklicher wurde. Wie konnte das passieren? Gibt es auch hier ein „zu viel des Guten"?

Der entscheidende Unterschied für die psychologische Wirkung der Taten lag in diesem Fall in der Abwechslung, die der Mensch bei all seiner Güte empfand. Für die Gruppe von Testpersonen, die jede Woche die Menschen in ihrem Umfeld auf neue Art und Weise überraschte und bereicherte, waren die zehn Wochen Versuchsphase eine Bereicherung für ihr Leben. Jetzt stellt sich die Frage, warum die andere Gruppe von Teilnehmern etwas anderes empfand, obwohl sie doch Menschen helfen durfte. Dadurch, dass diese Gruppe immer wieder die gleichen Dinge tat, verloren sie ihre bereichernde Wirkung und kehrten sich sogar ins Gegenteil. Die guten Taten wurden zur Pflicht, sie wurden vorhersehbar und waren letztendlich nur ein weiterer Punkt auf der To-Do Liste.

Die Experimente der amerikanischen Wissenschaftlerin haben insgesamt gezeigt, dass durch bewusste gute Taten das Glücksempfinden des Menschen gesteigert werden kann. Besonders wichtig sind hierbei allerdings das Herbeiführen einer tatsächlichen Veränderung und die Abwechslung unter den einzelnen Taten, damit das Erlebnis für den Wohltäter insgesamt bereichert wird und nicht zu einer weiteren Alltagsbelastung verkommt. Aber warum macht es den Wohltäter glücklich, wenn er Gutes tut?

Diese Frage wird durch viele zusammenspielende Aspekte beantwortet. Zum einen fördern gute Taten beim Menschen ein positives Gefühl der Kontrolle über sein Leben [3]. Der Mensch wird sich wieder bewusst, wozu er in der Lage ist und dass er anderen Menschen helfen und Gutes tun kann. Die gute Tat führt ihm auch vor Augen, auf welche Ressourcen er zurückgreifen kann und welche Fähigkeiten er hat. Weiterhin stärkt eine gute Tat das Gefühl des Zusammenhaltes und der Gemeinschaft [2]. Es gibt dem Wohltäter das Gefühl, ein wichtiger Bestandteil der Gesellschaft zu sein, und stärkt die Verbundenheit. Wenn man jemandem hilft, beginnt man oft, wirklich wertzuschätzen, dass es einem selbst gut geht, und freut sich mehr über die Dinge, die man sonst als gegeben hinnimmt.

Die beschriebenen Experimente haben deutlich gemacht, dass es besonders wichtig für das Glücksgefühl ist, wie die Wohltaten umgesetzt werden, und nicht nur entscheidend ist, was genau getan wird. Zwei Aspekte, die zeitliche Einteilung und die Abwechslung, standen dabei besonders im Fokus. Bei der praktischen Umsetzung sollte darauf gebaut werden, primär einen Wochentag als „Tag der guten Taten" auszuwählen und ausschließlich an diesem Tag in neue und besondere Aufmerksamkeiten Zeit und Geld zu investieren. Das Fokussieren auf einen Tag gewährleistet, dass die gute Tat an sich nicht zu einer Gewohnheit in der Gestalt wird, dass sie keine Veränderung herbeiführt, indem die „üblichen" Gefälligkeiten gleichbleibend praktiziert werden. Hierbei kann entweder eine große Gefälligkeit erwiesen werden oder mehrere kleine. Darüber hinaus sind Variationen und Abwechslung Pflicht, damit die Wertschätzung gegenüber der guten Tat an sich erhalten bleibt. Der Kreativität sind hierbei keine Grenzen gesetzt, aber es müssen auch nicht immer ausgefallene, heroische Taten sein. Oft reichen schon kleine Aufmerksamkeiten, um einen Menschen glücklich zu machen und Anerkennung zu zeigen.

Ganz besonders wichtig für die praktische Umsetzung im Unternehmen – auf die im Folgenden weiter eingegangen wird – sind in diesem Zusammenhang natürlich auch die

Auswirkungen auf andere Kollegen. Meist reicht eine kleine Aufmerksamkeit aus, um den Stein ins Rollen zu bringen. Ein Lächeln auf dem Flur hebt die Stimmung des Kollegen, der wiederum zu einem weiteren Kollegen freundlicher ist. Erinnern Sie sich noch, wie Ihnen Ihr Lieblingsjoghurt erbarmungslos geklaut wurde, der Verdacht gegenüber jedem einzelnen Kollegen in Ihrem Büro aufkam, Sie den Menschen auf dem Flur mit Misstrauen begegneten, den Kollegen Ihre Hilfe verweigerten und sich eine eisige Stimmung im Büro verbreitete? Stellen wir uns jetzt einmal vor, der Dieb hätte von den oben beschriebenen Forschungsergebnissen gehört und würde sich daran versuchen wollen.

Sie gehen leicht hungrig und ahnungslos zum gemeinschaftlichen Kühlschrank und wollen sich Ihren Joghurt für zwischendurch holen. Doch es kommt viel besser! Als Sie die Kühlschranktür öffnen, sehen Sie voller Erstaunen, dass da jemand Ihre Lieblingssüßigkeit auf Ihren Joghurt gelegt hat, mit einem kleinen Notizzettel daran, der in Druckbuchstaben Ihren Namen trägt und mit einem kleinen Smiley versehen ist. Weder die Handschrift noch andere Indizien lassen erkennen, von wem Sie diese kleine Aufmerksamkeit erhalten haben. Es hätte jeder gewesen sein können. Erfreut gehen Sie über den Flur wieder zurück in Ihr Büro und lächeln dabei jedem, den Sie sehen, sehr freundlich zu. Schließlich könnte es ja grade Ihr Gegenüber gewesen sein, das Ihnen den Schokoriegel geschenkt hat. Jeder gerät hier positiv in den Verdacht, Ihnen etwas Gutes getan zu haben, und wenn ein Kollege Sie um Hilfe bittet, reagieren Sie ganz besonders zuvorkommend. Schließlich wollen Sie sich bei Ihrem anonymen Wohltäter irgendwie bedanken. Die Stimmung im Büro blüht auf, weil Sie jedem Kollegen dankbar sind. Und diese gute Laune wirkt ansteckend. Der Wohltäter freut sich still und heimlich, Ihnen eine Freude bereitet zu haben, während sich der Schneeballeffekt von guten Taten wunderbar positiv auf das Arbeitsklima auswirkt.

Fragen

Bevor wir uns der konkreten Umsetzung im Unternehmen widmen, wollen wir an dieser Stelle einen kleinen Selbstversuch durchführen, um für eine spätere Entscheidung die nötige Erfahrung zu gewinnen. Keine Angst, ein Selbstversuch muss nicht immer langwierig und schmerzhaft sein. In unserem Fall ist er kurz und schmerzlos. Es geht hierbei nur um, wie könnte es anders sein, eine gute Tat. Die kann groß oder klein sein. Schreiben Sie eine kurze E-Mail an jemanden, der sich Ihres Lobes und Danks verdient gemacht hat. Bieten Sie Ihrem Sitznachbarn im Zug auch ein Kaugummi oder Bonbon an. Spenden Sie einen Geldbetrag an eine wohltätige Organisation, deren Zweck Sie gut finden, den Sie aber noch nie aktiv unterstützt haben. Eine gute Tat für zwischendurch soll es sein, nur um ein Gefühl dafür zu bekommen, wie gut es sich anfühlt, Gutes zu tun. Bedenken Sie dabei, was wir gelernt haben: Es sollte etwas Neues und Besonderes sein, was Sie so in dieser Form noch nie getan haben, denn dann ist der Effekt am stärksten. Legen Sie jetzt das Buch für einen kleinen Moment aus der Hand und tun Sie ganz bewusst etwas „Gutes".

Ein tolles Gefühl, nicht wahr? Wenn man mit den bewussten guten Taten anfängt, ist die erste Zeit sehr belebend und fühlt sich besonders gut an. Beobachten Sie ein wenig, wie es sich anfühlt und welchen Einfluss es auf Ihren Gemütszustand hat. Besonders interessant ist auch die Beobachtung Ihres Gegenübers, wenn Sie ein direktes Feedback für Ihre gute Tat bekommen konnten.

Im Folgenden geht es nun darum, wie die gewonnen Erkenntnisse konkret eingesetzt werden können, um das Glück und die Zufriedenheit der Mitarbeiter zu erhöhen. Letztlich werden hierbei die wissenschaftlichen Erkenntnisse auf das Unternehmen übertragen. Die praktische Umsetzung ist hierbei denkbar einfach. Jeder, der an dem kleinen „Glücksprojekt" teilnehmen möchte, beantwortet für sich die untenstehenden Fragen und bestimmt einen Wochentag, an dem man sich großzügig und offenherzig zeigen will. Für Ihren ersten Testlauf können Sie einen festen Zeitraum von beispielsweise sechs Wochen festlegen, um dann in einer gemeinsamen Feedbackrunde die gewonnenen Erfahrungen auszutauschen, eventuelle Anpassungen vorzunehmen und gemeinsam den weiteren Verlauf zu besprechen. In diesem Sinne kann ein monatliches Budget von beispielsweise fünf Euro festgelegt werden, mit dem die Mitarbeiter Ihre wöchentlichen guten Taten verrichten können. Dabei soll die finanzielle Obergrenze keinesfalls den Fokus auf monetäre Aufmerksamkeiten richten, sondern vielmehr einen Rahmen bieten, in dem die Aufmerksamkeiten nicht unangenehm groß werden. Es soll den Mitarbeiter bewusst anregen, kreativ zu werden und von dem einfachen „Ich kaufe schnell ein Geschenk" abbringen. Hierbei sind alle zuvor genannten Kriterien zu beachten:

• ein Tag pro Woche, den jeder individuell für seine guten Taten bestimmt
• neue Ideen und besondere Aufmerksamkeiten anstatt Alltägliches
• Abwechslung und Variation einbringen

Um die Stimmung wie in unserem positiven Beispiel zu heben, sind auch anonyme Aufmerksamkeiten herzlich Willkommen. In diesem Fall bedankt man sich am besten am Schwarzen Brett bei dem anonymen Wohltäter und inspiriert dadurch weitere Ideen.

Zum Abschluss möchte ich Ihnen noch eine ganz persönliche Erfahrung mit auf den Weg geben, die ich beim Schreiben dieses Kapitels machen durfte. Kurz vor Fertigstellung bat ich einen sehr guten Freund darum, mir ein Feedback zu meinem bisherigen Arbeitsstand zu geben und sendete ihm dieses Kapitel formlos per E-Mail zu. Ein paar Tage später konnte ich mich vor Lachen kaum halten, als ich meine Post durchsah und einen besonders humorvoll gestalteten Umschlag entdeckte. Darin fand ich einen Brief mit sehr wertvollem Feedback, zwei interessante Zeitungsartikel zu diesem Thema, die für mich aus einer Zeitschrift gerissen wurden, und noch ein bisschen Schokolade. Nach den vielen guten Taten, die ich im Rahmen dieser Ausarbeitung ganz bewusst für andere getan hatte, schenkte mir dieser großartige Freund die andere Perspektive. Nicht nur, dass ich mich riesig gefreut habe, auch mein „Wohltäter" versicherte mir, dass es ihm sehr viel Spaß gemacht hatte. Meine und seine Erfahrungen spiegeln genau das wider, was ich Ihnen auf den vorangegangenen Seiten nahebringen wollte, und ich möchte Ihnen hiermit ganz persönlich ans Herz legen, es einfach mal zu versuchen.

Fragen

Welche guten, nicht alltäglichen Taten könnte ich für meine Kollegen tun?
Mit welchen anonymen Aufmerksamkeiten kann ich jemandem eine Freude bereiten?
Wie kann ich Abwechslung in meine Wohltaten bringen?
An welchem Wochentag möchte ich meine guten Taten erbringen?

Take-Away-Message

Gutes zu tun, hebt nachweislich die Stimmung des Menschen und wirkt sich auch langfristig positiv auf das Glücksempfinden aus.

Die gute Tat ruft Sympathie und Gefühle der Verbundenheit hervor und auch das eigene Leben wird mit mehr Wertschätzung betrachtet.

Der Effekt geht verloren oder kehrt sich sogar ins Gegenteil, wenn die gute Tat als Verpflichtung wahrgenommen wird und keine Bereicherung mehr für das eigene Leben darstellt.

Wenn gute Taten mit Intention verfolgt werden, sollten diese über die alltäglichen Wohltaten hinausgehen und variiert werden.

Im Unternehmensumfeld können gute Taten Schneeballeffekte auslösen, die sich positiv auf das gesamte Unternehmensklima auswirken und bewusst gefördert werden können.

Literatur

1. Lyubomirsky, S., Sheldon, K. M., & Schkade, D. (2005). Pursuing happiness: The architecture of sustainable change. *Review of General Psychology 9,* 111–131.
2. Lyubomirsky, S. (2007). *The how of happiness: A scientific approach to getting the life you want.* New York: Penguin Press.
3. Williamson, G. M., & Clark, M. S. (1989). Providing help and desired relationship type as determinants of changes in moods and self-evaluations. *Journal of Personality and Social Psychology 56,* 722–734.

Wie kann unser inneres Gleichgewicht gestärkt werden?

7

Christine Rüller

Vielen ist nicht bewusst, dass schlechtes Schlafen in direktem Zusammenhang mit dem inneren Gleichgewicht und der Ausgeglichenheit eines jeden Menschen steht. Meist wird der Schlaf nicht einmal als nicht erholsam wahrgenommen. So ist es umso wichtiger, sich mit den Folgen schlechten Schlafens auseinander zu setzen, um diesen entgegenzuwirken und so im Arbeitsalltag leistungsfähiger und ausgeglichener zu sein. (Christine Rüller)

Der üblicherweise besonders lange und intensive Arbeitstag einer Führungskraft erfordert von ihr unter anderem anhaltend ausgeglichene Kommunikationsfreudigkeit und ständige Aufmerksamkeit. Diese Eigenschaften stellen eine große Herausforderung dar und fordern ein möglichst beständiges und gesundes Maß an innerem Gleichgewicht, um sowohl eine Konstante für die Mitarbeiter darzustellen, als auch selbst durchgehend leistungsstark zu sein. Dieses innere Gleichgewicht wird in der Psychologie in Abgrenzung sowohl zur Niedergeschlagenheit als auch zur Überschwänglichkeit als Euthymie bezeichnet.

Durch den allgemein steigenden Leistungsdruck in der Wirtschaft sind viele Arbeitnehmer, insbesondere Führungskräfte, dazu gezwungen, ihrer Arbeit immer mehr Zeit zu widmen. Folglich verlieren andere Bereiche des Lebens an Bedeutung und die bisherige Balance der Lebensbereiche gerät aus dem Gleichgewicht. Diese veränderten Lebensumstände stellen eine hohe Belastung dar und können schnell zur Erschöpfung führen. Nicht selten gerät dann auch die innere Gelassenheit spürbar aus den Fugen. Hier stellt sich die Frage, wie die innere Energie einer Führungskraft gestärkt werden kann, um diesen Belastungen standzuhalten und nachhaltig authentisch bleiben zu können.

Im Lauf der letzten Jahre habe ich festgestellt, dass ausreichender und gesunder Schlaf ausschlaggebend für meine Stimmung, Wachheit und Leistungsfähigkeit ist und die Folgen eines zu kurzen Schlafs am nächsten Tag sowohl für mich als auch für mein Umfeld direkt spürbar sind. Diese Selbsterkenntnis lässt sich unmittelbar auf andere Menschen über-

C. Rüller (✉)
Bargteheide, Deutschland
E-Mail: mail@positive-psychologie-im-beruf.de

T. Johann, T. Möller (Hrsg.), *Positive Psychologie im Beruf*,
DOI 10.1007/978-3-658-00265-7_7, © Springer Fachmedien Wiesbaden 2013

tragen, wobei Führungskräften in diesem Zusammenhang eine besondere Verantwortung zufällt. Denn die Atmosphäre im Team hängt zu einem großen Teil von ihnen ab und sie beeinflussen die Stimmung ihres Umfeldes stark.

Zur Stärkung des inneren Gleichgewichts, also zur Stärkung der Euthymie, gibt es viele bekannte Strategien, die hier aber nur am Rande behandelt werden sollen. Im Folgenden soll der Schwerpunkt vielmehr auf der Bedeutung des nächtlichen Schlafs für die geistige Leistungsfähigkeit und die soziale Kompetenz liegen. Darüber hinaus werden auch Maßnahmen erörtert, mit denen sich bislang noch weitgehend brachliegende Vigilanz- und Euthymie-Potentiale nutzbar machen lassen, also wie sich Wachheit und Aufmerksamkeit, ausgeglichene Kommunikationsfreudigkeit und inneres Gleichgewicht nachhaltig verbessern lassen.

Demokrit bezeichnet Euthymie als Zustand inneren seelischen Gleichgewichts mit einer grundlegenden Fröhlichkeit und Ausgeglichenheit [1]. Mit dieser Grundstimmung, die auf ein emotionales, momentanes, kognitives und generelles Wohlbefinden hindeutet [2], können Menschen ein positives und ausgeglichenes Leben führen, dementsprechend gut mit anderen Menschen umgehen und kommunizieren und folglich qualitativ gute Arbeit leisten.

Aufgabe der Führungskraft ist es, ihren Mitarbeitern diese Werte zu vermitteln, um eine positive Arbeitsatmosphäre zu schaffen und zu fördern und somit ein erfolgreiches, leistungsstarkes und harmonisches Team von Mitarbeitern zu leiten und zu begleiten. Wie in einer amerikanischen Managementstudie beschrieben, fördern positive Emotionen bei der Arbeit die Leistungsstärke der Mitarbeiter, da „glückliche Mitarbeiter [. . .] kreativer, lernfähiger, offener, gesünder und produktiver" [3, S. 70] leben und arbeiten.

Um Mitarbeiter zur entsprechenden Leistungsstärke anzuregen, ist eine kompetente, positiv emotionalisierte und ausgeglichene, also euthyme Führungskraft notwendig. Sie ist Leitfigur für die Mitarbeiter, die die eigene Stimmung auf ihr Team überträgt.

Euthymie heißt damit nichts anderes, als dass unsere Emotionen sich in einem guten Gleichgewicht befinden und dass unsere Gefühle als Erlebnis unseres Ichs eine positive Grundstimmung einnehmen. Unser Ich-Erlebnis ist, wie zu Anfang dieses Buches aufgezeigt, naturwissenschaftlich gesehen das Ergebnis komplexer anatomischer Gegebenheiten und biomolekularer Prozesse in der Längsachse unseres Lebens über unterschiedliche Zeitspannen und wird wesentlich durch die Tagesereignisse moduliert. Aus der modernen Wissenschaft ist bekannt, dass die Erlebnisse eines Tages im Schlaf mit dem Ich unserer Vergangenheit verknüpft werden und dass unser Ich damit am nächsten Tag um die Geschichtlichkeit des vorangegangenen Tages erweitert wird [4].

Das Gleiche gilt auch für einen großen Teil unserer Emotionen, die zwar über bestimmte Grundstimmungen als genetisch festgelegt angesehen werden, die aber tagtäglich unsere Erlebnisse und dadurch die Entwicklung unserer Persönlichkeit bestimmen. Die Emotion ist dabei eine treibende Kraft, die den Menschen besonders schnell auf interne und externe Reize reagieren lässt. Je nach Ausprägung und Stärke der Emotion kann unsere Reaktion auf diese Stimuli von Ablehnung oder Zustimmung, von Reflexion oder Impulsivität bestimmt werden. Äußere und innere Reize sind damit für gute oder schlechte, nützliche oder schädliche, sinnvolle oder unsinnige Entscheidungen verantwortlich [5].

Auch das positive Selbstwertgefühl gehört zu einer gesunden Ausgeglichenheit von Führungskräften. Erst mit dieser Gefühlslage ist es einem Menschen möglich, anderen Menschen Erfolg zu gönnen und diese bei der Erreichung der gesteckten Ziele zu unterstützen. Auch andere Autoren stellen fest, dass Menschen durch ein starkes und gesundes Selbstwertgefühl negative Eigenschaften wie zum Beispiel Geltungsbedürfnisse ausgleichen können [6]. Aus diesem Grund ist das eigene Wohlbefinden und Selbstwertgefühl und damit auch ein verlässliches persönliches Gleichgewicht essentieller Bestandteil positiver Führung und für Führungskräfte unabdingbar.

Führungskräfte, die sich im inneren Gleichgewicht befinden, haben üblicherweise eine konstante, freundliche und aufgeschlossene Außenwirkung. Dadurch können Mitarbeiter ihren Vorgesetzten leichter einschätzen und es ist ihnen möglich, mit ihm ein gutes Verhältnis aufrechtzuerhalten, ohne ihr Verhalten täglich oder möglicherweise sogar stündlich neu auf seine Befindlichkeit einstellen und sich gegebenenfalls für einen besseren Zeitpunkt für eine Mitteilung oder ein Gespräch entscheiden zu müssen.

In Bezug auf den direkten Business-Alltag kann eine starke Euthymie im Kundenkontakt sehr hilfreich sein. Nicht nur bei der alltäglichen Kontaktpflege für eine gute Kundenbindung ist die eigene innere Ausgeglichenheit unabdingbar. Viel wichtiger wird sie im Fall einer Eskalation. Kleinere Probleme und Unzufriedenheiten laufen bereits bei den Mitarbeitern im Team auf, wenn sie beispielsweise schwierige Kundenkontakte zu meistern haben. Wenn man in solchen Fällen ausgeglichen ist, sich nicht angegriffen fühlt und Ruhe bewahren kann, obwohl der Kunde mit seinem Auftreten und seinen Forderungen Stress auslöst, stimmt die Atmosphäre im Team und ist unabdingbar mit der Euthymie der Führungskraft verbunden. Bei größeren Problemen, die direkt bei den Führungskräften auflaufen, sind diese Grundsätze umso dringlicher einzuhalten, weil andernfalls auch direkt ein negativer Einfluss auf das Geschäft denkbar ist.

Doch niemand kann eine durchgehende, immer fortbestehende, ausgeglichene Stimmung garantieren. Jeder Mensch hat von Zeit zu Zeit einen schlechten Tag oder aufgrund privater Probleme oder vermehrten Stresses am Arbeitsplatz über einen gewissen Zeitraum nicht genug Kraft und Energie, das innere Gleichgewicht und die nach außen getragene Stimmung zu reflektieren. Dem sollte jedoch jeder Mensch und insbesondere eine qualifizierte Führungskraft in geeigneter Weise entgegenwirken.

Grundsätzlich spielt Authentizität eine große Rolle, um als Führungskraft positiv wahrgenommen zu werden. Ihr ist es in der Regel anzusehen, ob sie sich in ihrer Position wohlfühlt und Freude an ihrer Arbeit hat oder ob ihr Auftreten eine Fassade darstellt. Wie bereits erwähnt, färben positive Emotionen der Führungskraft auf ihr Team ab. Das hat den Vorteil, dass sie ihre Mitarbeiter positiv beeinflussen und eine gute Arbeitsatmosphäre schaffen kann. Gleiches gilt jedoch auch im negativen Sinn. Im Fall fehlender Euthymie der Führungskraft wird die bestehende Atmosphäre im Team gestört, Mitarbeiter werden unsicher und ihr Engagement reduziert sich.

Nun stellt sich die Frage, ob es sinnvoll ist, dass Führungskräfte in der Situation inneren Ungleichgewichts eine eingeübte Rolle übernehmen sollten [7]. Rollenspiele wirken meist nicht authentisch, da sie eine Stimmung widerspiegeln, die man selbst in diesem

Moment nicht lebt. Wenn man sich zum Beispiel gezwungen sieht, einen ausgeglichenen und fröhlichen Eindruck zu machen, tatsächlich aber nicht ausgeglichen ist, fehlt jegliche Authentizität und man erzielt infolgedessen keinen Mehrwert. Eher führt dies zum Verlust von Glaubwürdigkeit und Vertrauen, sodass die Mitarbeiter in Situationen, die durch spürbare negative Emotionen geprägt sind, mit Verunsicherung und Distanz reagieren. Dadurch leidet die Arbeitsatmosphäre im Team. Aus diesem Grund sollte die Führungskraft dafür sorgen, dass sie sich in einem möglichst stabilen inneren Gleichgewicht befindet. Um den Mitarbeitern diese Konstanz zu bieten, gibt es Maßnahmen, die sich eignen, um die Euthymie effizient zu stärken.

Im Alter zwischen 20 und 30 Jahren fällt es Menschen noch leichter, Leistungsstärke zu erbringen, ohne genaueren Wert auf ihr Wohlbefinden zu legen. Doch mit fortschreitendem Alter lassen diese originären Kräfte langsam nach und es wird zunehmend wichtiger, die inneren Kräfte zu pflegen. Dies ist in erster Linie dadurch zu erreichen, dass eine kontinuierliche geistige und emotionale Dauerbelastung vermieden wird. Zum Beispiel können energieverbrauchende Prozesse des Gehirns über einen längeren Zeitraum des Tages leistungsfähig gehalten werden, wenn man ihnen zwischendurch immer wieder kurze Phasen der Regeneration einräumt. Hier spielen eingeübte Abwechslung und strukturierte Phasen der Ruhe und Erholung eine wesentliche Rolle. So können beispielsweise regelmäßige Pausen, sei es der bewusste Gang zur Teeküche oder verinnerlichtes, immer wieder praktiziertes kurzes Strecken, Aufstehen mit Kniebeugen, ein paar Minuten bewusstes, tiefes Atmen oder Augenschließen, erneut Energie geben, um die Arbeit danach wieder mit einem neuen Blickwinkel und neuer Kraft fortsetzen zu können. Dadurch ergibt sich ein großes Potenzial, Fehler zu vermeiden und entspannter und ausgeglichener zu arbeiten. Diese Pausen sind in der Summe über den Tag vielleicht mit 30 min anzusetzen, sind aber hocheffektiv, wenn sie als Kraftquelle erkannt werden und ihnen dementsprechend im Ablauf des Tagesgeschäfts Raum gegeben wird (Abb. 7.1).

Doch nicht nur diese kurzzeitigen Ablenkungen und Übungen sind zur Stärkung der Euthymie wichtig. Auch nach der Arbeit bewusst eingesetzte aktive Methoden helfen, ein richtiges Verhältnis zu Abwechslung, Ruhe und Erholung herzustellen.

So ermöglicht regelmäßiger Sport mit Kraft- und Ausdauertraining dem Menschen, die über den Tag aufgebauten Stresshormone wieder abzubauen [8]. In Kap. 2 wurde bereits beschrieben, dass dabei die Glückshormone ein Gefühl des „Glücklichseins" entstehen lassen, das zur Stärkung der Euthymie beiträgt. So kann Sport selbst die schlechteste Stimmung vertreiben und wirkt gleichzeitig wie ein gutes Antidepressivum [9]. Unter diesem Aspekt ist es manchmal wesentlich effektiver, eine vermeintlich wichtige Aufgabe bezüglich ihrer Wichtigkeit und Dringlichkeit neu zu bewerten und stattdessen den angestauten Dysstress, der uns lähmt und blockiert, durch eine Trainingsstunde abzubauen. Ein häufiger Fehler ist dabei die oberflächliche Einschätzung: „Ich habe keine Zeit". Bei geeigneter Firmengröße können Ruhe- oder Sporträume eingerichtet werden, um darauf hinzuwirken, dass die Mitarbeiter vermehrt die Möglichkeiten der passiven und aktiven Regeneration nutzen.

Abb. 7.1 Dehnübung

Ein weiterer Ansatzpunkt ist eine aktiv gestaltete Mittagspause. Anstatt sich zum Mittagessen in die Kantine zu setzen, können Mitarbeiter und Führungskräfte einen kurzen Spaziergang zu einem nahegelegenen Bäcker, Café oder Restaurant machen, um nicht in der Mittagspause, wie den restlichen Tag auch, am Tisch zu sitzen. Eine andere Möglichkeit besteht darin, in einer firmeneigenen Kantine vorwiegend vitalstoffoptimierte Ernährung, schmackhafte Salate und ballaststoffreiche Vollkornprodukte anzubieten. Ganz wesentlich in diesem Zusammenhang ist, dass die Abteilung für Personalentwicklung in der Firma Kontakt zu einem professionellen Coach unterhält, dem diese Aspekte bestens bekannt sind und der sie auch unternehmensspezifisch adaptiert umsetzen kann.

Neben diesen sehr einfachen, hocheffizienten und leicht in den Tagesablauf zu integrierenden Maßnahmen gibt es zahlreiche Aspekte, die ebenfalls ganz unmittelbar unsere Stimmung und unsere Leistungsfähigkeit beeinflussen. So können zahlreiche Bestandteile unserer täglichen Ernährung als Grundbausteine für die Botenstoffe in unserem Gehirn direkt zu einer besseren Stimmung führen. Viele Spurenelemente, Vitamine, Aminosäuren oder Fettsäuren besitzen eine zentrale Stellung bei der Regulation und Synthese von Überträgerstoffen im Gehirn. Zu erwähnen sind in diesem Zusammenhang besonders die Nahrungsbestandteile, die eine positive Stimmung im emotionalen Gehirn fördern, indem vermehrt energetisierende Botenstoffe wie z. B. Dopamin produziert werden [10]. Für den interessierten Leser verweise ich hier auf das Buch von Uwe Gröber „Mikronährstoffe für die Kitteltasche: Metabolic Tuning-Prävention-Therapie" [11], in dem dieses Themenfeld unter anderem in Bezug auf die persönliche Situation und die konkreten Gegebenheiten dargestellt wird. In diesem Kontext sei auch auf die allgemeine Bedeutung von Vitamin D und Omega-3-Fettsäuren hingewiesen, da für diese Stoffe aufgrund der allgemeinen Lebensumstände ein weit verbreiteter Mangelzustand vorherrscht.

Zwar wird unser Körper mit Vitamin D hauptsächlich dadurch versorgt, dass unsere Haut dieses Vitamin unter dem Einfluss von Sonnenstrahlung selbst produziert. Allerdings verbringen wir die meiste Zeit des Tages im Büro, bei Verhandlungen oder im Auto, sodass wir letztlich doch häufig unterversorgt sind. Die ebenfalls häufig unzureichende Versorgung mit Omega-3-Fettsäuren ist primär darauf zurückzuführen, dass in unserem Kulturkreis zu wenig Fettfisch gegessen wird [12].

Ein in der Arbeitswelt bislang noch zu wenig beachteter Aspekt zur Stärkung der Euthymie ist der Schlaf. Aufgrund langer, anstrengender Arbeitstage sind Menschen am Ende des Tages müde und erschöpft und eine Erholung durch Schlaf ist nötig, um am darauffolgenden Tag erneut regeneriert, ausgeglichen und leistungsstark arbeiten zu können. Obwohl der Schlaf etwa ein Drittel des gesamten Lebens eines jeden Menschen abdeckt und damit einen der wichtigsten Teilbereiche des menschlichen Lebens darstellt, wird er häufig nicht als Mittel zur Regeneration, sondern als lästige Pflicht angesehen und man misst ihm nicht selten eine zu geringfügige Rolle bei. Man hat vermeintlich zu wenig Zeit zum Schlafen, hat den Eindruck, man verpasse etwas, und meint, andere Dinge seien wichtiger. Probleme vom Arbeitsplatz werden vor dem Einschlafen weiter bearbeitet, sodass sich die Schlafenszeit hinauszögert. Infolgedessen wacht man am nächsten Tag unausgeschlafen auf.

Bereits eine einzige verkürzte Nacht mit einer Schlafdauer von etwa vier Stunden führt zu einer eingeschränkten kognitiven Flexibilität und Planungsfähigkeit. Der Hormonhaushalt gerät aus dem Gleichgewicht, sodass ein Gefühl der Kraftlosigkeit, Leere und eingeschränkten Leistungsfähigkeit, sowohl körperlicher als auch geistiger Natur, entsteht [13]. Zusätzlich führt der entstandene Schlafmangel zu einer Senkung der Reizwahrnehmung. Der Betroffene fühlt sich unausgeschlafen, was sich durch schlechte Laune, unscharfes Sehen mit matteren Farben, schlechteres Hören, schlaffe Muskeln und weniger Leistungsstärke bemerkbar macht.

Ab einem Monat ständigen Schlafmangels mit Schlafverkürzung von bereits eineinhalb bis zwei Stunden pro Nacht wird in der Schlafmedizin von chronischer Schlafschuld gesprochen. In diesem Fall kommt es zu erheblichen Gesundheitseinbußen mit erhöhtem Stress und Energieverbrauch. Die Nahrungsaufnahme im Magen und im Darm ist gestört und nicht zuletzt steigt die Häufigkeit von Krankheiten und Todesfällen bei länger anhaltendem Schlafdefizit [13].

In der heutigen Zeit, in der aufgrund des Lifestyles Zeitknappheit und Effizienzsucht, vor allem auf der Führungsebene der Wirtschaft, eine große Rolle spielen, ist es wichtig, ein gesundes Verständnis für den Schlaf zu entwickeln und die nächtliche Erholung zuzulassen, um die Lebensqualität nicht zu verlieren. Laut einer Studie des Robert Koch Instituts [14] schläft die deutsche Bevölkerung im Durchschnitt 7 h und 14 min pro Nacht. Die Schlafdauer ist jedoch für jeden Menschen individuell abhängig von „Alter, Geschlecht, Gesundheitszustand, Lebenssituation und Ernährung" [13, S. 106]. Deshalb lässt sich eine Idealnacht nicht definieren.

Abb. 7.2 Idealtypisches Schlafprofil eines jungen Erwachsenen. (Nach Robert Koch-Institut, Schlafstörungen, Heft 27, Berlin, 2005, S. 8)

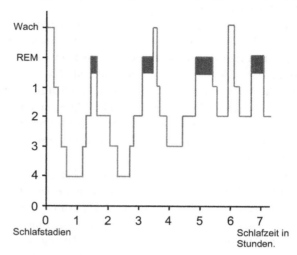

Idealtypisches Schlafprofil eines jungen Erwachsenen.

Prinzipiell setzt sich der nächtliche Schlaf aus verschiedenen Schlafphasen zusammen: dem sogenannten REM-Schlaf, einer Art Traumschlafphase, die sich Rapid Eye Movement nennt, und dem NREM-Schlaf, dem Non Rapid Eye Movement, der aus Tiefschlaf- und Leichtschlafphasen besteht. In Abb. 7.2 ist ein idealtypischer Schlaf eines jungen Erwachsenen dargestellt. Das Schlafprofil besteht aus mehreren sich in einem etwa 90-minütigen Schlafzyklus abwechselnden Phasen, die zum Ende der Nacht von Traumschlafphasen dominiert werden. Selbst kurzes, auch häufig unbewusstes Aufwachen während der Nacht gehört zu einem erholsamen Schlaf.

Dieser Rhythmus gewährleistet physische und psychische Erholung, die Aufrechterhaltung der energieaufwendigen Kreisläufe des Menschen und eine Verarbeitung des Tages, des Erlernten und der mentalen Zustände [13]. Diese Regeneration erhöht die Leistungsstärke und das innere Gleichgewicht des Menschen, um den darauf folgenden Tag mit neuer Energie und Ausgeglichenheit zu beginnen und zu erleben.

Die allgemeine Bezeichnung jeglicher Schlafstörung wird als Dyssomnie bezeichnet. Sie beschreibt die Beeinträchtigung des Schlafs in Bezug auf seine Dauer, Qualität und Abfolge der oben genannten Schlafstadien [15]. Fachleute stellen fest, dass zwischen 25 %[14] und 40 % [16] der Deutschen schlecht schlafen, wobei die große Spannweite dieser Angaben auf die unterschiedlichen Definitionen von unzureichender Schlafqualität zurückzuführen ist. Hier sind die subjektive Empfindung und die medizinische Einschätzung voneinander zu unterscheiden.

Häufig wird der Schlaf als gut empfunden, weil man abends problemlos einschläft und erst am nächsten Morgen wieder aufwacht. Wenn man dann trotzdem tagsüber nicht erholt ist, zu schnell müde wird, oder allgemein „nicht gut drauf" ist, sucht man den Grund jedoch selten im gestörten Schlaf. Das ist besonders beim nächtlichen Schnarchen und den schlafbezogenen Atempausen der Fall, die die Erholsamkeit des Schlafs erheblich beeinträchtigen können.

Knapp 50 % der über 50-jährigen Männer schnarchen oder haben nächtliche Atempausen, die zu Tagesmüdigkeit, Gedächtnis- und Konzentrationsstörungen führen. Stehen dabei Atempausen im Vordergrund, spricht man von einem obstruktiven Schlafapnoesyndrom. Das bedeutet, dass sich im Schlaf die Muskulatur des Körpers entspannt, sich dadurch die Atemwege verengen und es so im Schlaf zu einem kurzfristigen Atemstillstand kommen kann. Je häufiger und länger diese Apnoen auftreten, desto unerholsamer wird der Schlaf. Diese Krankheit, mit der auch das Risiko für Schlaganfälle, Herzinfarkte und Depressionen steigt, ist in der Gesamtbevölkerung mit einer Häufigkeit von etwa 5 % weit verbreitet [13].

Selbst bei ausreichender Schlafenszeit ist bei einem nicht unerheblichen Anteil der Menschen der Schlaf an sich nicht erholsam, ohne dass sie dies wahrnehmen. Die meisten Menschen beziehen die Empfindungen von Lustlosigkeit, Leistungs- und Antriebsschwäche auf ihr Älterwerden oder die allgemeinen Lebensumstände und kommen selten darauf, dass dieser Situation ein nicht erholsamer Schlaf zugrunde liegen könnte. Sehr viel einfacher ist es, diese Symptome auf den Schlaf zu beziehen, wenn man selbst merkt, dass der Schlaf gestört ist – zum Beispiel wenn man Schwierigkeiten beim Einschlafen hat, häufiger nachts aufwacht und nicht wieder einschlafen kann. In diesem Fall spricht man von einer Insomnie, einer Schlafstörung, die häufig aufgrund von psychischer Belastung, Stress und privaten sowie beruflichen Problemen bei etwa 6–15 % der deutschen Bevölkerung auftreten. Die Tiefschlafphase bleibt dabei aus und die Betroffenen werden häufiger krank, leiden unter Depression und fehlen häufiger am Arbeitsplatz [15].

Schlafstörungen können darüber hinaus durch vielfältige andere Ursachen bedingt sein. Sowohl äußere Störfaktoren wie beispielsweise Hitze, Lärm, Licht und noch viel häufiger Medikamente und Alkohol als auch innere Störfaktoren bei Erkrankungen wie beispielsweise Stoffwechselstörungen, Schmerzen, Atemnot oder Angst können eine Dyssomnie hervorrufen [13]. Diese Störfaktoren lassen eine sogenannte „stark fragmentierte Schlafstruktur" [13, S. 127] entstehen, deren Folge ein nicht erholsamer Schlaf ist.

In diesem Zusammenhang ist es nicht verwunderlich, dass der Betroffene nicht mehr fähig ist, am Arbeitsplatz engagiert, kontaktfreudig und leistungsstark zu sein, da sich die dringend benötigte Regeneration nicht über Nacht einstellt. Eine starke Euthymie ist in diesem Fall nicht möglich und beeinträchtigt die Arbeitsqualität, was sich wie oben beschrieben speziell bei Führungskräften auf das gesamte Team auswirkt.

Der Schlafmediziner Herr Dr. Müller des Forschungszentrums Borstel bestätigt, dass diese hier genannten Schlafprobleme in hohem Maß für die aktuell zunehmende Burnout-Problematik in unserer Gesellschaft verantwortlich sind. Da dieser Zusammenhang noch viel zu wenig bekannt ist, gibt es bislang noch keine wissenschaftlich fundierten Zahlen, wie das Verhältnis von übermäßiger Belastung zu unzureichender Schlafqualität als Ursache für das Burnout zu bewerten ist. Herr Dr. Müller geht davon aus, dass ein bestimmtes Maß an Regeneration in der Nacht ein entsprechendes Quantum an Leistung für den Tag zur Verfügung stellt und dass ein Burnout dementsprechend ein Missverhältnis dieser beiden Faktoren darstellt [17].

Häufig werden schlafbezogene Anomalien, die das allgemeine Wohlbefinden schmä-lern, nicht ausreichend beachtet. Sie können jedoch durch einfache Verfahren schnell erfasst und anschließend in Schlaflaboren analysiert und erfolgreich therapiert werden. Um die Führungskraft bei immer weiter wachsendem Leistungsdruck nicht auf Dauer zu schwächen, können regelmäßige Untersuchungen ihrer Schlafqualität eine weit verbrei-tete Ursache für Leistungsschwäche effizient erfassen und erfolgreich eliminieren. Hierzu bietet sich eine regelmäßige Befragung und Untersuchung durch einen vom Unterneh-men bestellten Betriebsarzt mit Erfahrung in der Schlafmedizin an. Mit standardisierten Fragebögen und Screening-Untersuchungen können Schlafprobleme bei Führungskräften erkannt und erfolgreich behandelt werden.

Mit kleinen Geräten wie zum Beispiel dem ApneaLink der Firma ResMed lassen sich schlafbezogene Atmungsstörungen einfach und schnell erkennen. Die automatische Aus-wertung der Daten basiert auf validierten wissenschaftlichen Methoden und gibt als Ergebnis einen Risikoindikator an. Dieser Indikator lässt erkennen, ob eine genauere medizinische Diagnostik durch ein Schlaflabor erforderlich ist [18].

Da es aber kaum Betriebsärzte mit entsprechender schlafmedizinischer Ausbildung und Erfahrung gibt, bietet sich als Alternative auch ein professionelles Schlafcoaching von Anbietern an, die sich auf diesem Gebiet spezialisiert haben. Hier gibt es seit kurzem das Unternehmen „sleepingpower" in Borstel, das dieses Thema aufgegriffen hat und sich mit seinem Angebot speziell an Firmen und deren Führungskräfte wendet.

Take-Away-Message

Um als Führungskraft dem Team die nötigen Impulse geben und die eigene positi-ve Stimmung auf ihr Umfeld übertragen zu können, muss sie sich selbst im inneren Gleichgewicht befinden. Dieses Gleichgewicht kann durch ein ausgeglichenes Verhält-nis aller Lebensbereiche zueinander hergestellt werden. Neben bewusster Ernährung und Ausgleich durch Sport ist ein gesunder und erholsamer Schlaf besonders wichtig.

Vielen Menschen ist die häufig unzureichende Qualität ihres Schlafs nicht bewusst, weshalb es sinnvoll ist, diesbezüglich regelmäßige Screening-Untersuchungen durch-zuführen – insbesondere bei Führungskräften. Hier eröffnet sich durch besseren Schlaf die Möglichkeit, Fitness, Energie und Wohlbefinden zu einer erlebbaren Bestimmungs-größe werden zu lassen. So ergibt sich eine Win-Win-Situation, von der sowohl die Führungskraft selbst als auch das Unternehmen in Bezug auf die Leistungsfähigkeit, Aufmerksamkeit und Außenwirkung profitieren kann.

Abschließend kann konstatiert werden, dass der Schlaf ein Gewinn an Leben und nicht ein Verlust an Zeit ist und dieser Gewinn in einem Unternehmen in letzter Konsequenz auch sicher zu einem positiven Betriebsergebnis beitragen wird.

Selbsttest

Um eine Einschätzung über die eigene Tagesschläfrigkeit zu bekommen, wird in der Schlafmedizin häufig der folgende Fragebogen, die Epworth Sleepiness Scale [19], eingesetzt. Die ESS ist eine im Epworth Hospital, in Australien, entwickelte Skala, die die „durchschnittliche Schläfrigkeit" über einen längeren Zeitraum erfasst. Sie bezieht sich auf das normale Alltagsleben und fragt ab, wie groß die Wahrscheinlichkeit ist, in bestimmten Situationen einzunicken oder einzuschlafen. Dabei werden diese Situationen mit 0 bis 3 Punkten wie folgt bewertet:

0   der Befragte würde niemals einnicken
1   es besteht eine geringe Wahrscheinlichkeit einzunicken
2   es besteht eine mittlere Wahrscheinlichkeit einzunicken
3   es bestehe eine hohe Wahrscheinlichkeit einzunicken

Situation	Wahrscheinlichkeit einzunicken			
Im Sitzen lesend	0	1	2	3
Beim Fernsehen	0	1	2	3
Wenn Sie passiv (als Zuhörer) in der Öffentlichkeit sitzen (z. B. im Theater oder bei einem Vortrag)	0	1	2	3
Als Beifahrer im Auto während einer einstündigen Fahrt ohne Pause	0	1	2	3
Wenn Sie sich am Nachmittag hingelegt haben, um sich auszuruhen	0	1	2	3
Wenn Sie sitzen und sich mit jemandem unterhalten	0	1	2	3
Wenn Sie nach dem Mittagessen (ohne Alkohol) ruhig Dasitzen	0	1	2	3
Wenn Sie als Fahrer eines Autos verkehrsbedingt einige Minuten halten müssen	0	1	2	3
Summe				

Um nun eine Beurteilung der Tagesschläfrigkeit vorzunehmen, wird die Punktzahl mit der folgenden Skala verglichen. Ab einer Summe von 7 Punkten sollte ein schlafmedizinischer Test in Erwägung gezogen werden. Ab 11 Punkten sollte ein Schlafmediziner dringend zu Rate gezogen werden [20]:

Punktzahl	Beurteilung der Tagesschläfrigkeit
0 bis 6	Keine Schläfrigkeit
7 bis 10	Schläfrig
11 bis 16	Sehr schläfrig
Über 16	Gefährlich schläfrig

Literatur

1. Röd, W. (1988). *Die Philosophie der Antike: Von Thales bis Demokrit.* München: C.H. Beck.
2. Witte, E. H. (2010). Universität Hamburg. WissensWert 02–2010. http://www.uni-hamburg.de/fachbereiche-einrichtungen/fb16/wissenswert_/wissenswert_2010_02.pdf. Zugegriffen: 4. Okt. 2012.
3. Diener, E., & Biswas-Diener, R. (2008). *Happiness – Unlocking the mysteries of psychological wealth.* Massachusetts: John Wiley & Sons.
4. Das Schlafmagazin. (2011). Traum. Schlaflexikon. http://www.dasschlafmagazin.de/service/schlaflexikon/175041708bb4e61e80e384ac8e553701.html?type=0&uid=1273. Zugegriffen: 4. Okt. 2012.
5. Planet Wissen. (2012). Emotionen – Wegweiser durchs Leben. http://www.planet-wissen.de/alltag_gesundheit/psychologie/emotionen/index.jsp. Zugegriffen: 4. Okt. 2012.
6. Fettinger, M. (2008). *Führung durch Einsatz positiver Energie.* Seminararbeit. Wien.
7. Gespräch mit dem Geschäftsführer der FKS Friedrich Karl Schroeder GmbH & Co. KG, Herrn Christian Schroeder, vom 15. März 2011.
8. Senftleben, R. (In der). Zeit zu leben. Wie sie Ihre Batterien wieder aufladen können. http://www.zeitzuleben.de/14462-wie-sie-ihre-batterien-wieder-aufladen-konnen/. Zugegriffen: 4. Okt. 2012.
9. Fünfstück, S. (2008). Warum Sport die Stimmung hebt. *Nature Medicine.* doi:10.1038/nm1669.
10. Servan-Schreiber, D. (2006). *Die neue Medizin der Emotionen.* München: Goldmann.
11. Gröber, U. (2010). *Mikronährstoffe für die Kitteltasche: Metabolic Tuning-Prävention-Therapie.* Stuttgart: Wissenschaftliche Verlagsgesellschaft.
12. Reichrath, J., Lehmann, B., & Spitz, J. (2012). *Vitamin D – Update 2012.* München-Deisenhofen: Dustri.
13. Fietze, I. (2006). Der Schlafquotient. *Gute Nächte – Wache Tage.* Hamburg: Hoffmann und Campe.
14. Penzel, T., Peter, H., Peter, J. H., Robert-Koch-Institut., et al. (Hrsg.). (2005). Schlafstörungen. *Gesundheitsberichterstattung des Bundes 27,* 7.
15. Das Schlafmagazin. (2008). Schlafstörungen – Wenn die Nacht zur Qual wird. http://www.dasschlafmagazin.de/Text1_4_2008.html. Heft 4/2008. Zugegriffen: 16. Juli. 2011.
16. Zulley, J. (2005). *Mein Buch vom guten Schlaf.* München: Goldmann.
17. Gespräch mit dem Oberarzt am Forschungszentrum Borstel, Herrn Dr. Ernst Müller, vom 20. Juli 2012.
18. MicroMESAM. (2011). Ein Wettlauf mit der Zeit. http://www.myresmed.com/Shared/StaticFiles/map/micro-mesam-brochure-german.pdf. Zugegriffen: 16. Juli. 2011.
19. Epworth Sleepiness Scale. (1991). Aufmerksamkeit, Vigilanz und Tagesmüdigkeit. http://www.diss.fu-berlin.de/diss/servlets/MCRFileNodeServlet/FUDISS_derivate_000000002326/03_03_Vigilanz.pdf?hosts. Zugegriffen: 9. Okt. 2012.
20. Fragebogen zur Tagesschläfrigkeit. (In der). http://www.schlafgestoert.de/downloads/pdf/ESS.pdf. Zugegriffen: 9. Okt. 2012.

Warum ist Humor wichtig für das Wohlergehen von Mensch und Organisation?

8

Johanna Elisabeth Hagedorn

Burnout, Depressionen, Phobien, Neurosen – Fachtermini, die eigentlich schon keine mehr sind. Denn die Schwächen und Probleme der menschlichen Psyche werden ständig öffentlich thematisiert, kaum jemand kann sich dieser Diskussionen entziehen. Doch ist das wirklich förderlich und bringt es Verbesserung? Wieso nicht stattdessen den menschlichen Stärken mehr Platz einräumen? Humor, Lachen, Spaß, Freude und Lächeln beispielsweise verdienen viel mehr Aufmerksamkeit und Anerkennung. Sie werden oft als selbstverständlich hingenommen – eine nette Abwechslung zum stressigen, ernsthaften und „ach so wichtigen" Arbeitsalltag. Doch auch wenn sie noch so banal klingen – sie sind kraftvolle Instrumente, die es nicht zu unterschätzen und zu vernachlässigen gilt. Geben Sie Ihren Humor also zukünftig nicht beim Pförtner ab, sondern lassen Sie zu, dass er Ihnen auch im Arbeitsleben neue Möglichkeiten eröffnet. (Johanna Elisabeth Hagedorn)

Folgende Situation: Sie sind Vorgesetzter von 5 Mitarbeitern und kommen am Montagmorgen nach einem Außentermin um halb elf ins Büro. Das erste, was Ihnen aus dem Büro entgegenschallt, ist das laute, herzhafte Lachen ihrer Mitarbeiter. „Das ist ja mal wieder typisch. Sobald der Chef einmal nicht da ist, lassen alle ihre Stifte fallen. Da muss ich wohl mal ein Machtwort sprechen – die nehmen ihre Arbeit ja überhaupt nicht ernst!". Könnten Sie sich vorstellen, dass Ihre Gedanken in eine ähnliche Richtung gegangen wären? Falls ja, soll dieses Kapitel Sie nun vom Gegenteil überzeugen. Denn Humor und Lachen sind keineswegs Zeichen von fehlender Produktivität, mangelnder Ernsthaftigkeit oder gar Zeitverschwendung. Sie sind vielmehr unverzichtbare Bestandteile einer effektiven Kommunikation und einer guten Unternehmenskultur.

Im Folgenden behandelt dieses Kapitel den positiven und konstruktiven Humor, welcher aus einer gutartigen Intention heraus entsteht. Zur Vereinfachung bezeichne ich ihn im weiteren Verlauf jedoch nur als „Humor". Die Auswirkungen des Miteinanderlachens

J. E. Hagedorn (✉)
Hamburg, Deutschland
E-Mail: mail@positive-psychologie-im-beruf.de

T. Johann, T. Möller (Hrsg.), *Positive Psychologie im Beruf*,
DOI 10.1007/978-3-658-00265-7_8, © Springer Fachmedien Wiesbaden 2013

und nicht des Übereinanderlachens sollen hier erläutert werden. Hieran orientiert sich auch die Auswahl der im Folgenden dargestellten Humortheorien.

Die Inkongruenz- oder auch Diskrepanztheorie erklärt Humor als menschliche Reaktionsmöglichkeit auf eine unerwartete Wahrnehmung auf der kognitiven Ebene. Wenn sich beispielweise die für den Chef wochenlang vorbereitete PowerPoint-Präsentation im Meeting einfach nicht öffnen lässt, dann steht man vor einer Inkongruenz zwischen dem Erwarteten und dem tatsächlich Eingetretenen. In einem solchen Moment kann man unterschiedlich reagieren. Man kann – vereinfacht gesagt – weinen oder lachen. Wenn man sich entscheidet, die Inkongruenz zu genießen und darüber zu lachen, nennt man dies Humor. Verzweiflung, Wut, Panik, Traurigkeit oder ähnliche Reaktionen sind in diesem Fall als humorlos einzustufen und schlicht und ergreifend nutzlos und energieraubend. Je größer die Unterschiede zwischen den Erwartungen und der tatsächlichen Situation sind, desto stärker ist auch die Reaktion darauf. Am stärksten wirkt der Humor also dann, wenn genau das Gegensätzliche zu den Erwartungen einer Person geschieht [1]. Immanuel Kant und Arthur Schopenhauer sind nur die bekanntesten zwei der vielen Vertreter der Inkongruenztheorie, die diese im Laufe der Jahrhunderte geprägt haben. Sie erkannten schon früh das Element der Widersinnigkeit im Erleben von Humor [2].

Im Gegensatz zur Inkongruenztheorie thematisiert die folgende Theorie primär die affektiven, also emotionalen und nicht die kognitiven, also wahrnehmungsorientierten Prozesse. Die Entspannungs- beziehungsweise Entlastungs- oder Befreiungstheorie beruht auf der Überzeugung, dass Humor und der damit verbundene Lachvorgang psychische sowie physische Spannungen lösen. Lachen löst Denkblockaden und wirkt Angst, Frustration, Verzweiflung oder sonstigen Stressempfindungen entgegen [3]. Sigmund Freud war einer der ersten, der auf den Entlastungseffekt des Humors aufmerksam machte. Viele moderne Humorforscher haben auf dieser Grundlage aufgebaut und weiter geforscht [2]. Denn: Jeder Mensch lacht. Manche tun es öfter, manche eher weniger oft – am meisten allerdings tun es Kinder. Kinder lachen täglich bis zu 400 Mal, während Erwachsene es gerade mal auf eine Lachhäufigkeit von 15 Mal schaffen [4]. Jedoch wäre es falsch, die Schlussfolgerung zu ziehen, dass häufiges Lachen ein Zeichen für Naivität, kindlichen Leichtsinn oder fehlende Reife sei. Lachen setzt biologische Prozesse in Gang, die wirksamer sind als manche Medizin. Es ist eine reflexartige Reaktion des Körpers auf ein Humorerlebnis. Von Humor lässt sich also unmittelbar auf Lachen schließen, von Lachen jedoch nicht zwingend auf Humor. Lachen kann unter anderem auch als Entlastungsreaktion nach einer überwundenen Schwierigkeit, als Mittel zur Abwendung von sozialen Konflikten oder als Abwehrmechanismus genutzt werden [5].

Beim biologischen Vorgang des Lachens wird die Luft in mehreren kurzen Intervallen ausgestoßen und damit der Gasaustausch erhöht. Dieser wiederum führt zu einer Sauerstoffanreicherung im Blut, erhöht kurzzeitig den Puls und regt dadurch u. a. die Verbrennung von Cholesterin an [6]. Das Herz-Kreislauf-System wird gefordert und dadurch gestärkt – regelmäßiges herzhaftes Lachen kann die Gefahr eines Herzinfarktes fast halbieren, es ist sozusagen Training für den Herzmuskel [7]. Und neben dem Herzmuskel werden beim Lachen auch Muskeln in Gesichts-, Nacken- und Schulterbereich angespannt und trainiert [6]. Zusätzlich werden im Gehirn die Ihnen schon bekannten

Glückshormone (Serotonin und Endorphine) Kap. 2 ausgestoßen und der Stresshormon-spiegel (Adrenalin und Kortisol) verringert – der Körper entspannt sich trotz „sportlicher Betätigung" nachhaltig [8]. Dieser Entspannungszustand und die Produktion körpereigener entzündungshemmender Stoffe führen zu einer höheren Schmerztoleranz, welche bis zu mehreren Stunden anhalten kann. Neben dem entspannenden Effekt regt Lachen auch den Stoffwechsel und damit die Verdauung an. Zusätzlich dazu produziert der Körper vermehrt natürliche körpereigene Killerzellen (gehören zu den Lymphozyten), welche das Immunsystem unterstützen und sogar bösartige Zellen (wie zum Beispiel Tumorzellen) zerstören können. Das Immunsystem wird außerdem noch durch die Ausschüttung von Substanzen wie Immunglobulinen gestärkt, welche maßgeblich für die körperlichen Abwehrfunktionen verantwortlich sind. Nachdem der Vorgang des Lachens vorbei ist, sinkt die Herzfrequenz wieder, der Blutdruck nimmt ab und ein andauernder Zustand der körperlichen Entspannung setzt ein [1].

Sicher fragen Sie sich jetzt, wie man Humor definieren kann. Denn er ist schwer greifbar und meist eine subjektive Empfindung, die jeder Mensch anders erlebt. Für eine Humorerfahrung ist es notwendig, sein Handeln zu reflektieren, um sich von seiner subjektiven Perspektive lösen zu können. So kann man eine persönliche Distanz zu der Situation zu gewinnen, um sich dann wiederum dafür entscheiden zu können, mit Humor darauf zu reagieren. Indem man dies tut, nimmt man die Widersinnigkeit von auftretenden Situationen als angenehm, statt als gefährdend wahr und verhindert so negative Emotionen. Genau diese Eigenschaft unterscheidet den Menschen von anderen Lebewesen [1].

Inzwischen wird Humor bzw. das Lachen sogar wissenschaftlich im Fachgebiet der Gelotologie (griech. „gelos" = Gelächter) untersucht. Sie beschäftigt sich mit den physiologischen und psychologischen Auswirkungen des Lachvorgangs. In den USA wurde die Lachforschung bereits in den 1960er und 1970er Jahren besonders durch die Gründung des weltweit ersten „Instituts zur Humorforschung" (1964) durch den Psychiater Dr. William Fry an der Stanford University vorangetrieben [4]. Persönlichkeiten wie Norman Cousins, welcher laut eigener Aussage maßgeblich durch positives Denken, Lachen und Humor eine tödliche Krankheit überwunden hat [1], und Dr. Hunter „Patch" Adams, ein US-amerikanischer Arzt und Begründer der Bewegung der Clown-Doktoren [9], haben diese Forschung weiter vorangetrieben und geprägt. Insbesondere seit den letzten zwei Jahrzehnten gewinnt Humor als ernstzunehmendes Forschungsobjekt auch in Europa und Deutschland immer mehr Einfluss.

Außerdem tragen Humor und Lachen maßgeblich zum Aufbau, der Festigung und der Entwicklung zwischenmenschlicher Beziehungen bei. Lachen und Lächeln gehören zu den ältesten und stärksten sozialen Gesten, zu denen Menschen fähig sind [1]. Sie erleichtern soziale Interaktion und damit auch Kommunikation. Kurzum, wie der Philosophieprofessor und Unternehmensberater Dr. John Morreall es definiert hat: Lachen ist ein soziales Schmiermittel [1]. Da ein Unternehmen eine Organisation ist, also auf dem gemeinsamen Wirken von Menschen basiert, ist Kommunikation allgegenwärtig, was breite Anwendungsmöglichkeiten von Humor bietet.

Laut Humorforschern entsteht der erste Humor bereits zwischen dem 1. und 2. Lebensjahr eines Kindes – im Normalfall also in der Familiengemeinschaft, der allerersten

Gruppe, der ein Mensch in seinem Leben angehört. Dort entwickelt er die ersten komischen und erheiternden Gedanken, teilt sie mit den anderen Mitgliedern und lernt im Idealfall: Wo gelacht wird, ist man gern zuhause [10].

Erst in Gruppen entfaltet Humor seine vollständige Wirkung. Denn wann lacht man schon allein? Richtig – eher selten. In Gruppen jedoch wirkt Lachen ansteckend und nicht selten ist es schwierig, ein Ende zu finden. Ob mit den direkten Kollegen, Geschäftspartnern, Vorgesetzten oder Mitarbeitern – Lachen ist eine Sprache, die alle Menschen verstehen. Humor kann Gruppenmitgliedern die Möglichkeit bieten, auf einer Ebene zu kommunizieren, ohne dabei an Autorität zu verlieren, wodurch das Zusammengehörigkeitsgefühl massiv gestärkt wird [1]. Weiterhin ist er ein fester Bestandteil der Teamkultur, denn witzige Insiderjokes oder Dauerbrenner symbolisieren die Zugehörigkeit zum Team und sorgen immer wieder aufs Neue für Gelächter.

Aber auch Neulingen erleichtert Humor den Einstieg in ein Team, denn er fördert soziale Interaktion und die Kontaktaufnahme [6]. Er bietet ihnen die Chance, sich einzubringen, die „Lacher auf ihre Seite zu ziehen" und damit ein Teil der Gruppe zu werden – denn Lachen verbindet und stärkt so die Vertrautheit im Team [2]. Weiterhin wird Neueinsteigern eine positive Grundeinstellung signalisiert, die das „Eis bricht" und die Angst vor dem Unbekannten nimmt. Humorvolle Atmosphären sorgen dafür, dass Menschen sich entspannen und wohler fühlen [6]. Dieser Wohlfühlfaktor und das gesteigerte Selbstbewusstsein, das die erhöhte Glückshormonproduktion beim Lachen auslöst, sorgen für eine gestärkte Zufriedenheit in und mit dem Team. Selbst, wenn es mal Rückschläge gibt, kann das humorvolle Team diese besser verkraften, da es durch das Lachen und die damit verbundene Reduktion von Stresshormonen im Körper eine Methode gefunden hat, sich von Spannungen, Ängsten und Sorgen zu befreien und konstruktive Lösungen zu finden [11]. Es existiert tatsächlich eine Korrelation zwischen der Menge an Spaß und Humor in einem Team und seiner Produktivität [1]. Humor stellt also eine Möglichkeit dar, zügig eine gute Arbeitsmoral und Kameradschaft im Team aufzubauen.

Ein weiteres Anwendungsfeld des Humors ist die Ausübung von Kritik. Humor wirkt bei der Äußerung von Kritik und Belehrungen unterstützend und reduziert das Konfliktpotenzial, was zusätzlich zu den eben erläuterten Fakten ein erheblicher Vorteil in der Teamarbeit und dem Teamaufbau ist. Beschwerden können freier und einfacher geäußert werden, wenn sie mit einem kleinen Witz oder Gag versehen sind, denn Humor signalisiert eine positive Grundstimmung und schafft eine vertraute und angenehme Atmosphäre für den Betroffenen [6]. Jedoch ist es wichtig, sich mit dem Betroffenen nur über die Fehler zu amüsieren, aber nicht über ihn als Person. Dies stellt auch eine Form von Wertschätzung dar. Kapitel 12 Lediglich der konstruktive Humor hat hier eine positive Wirkung, alles andere schlägt eher in eine gegenteilige Wirkung um. Denn wer reagiert nicht mit Wut oder Aggression, wenn seine Person und sein Charakter ins Lächerliche gezogen werden?

Konstruktiver Humor dagegen hilft dem Betroffenen dabei, sich weniger schnell angegriffen zu fühlen und nicht in die Verteidigungshaltung zu gehen. Dadurch ist er in der Lage, die Fehler aus einer objektiveren Perspektive zu betrachten und so aufnahmefähiger für die inhaltlichen Komponenten der Kritik zu sein. Es fällt ihm also leichter, seine Fehler einzusehen und daraus zu lernen. Außerdem wird das Konfliktpotenzial bei Kritikübung reduziert, da sich beide Parteien durch den ausgeübten Humor emotional näher sind. Er ermöglicht ihnen, die Gleichstellung zu bewahren und so auf einer Ebene zu kommunizieren. Wird also eine offene und humorvolle Feedback-Kultur in einem Unternehmen gefördert, so baut dies das Konfliktpotenzial stark ab. Unstimmigkeiten stauen sich im Idealfall nicht erst lange an, sondern werden regelmäßig zur Sprache gebracht. Weiterhin beugt diese Art von Kultur einer „Wir gegen die"-Einstellung der Mitarbeiter gegenüber ihren Vorgesetzten vor. Humor fördert vielmehr das „Wir-Gefühl", welches es allen Beteiligten erlaubt, innerhalb der Gruppe Kritik zu üben [1].

Sollte die Verwendung von Humor, beispielsweise bei der Äußerung der Kritik, vernachlässigt worden und ein Konflikt entstanden sein, so kann Humor auch bei der Konfliktlösung unterstützend wirken. Kapitel 14 Negative Emotionen wie Wut, Aggression, Hass oder Verzweiflung werden durch Humor kompensiert. Stattdessen fördert er die Sympathie zwischen Menschen, was hilfreich bei jeder Art der Konfliktlösung ist [6]. Wenn eine Entschuldigung beispielsweise mit einem kleinen Witz über die Lippen kommt, bringt sie einen kleinen unerwarteten Moment des Entzückens mit sich. Humor erleichtert zudem grundsätzlich die Gespräche zur Konfliktbewältigung, da man nicht reumütig von einer niedrigeren Ebene zu dem Gesprächspartner heraufschauen und um Annahme einer Entschuldigung betteln muss, sondern beide Partner gleichgestellt bleiben. Der Fokus wird durch Lachen auf die Zukunft statt auf das vergangene Ereignis gelenkt. Außerdem wird die gestörte Beziehung durch gemeinsames Lachen wieder aufgebaut. Das ist wirksamer als eine langwierige Erklärung und Entschuldigung [1].

Menschen bringen humorvollen Situationen, Dingen und Personen mehr Aufmerksamkeit und Sympathie entgegen als humorlosen. Das Marketing und die Werbung haben dies schon früh erkannt und arbeiten seit langem mit Humor [12]. Jedoch findet diese Eigenschaft auch Anwendung innerhalb einer Organisation. Die Anwendung von Humor löst beim Empfänger der Botschaft, wie bereits erläutert, einen kurzen, unerwarteten Moment der Freude und des Entzückens aus. Deshalb ist er nicht nur aufmerksamer, sondern auch noch positiv gestimmt und damit viel empfänglicher für die eigentliche Botschaft. Sein Gegenüber von neuen Ideen und Projekten zu überzeugen, sollte also mit Humor leichter gelingen [1].

Wandlungsfähigkeit, Kreativität, Innovation, Identifikation, Belastbarkeit, Leistungsbereitschaft – das sind nur einige von vielen Eigenschaften, die ein Arbeitgeber von seinen Mitarbeitern erwartet, um sich auf dem heutigen Markt Wettbewerbsvorteile zu erarbeiten. Wie die erläuterten Stärken des Humors hierbei Anwendung finden, soll nun verdeutlicht werden: Heutzutage werden an die Teilnehmer der Gesellschaft ganz andere Anforderungen gestellt als noch vor einigen Jahrzehnten. Wahl der Heimat, des Partners und des Berufs sind zwar noch immer Entscheidungen von hoher Wichtigkeit, jedoch ist es nicht unüblich, sie in regelmäßigen Abständen zu revidieren. Denn wer kann heute schon versichern, dass das erlernte Berufsfeld in 20 Jahren überhaupt noch existiert? Um in dieser Welt des stetigen Wandels bestehen zu können, benötigt der Mensch des 21. Jahrhunderts Flexibilität in höchstem Maße. Dies gilt auch für Unternehmen, denn um einen Wettbewerbsvorteil zu generieren, müssen sie schlichtweg anders und schneller sein als die Konkurrenz. Um dies zu erreichen, verlangen Unternehmen von ihrem Humankapital Kreativität und mentale Flexibilität. Sie möchten, dass Mitarbeiter schnell und mit innovativen Lösungsvorschlägen auf neue Situationen reagieren. Ein humorvolles Arbeitsklima kann dabei unterstützend auf die Kreativität der Mitarbeiter wirken, wie eine norwegische Studie aus dem Jahr 2011 zeigt [13].

Humor löst geistige Blockaden, eröffnet so neue Blickwinkel und verschafft dem Lachenden eine distanzierte Perspektive zu seiner subjektiven Situation. Bildlich gesehen werden mit jedem Lacher Tore zu neuen Gedankenwegen geöffnet, welche vorher durch Routine, Zwänge, negative und blockierende Emotionen oder Stress verschlossen waren. Kapitel 4 Man nimmt eine unerwartete Situation seltener als Bedrohung, sondern vielmehr als Herausforderung und Chance wahr. Deshalb führt mentale Flexibilität häufig auch zu einer erhöhten Risikobereitschaft [1]. Humor fördert zudem aktiv das divergente Denken, das ein erwiesener Indikator für Kreativität ist. Divergentes Denken ist die Fähigkeit, ungewöhnliche Ansätze und vielfältige Problemlösungen für Aufgaben zu finden, indem verschiedene Perspektiven aus vielen Richtungen einbezogen werden [5]. Der humorvolle Mitarbeiter ist also in der Lage zu akzeptieren, dass es mehr als eine Sichtweise und eine korrekte Lösung auf ein Problem gibt, und findet so den Weg zu bisher unentdeckten Möglichkeiten – zu Innovationen. Tatsächlich ist die Kreation von Humor selbst schon ein kreativer Vorgang, denn sie kombiniert Bekanntes so, dass etwas Neues, Unerwartetes entsteht [1].

Stress ist eine Jahrtausende alte, menschliche Reaktion, die ursprünglich dem Zweck des Überlebens diente [14]. Obwohl wir Menschen in modernen Unternehmen nicht ums Überleben kämpfen müssen, ist der Stresspegel oft beständig hoch und kann zu ernsthaften gesundheitlichen Beschwerden führen. Unterdrückung des Immunsystems, Herz-Kreislauf-Erkrankungen, Muskel- und Skeletterkrankungen, Bluthochdruck und sogar die Entstehung von Tumoren sind nur einige der potenziellen Auswirkungen von dauerhaftem Stress, die zurzeit in der medizinischen Fachwelt diskutiert werden [5]. Jedes Jahr werden 150 Todesfälle in Japan als „karoshi" – Tod am Arbeitsplatz durch extensive Überarbeitung – anerkannt [15]. Außerdem mindert dauerhafter Stress Produktivität und Kreativität des Betroffenen – neben gravierenden Folgen für die Mitarbeiter selbst hat Stress also auch einen unmittelbar negativen Effekt für Unternehmen. In den Mitgliedsstaaten der EU geht man davon aus, dass circa 28 % der Beschäftigten an arbeitsbedingten Stresssymptomen leiden und damit über 20 Mrd. € Kosten verursachen [16]. Humor hat genau die gegenteilige Wirkung von Stress und ist deshalb eine effektive Methode, um Stress am Arbeitsplatz zu bekämpfen.

Die durch Stress verursachte Muskelanspannung wird zur Muskelverspannung und kann auf Dauer zu körperlichen Schmerzen führen. Humor und der damit verbundene Lachvorgang sorgen zwar kurzzeitig für eine Aktivierung der Muskeln, durch den Ausschuss von Endorphinen und durch eine Reduktion von Stresshormonen setzt danach jedoch ein nachhaltiger Entspannungszustand ein – sowohl physisch als auch psychisch. Denkblockaden und mentale Spannungen lösen sich und ermöglichen freieres Denken.

Der Mensch gewinnt eine gesunde persönliche Distanz zu dem Problem. Es verliert an Bedrohung, lässt sich somit leichter bewältigen und vielleicht kann in der Folge sogar darüber gelacht werden. Weiterhin wird dadurch die stressbedingte Fokussierung auf das eine bedrohende Problem – der sogenannte Tunnelblick – aufgehoben. Zudem unterstützt der Lachvorgang den Abbau beziehungsweise verhindert die Entstehung von negativen Emotionen wie Angst, Aggressivität und Feindseligkeit, die unter Verdacht stehen, stressbedingte Beschwerden zu fördern [16].

Ein verstärkender Faktor der Stressreaktion ist oft das Gefühl des Kontrollverlusts – alle Dinge passieren einfach, ohne dass man selbst die Möglichkeit hat, darauf Einfluss zu nehmen. Humor bekämpft diesen Eindruck, denn er gibt eine Entscheidungsmöglichkeit über die eigene Reaktion [1]. Anstatt eine enttäuschte Erwartung als Bedrohung wahrzunehmen, kann man ihr mit Humor begegnen.

Ergänzend wirkt die Tatsache, dass der Lachvorgang selbst schon enorm gesundheitsfördernd ist. Er fördert somit zusätzlich die physische Gesundheit der Mitarbeiter und stärkt sie sind nicht nur psychisch, sondern auch physisch. Das Immunsystem, das Herz-Kreislauf-System und viele weitere Prozesse im Körper werden durch Lachen maßgeblich unterstützt, anstatt vom Stress gehemmt zu werden. All diese Tatsachen sind bei der aktuellen Häufigkeit von stressbedingten Erkrankungen und der enormen Zunahme von Depressionen wichtige Faktoren, die nicht zu vernachlässigen sind [17].

Zusammenfassend können wir festhalten, dass die erhöhte Belastbarkeit durch Stressabbau und die medizinischen Auswirkungen des Lachens dazu führen, dass Mitarbeiter quantitativ mehr leisten. Aber auch qualitativ steigt ihre Leistungsfähigkeit durch verstärktes flexibles und kreatives Denken. Humor verbessert damit das quantitative sowie qualitative Arbeitsvermögen eines Mitarbeiters und damit auch die Arbeitsproduktivität des Unternehmens.

Der Mitarbeiter in einer humorvollen Arbeitsatmosphäre ist außerdem intrinsisch motiviert. Zum einen durch die positive Kommunikation mit den Kollegen und zum anderen durch seine verbesserte Leistungsfähigkeit. Er hat Spaß auf und an der Arbeit. Eine humorvolle Unternehmenskultur steigert demnach sowohl Motivation als auch Zufriedenheit der Mitarbeiter.

Take-Away-Message

Humor ist – so paradox es auch klingen mag – ein sehr ernstzunehmender Faktor, sowohl für den Menschen als Einzelperson als auch für Unternehmen und damit für jede Organisation, in der Menschen gemeinsam agieren, denn:

- Lachen tut sowohl der Psyche als auch dem Körper gut.
- Humor und Lachen fördern die menschliche Kommunikation und ebnen den Weg für soziale Interaktion und den Aufbau zwischenmenschlicher Beziehungen.
- Humor erweitert den Horizont, stärkt Kreativität und mentale Flexibilität.
- Humor initiiert und forciert Stressbewältigung.

Literatur

1. Morreall, J. (1997). *Humor Works*. Massachusetts: HRD Press.
2. Zeichhardt, R. (2009). *Komik und Konflikt in Organisationen. Eine kommunikationstheoretische Perspektive*. Dissertation, Freie Universität Berlin, Wiesbaden.
3. Räwel, J. (2005). *Humor als Kommunikationsmedium*. Dissertation, Universität Zürich, Konstanz.
4. Straßmann, B. (2011). Lachforschung. Unglaublich komisch. Die Zeit. http://www.zeit.de/2011/17/Lachforschung. Zugegriffen: 15. Okt. 2012.
5. Gaede, P.-M. (Hrsg.). (2007). *GEO Themenlexikon 13. Psychologie. Denken, Fühlen, Handeln*. Mannheim: Bibliographisches Institut.
6. Eggli, P. (1997). *Humor und Gesundheit. Eine Längsschnittuntersuchung an StudienanfängerInnen über „Sinn für Humor" als personale Ressource*. Dissertation, Universität Zürich.
7. Miller, M. (2000). Laughter is good for you heart. Center for Preventive Cardiology. University of Maryland Medical Center. http://www.umm.edu/news/releases/laughter.htm. Zugegriffen: 12 Juli 2012.
8. Ullmann, E., & Klein, K. (2009). Humor als Ressource im Unternehmen. In B. Felden (Hrsg.), *Familienunternehmen – Was bleibt, was wird?* Dollerup: Flying Kiwi Media.
9. Adams, P. (2002). Medizinstudenten mit Dr. Clown auf Visite. Der Spiegel. http://www.spiegel.de/unispiegel/wunderbar/patch-adams-medizinstudenten-mit-dr-clown-auf-visite-a-199162.html. Zugegriffen: 17. Okt. 2012.
10. Kauke, M. (2001). Humor in den verschiedenen Lebensphasen. In R. D. Hirsch, J. Bruder, & H. Radebold (Hrsg.), *Heiterkeit und Humor im Alter*. Bonn: Deutsche Gesellschaft f. Gerontopsychiatrie u. –psychotherapie.
11. Schwarz, G. (2007). *Führen mit Humor. Ein gruppendynamisches Erfolgskonzept*. Wiesbaden: Springer.
12. Eisend, M., & Kuss, M. (2009). Humor in der Kommunikation. In M. Bruhn, F.-R. Esch, T. Langner (Hrsg.), *Handbuch Kommunikation. Grundlagen – Innovative Ansätze – Praktische Umsetzungen*. Wiesbaden: Gabler.
13. Slaten, T., Svensson, G., & Svaeri, S. (2011). Empowering leadership and the influence of a humorous work climate on service employees' creativity and innovative behaviour in frontline service jobs. *International Journal of Quality and Service Sciences 3*, 267–280.
14. Zimbardo, P. G., & Gerrig, R. G. (2008). *Psychologie*. München: Springer.
15. AFP. (2009). McDonald's-Angestellte arbeitet sich zu Tode. Stern. http://www.stern.de/wirtschaft/news/unternehmen/tokio-mcdonalds-angestellte-arbeitet-sich-zu-tode-1517639.html. Zugegriffen: 19 Juni 2012.
16. Gaede, P.-M. (Hrsg.). (2007). *GEO Themenlexikon 11. Medizin und Gesundheit. Diagnose, Heilkunst, Arzneien*. Mannheim: Brockhaus in der Wissenmedia.
17. Techniker Krankenkasse. (2009). Pressemappe zur Pressekonferenz vom 14.5.2009: TK-Studie „Von der Hausfrau bis zum Manager – Deutschland im Stress". http://www.tk.de/tk/pressemappen/archiv/pressemappe-stress-studie/164772. Zugegriffen 14 Okt. 2012.

Teil III
Engagement

In diesem Teil zeigen wir, wie Engagement durch Flow-Zustände entstehen kann. Danach geht es darum, wie menschliche Motivation funktioniert und wie Sie dabei häufig gemachte Fehler vermeiden können.

Wie kann die Leidenschaft der Mitarbeiter geweckt werden?

Franziska Müller

Können Sie sich noch an eine Tätigkeit erinnern, die etwas knifflig war und bei der sie etwas länger gebraucht haben, um sie erfolgreich abzuschließen? Wie haben Sie sich gefreut, als Sie diese Herausforderung abgeschlossen hatten und mental einen Haken an die Sache machen konnten! Auch wenn die Aufgabe etwas schwieriger war als die Aufgaben, die Sie sonst im Arbeitsalltag erledigen, hatten Sie trotzdem Spaß daran, weil sie gefordert wurden, oder? Kam es vielleicht sogar vor, dass Sie die Zeit vollkommen vergessen haben und gar nicht merkten, dass Ihre Mittagspause schon vor zwei Stunden fällig gewesen wäre? Wenn Sie diese Fragen mit Ja beantworten können, dann sind Sie bei der Arbeit schon einmal in einen Flow-Zustand geraten.

Es ist offensichtlich, dass das erfolgreiche Bewältigen einer schwierigen Aufgabe Glücksgefühle auslöst. Man fühlt sich gut, das Selbstbewusstsein wird gestärkt und man geht motivierter an kommende Herausforderungen heran. Überraschend ist aber, dass nicht erst das erfolgreiche Abschließen einer Aufgabe gute Gefühle entstehen lässt. Auch der Prozess zuvor, wenn wir uns konzentrieren und uns erfolgreich mit einer anspruchsvollen Aufgabe beschäftigen, erzeugt tiefe, befriedigende Glücksgefühle. Diese Annahme ist die Grundlage für die Flow-Theorie [1].

Der Begriff Flow stammt vom ungarisch-amerikanischen Psychologen Mihaly Csikszentmihalyi vom Department of Psychology an der University of Chicago [2]. Er beschreibt damit das Gefühl des völligen Aufgehens in einer Tätigkeit. Wenn man sich im Flow befindet, geht das Handeln mühelos vonstatten. Man ist vollkommen in die Tätigkeit versunken, vergisst alles um sich herum und die Zeit spielt keine Rolle mehr. In seinem Tun aufzugehen, kann derart angenehm sein, dass man diese Aktivität nur um ihrer selbst willen immer wieder verrichtet. Es scheint dann, als wolle man nicht selbst etwas leisten, sondern als würden Dinge von alleine geschehen.

F. Müller (✉)
Fehmarn, Deutschland
E-Mail: mail@positive-psychologie-im-beruf.de

T. Johann, T. Möller (Hrsg.), *Positive Psychologie im Beruf*,
DOI 10.1007/978-3-658-00265-7_9, © Springer Fachmedien Wiesbaden 2013

Wenn ich Sie vor die Wahl stellen würde, welcher Anteil an Ihrem Tag überwiegen soll, würden Sie sich für die Zeit, die Sie auf der Arbeit verbringen, entscheiden oder für ihre Freizeit? Die Mehrheit würde sich wahrscheinlich wünschen, dass die Freizeit stark überwiegt, um mehr Zeit für sich, zum Entspannen und für die schönen Dinge im Leben zu haben. Doch woher kommt das? Die meisten von uns gehen wahrscheinlich davon aus, dass sie in ihrer Freizeit viel glücklicher und zufriedener werden. Umso überraschender ist es, dass Csikszentmihalyi im Jahre 1983 genau das Gegenteil bewies. Bei seinem Beeper-Experiment wurden Versuchspersonen mit einem Gerät ausgestattet, das in unregelmäßigen Abständen Töne erzeugte. Immer, wenn diese zu hören waren, sollte die Versuchsperson aufschreiben, was sie gerade tut und wie sie sich fühlt. In seinen Auswertungen kam erstaunlicherweise heraus, dass sich die Befragten bei einer intensiven Tätigkeit auf der Arbeit wohler fühlten, als wenn sie sich am Abend oder am Wochenende in Nichtstun ergingen [3, 4]. Mitarbeiter, die während ihrer Arbeit in einen Flow-Zustand geraten, empfinden ihre Arbeit also nicht als Belastung, sondern als angenehm. Sie fühlen sich wohl und entwickeln gute Gefühle.

Nach dieser Erkenntnis sollten Sie als Führungskraft bemüht sein, Ihren Mitarbeitern die Möglichkeit zu bieten, während der Arbeit in einen Flow-Zustand zu geraten. Dann profitiert nicht nur der Mitarbeiter davon, sondern auch Sie selbst. Der Mitarbeiter wird Freude an seiner Arbeit empfinden und diese mit mehr Engagement und Konzentration ausüben. Sie wiederum profitieren von den qualitativ besseren Ergebnissen und der damit erhöhten Wirtschaftlichkeit.

Aber wie schafft man es nun, den Mitarbeiter in einen Flow-Zustand zu versetzen? Um dem Mitarbeiter auf der Arbeit die Möglichkeit zu geben, Flow zu erfahren, müssen die zu erledigenden Aufgaben nach drei Kriterien ausgesucht und verteilt werden. Zum einen muss die Aufgabe eine *Herausforderung* enthalten. Nur Aufgaben, die eine Herausforderung bieten, besitzen das Potential, eine Tätigkeit in Flow zu verwandeln. Die Arbeit sollte also neben bereits bekannten Dingen auch einige neue Aspekte enthalten, um den Mitarbeiter zu fordern und voranzubringen [5].

Außerdem muss die Art der gewählten Herausforderung zu der *Persönlichkeit* des Mitarbeiters passen. Jeder Mitarbeiter ist anders und hat unterschiedliche Stärken und Schwächen, Ansichten und Interessen. Die Unterschiede liegen in der Persönlichkeitsstruktur jedes Einzelnen begründet und machen uns alle einzigartig. Damit eine Aufgabe nun die Möglichkeit zum Flow bietet, muss die Herausforderung mit der Art und der Persönlichkeit des Mitarbeiters übereinstimmen. Je mehr die Herausforderung und die Befähigung des Mitarbeiters zusammenpassen, desto größer ist die Chance, Flow zu erleben. Stellen Sie sich vor, Sie haben die Aufgabe zu vergeben, eine lückenlose Budgetplanung anhand von Daten aus den letzten Jahren zu erstellen. Für die Bearbeitung dieser Aufgabe stehen zwei Mitarbeiter zur Auswahl: Der eine arbeitet im Controlling und beschäftigt sich leidenschaftlich gerne mit Zahlen und Auswertungen. Der andere ist ein talentierter Verkäufer, der es versteht, den Kunden durch Einfühlungsvermögen und Fachwissen die richtigen Produkte anzubieten und zu verkaufen. Welchen Mitarbeiter würden Sie für diese Aufgabe auswählen? Nun, in unserem überspitzten Beispiel ist es offensichtlich, dass die Erstellung einer Budgetplanung sicherlich der Art und den Interessen eines Controllers entspricht. Für einen vertriebsorientierten Menschen würde diese Aufgabe keinen Flow bereithalten, da ihm direkter Kundenkontakt und Überzeugungsarbeit mehr liegen als die Analyse von Zahlen [5]. Dieses Beispiel soll verdeutlichen, dass jeder Mitarbeiter anders ist und über unterschiedliche Stärken und Schwächen verfügt. Ihre Aufgabe ist es, die Stärken jedes Mitarbeiters zu ermitteln und ihm die passende Herausforderung zu stellen. Um Ihnen hierzu eine Hilfestellung zu geben, wird auf das Thema Stärken in Kap. 16 noch näher eingegangen.

Des Weiteren ist darauf zu achten, dass die Herausforderung nicht nur der Persönlichkeit des Mitarbeiters entspricht, sondern auch seinem Fähigkeitsstand. Das dritte Kriterium ist also, dass der *Schwierigkeitsgrad* der Herausforderungen den Fähigkeiten des Mitarbeiters angemessen sein sollte. Ganz platt gesagt: Die Aufgaben dürfen nicht zu schwer und nicht zu einfach sein. Wenn eine Aufgabe einen zu großen Schwierigkeitsgrad aufweist, wird der Mitarbeiter unsicher und ängstlich und ist nicht in der Lage, Flow zu erleben. Ist die Aufgabe hingegen zu leicht, langweilt er sich, schweift mit seinen Gedanken ab und ist nicht in der Lage, sich zu konzentrieren [4]. Selbst wenn der Mitarbeiter sich wirklich konzentrieren möchte, ist dies bei zu einfachen Aufgaben nicht immer möglich. Denn wenn das Gehirn nicht im richtigen Maße ausgelastet ist, sucht es sich Reize, um dieser Situation zu entkommen. Als Folge werden auch unwichtige Reize wahrgenommen und erschweren damit die Konzentration auf die wesentliche, eigentlich leichte Aufgabe [5]. Wenn Sie das nächste Mal einen Mitarbeiter erwischen, der viele Flüchtigkeitsfehler macht, liegt es also nicht unbedingt daran, dass er keine Lust hat oder nicht engagiert ist. Manchmal liegt es auch einfach daran, dass die Aufgabe zu einfach ist und das Gehirn sich nicht konzentrieren kann. Und das ganz ohne böse Absicht.

Wie Csikszentmihalyi in seinen Interviews erfuhr, haben Menschen nur dann Aussicht auf einen angenehmen Zustand des Flows, wenn die Beschäftigung ihr Gehirn gerade im richtigen Maße in Anspruch nimmt. Wenn dies der Fall ist, befinden sie sich im Flow-Kanal. Anstrengung führt dann nicht zwangsläufig zur Erschöpfung, sondern kann angenehme Erregung, sogar leichte Euphorie auslösen [5] (Abb. 9.1).

Dieser Zustand lässt sich mit den Worten beschreiben: „Glück entsteht durch eine Beanspruchung, die der Belastbarkeit des Individuums entspricht" [4, S. 41, 6]. Um Ihren Mitarbeitern also die Möglichkeit auf Flow zu bieten, liegt es in Ihrer Verantwortung, den Mitarbeitern immer wieder abwechslungsreiche Aufgaben zu bieten, die neue und angemessene Herausforderungen enthalten. Da auch die Art und der Schwierigkeitsgrad der Herausforderung dem Mitarbeiter angemessen sein muss, ist es wichtig, die Interessen und Fähigkeiten des Mitarbeiters zu ermitteln und ihm dazu passende Aufgaben zur Verfügung zu stellen. Es ist daher von essentieller Bedeutung, seine Mitarbeiter gut zu kennen und einschätzen zu können.

Probieren Sie doch einfach mal, gezielt darauf zu achten, welche Aufgabe zu welchem Mitarbeiter passt. Wenn es Ihnen gelingt, Aufgaben bereitzustellen, die den Interessen und dem Fähigkeitsstand eines jeden Mitarbeiters entsprechen, erhöht sich auf lange Sicht das Know-how des Unternehmens. Durch die Bewältigung neuer Aufgaben verwandelt

Abb. 9.1 Flow-Kanal, Eigene
Darstellung in Anlehnung an
Von Cube 2010, S. 83

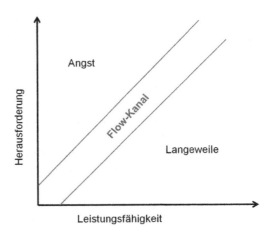

der Mitarbeiter Unsicherheit in Sicherheit, gewinnt an Wissen, Können und Erfahrung. Durch das Erreichen von Teilerfolgen, sogenannten Meilensteinen, bleibt der Mitarbeiter motiviert und ist gerne bereit, mehr Leistung zu erbringen.

Um diese Entwicklung nicht zu behindern, ist es außerdem wichtig, dass im Laufe der Zeit keine Routine und damit Langeweile aufkommt. Der Mitarbeiter braucht ständig neue Herausforderungen, die immer wieder an den Fähigkeitsstand angepasst werden müssen. Möglichkeiten, dies zu gewährleisten, sind beispielsweise Job-Enrichement oder Job-Rotation [5].

Job-Enrichement lässt sich auch als Arbeitsbereicherung bezeichnen und ist eine Maßnahme der Arbeitsgestaltung. Die bisherige Tätigkeit eines Mitarbeiters wird um Arbeitsumfänge auf höherem Anforderungsniveau erweitert. Dies wird durch eine Weiterbildung des Mitarbeiters ermöglicht. Der Mitarbeiter wird damit in die Lage versetzt, in höherem Maße eigenverantwortlich zu arbeiten. Ein allgemeines Beispiel für Job-Enrichment im Einkaufsbereich wäre, einem Mitarbeiter, der bisher nur Bestellungen schreibt, zusätzlich die Lieferantenauswahl und Reklamationen zu überlassen.

Bei Job-Rotation hingegen behält der Mitarbeiter sein Anforderungsniveau, bekommt also nicht mehr Verantwortung zugewiesen. Durch einen systematischen Arbeitsplatz- oder Aufgabenwechsel erhält er jedoch Einblick in verschiedene Tätigkeitsbereiche und kann abwechslungsreiche Aufgaben bearbeiten [7].

Aus den neugewonnen Erkenntnissen können Sie für sich und Ihre Mitarbeiter mitnehmen, dass man sich an schwierigen und umfangreichen Aufgaben versuchen sollte, auch wenn sie auf den ersten Blick unlösbar erscheinen. Laut Cskiszentmihalyi kann Lebensqualität nur durch aktiven Flow erreicht werden, durch neue Aufgaben und Herausforderungen – sei es in der Arbeitswelt oder in der Freizeit. Wenn Sie also merken, dass ein Mitarbeiter sich vor einer neuen Aufgabe scheut, sollten Sie ihn getreu dem Motto unterstützen: Wer sich keine Herausforderungen stellt, vergeudet seine Zeit, verschwendet sein Leben.

Take-Away-Message

Was brauchen Aufgaben, um Flow zu ermöglichen?

- Die Aufgabe muss eine Herausforderung enthalten.
- Die Herausforderung muss der Art des Mitarbeiters entsprechen.
- Der Schwierigkeitsgrad der Herausforderung muss dem Fähigkeitsstand des Mitarbeiters angemessen sein.
- Ob eine Aufgabe als leicht oder schwierig empfunden wird, hängt von der Einschätzung des Mitarbeiters selbst ab.

Literatur

1. Hartmann, U., Schneider, U., & Emrich, H. M. (2002). Gefühlswelt. Auf der Jagd nach dem Glück. *Gehirn und Geist 04/2002*, 10–15.
2. Csikszentmihalyi, M. (2002). *Flow: Das Geheimnis des Glücks*. Leck: Klett-Cotta.
3. Klein, S. (2003). *Die Glücksformel. Oder wie die guten Gefühle entstehen*. Reinbek: S. Fischer.
4. Laszlo, H. (2008). *Glück und Wirtschaft (Happiness Economics). Was Wirtschaftstreibende und Führungskräfte über die Glücksforschung wissen müssen*. Wien: Infothek.
5. Von Cube, F. (2010). *Lust an Leistung. Die Naturgesetze der Führung*. München: Piper.
6. Haas, O. (2010). *Corporate Happiness als Führungssystem. Glückliche Menschen leisten gerne mehr*. Berlin: Erich Schmidt.
7. Daft, R. L., Murphy, J., & Willmott, H. (2010). *Organization theory and design*. Andover: Cengage Learning Emea.

Wie kann man die Motivation von Menschen in Engagement verwandeln? 10

Carolin von Hochberg

Gerechtes Miteinander ist sowohl im privaten sowie auch im beruflichen Leben für mich eine der wichtigsten und erstrebenswertesten Komponenten. Hierbei ist es geradezu von herausragender Bedeutung, das Thema Motivation aus einem gerechten Blickwinkel zu betrachten. Es geht mir primär darum, Ihnen näherbringen zu dürfen, welche Motivierung wirklich gerecht und somit effektiv aufgenommen wird und wie sich veraltete, aber immer noch angewendete Motivationsinstrumente wie zum Beispiel Prämien, Incentives und so weiter negativ und destruktiv auf das Klima im Unternehmen und den langfristigen Erfolg auswirken können. Sie werden erstaunt sein, wie einfach es sein kann, motivierte Mitarbeiter an seiner Seite zu haben. (Carolin von Hochberg)

Es ist ein Tag wie jeder andere. Das Unternehmen hat Ihnen und Ihrer Abteilung einen Erfüllungsplan auferlegt, an den Sie sich weitestgehend und so gut wie möglich gehalten haben. Leider ist der gewünschte Erfolg ausgeblieben. Nun müssen Sie sich vor Ihren Vorgesetzten verteidigen. Sie führen Punkte an wie zum Beispiel Mitarbeitereinsparungen, möglicherweise sogar damit einhergehende Kündigungen. Die überbleibenden Mitarbeiter sind teilweise überfordert mit der ihnen auferlegten Arbeit. Frau Müller hat sich eine Lungenentzündung eingefangen und musste sich drei Wochen krankschreiben lassen. Da tönt es plötzlich wie in vielen Besprechungssälen heutiger Unternehmen aus der Ecke des Vorstands: „Na, dann motivieren Sie Ihr Team doch mal so richtig, bessere Leistung zu zeigen!" Klingt ganz normal oder?

Das Team hat Probleme? Dann steigern wir die Motivation. Die Fluktuation nimmt zu? Das liegt bestimmt an fehlender Motivation. Steigende Krankheitsraten? Liegt die Lösung auch hier in der weiteren Steigerung der Motivation?

Mitarbeitermotivation scheint die Lösung schlechthin zu sein – für fast alle Probleme. Und die Mitarbeiter zu motivieren, ist Aufgabe der Führungskräfte. Oder? Die Erkennt-

C. von Hochberg (✉)
Bliestorf, Deutschland
E-Mail: mail@positive-psychologie-im-beruf.de

T. Johann, T. Möller (Hrsg.), *Positive Psychologie im Beruf*,
DOI 10.1007/978-3-658-00265-7_10, © Springer Fachmedien Wiesbaden 2013

nisse der Motivationsforschung weisen seit langer Zeit in eine ganz andere Richtung, die erstaunlicherweise oft nur wenig Gehör im Alltag der Unternehmen findet.

Der „Motivationstrend" ist weit fortgeschritten, denn wer heutzutage keine „Engagement Teams", „Motivationscoaches" oder ähnlichen „Mehrwert" bietet, gilt als veraltet und als nicht mitarbeiterfreundlich. Hier ist ein gefährlicher Teufelskreis entstanden, dessen langfristige Auswirkungen erst jetzt Stück für Stück ans Tageslicht kommen.

Am Anfang dieses Buches haben wir uns mit glücklichen Mitarbeitern beschäftigt. Wir stellten fest, dass glückliche Mitarbeiter produktiver und engagierter bei der Arbeit sind. Das Streben nach Glück motiviert uns. Dies ist konträr zu der Vorgehensweise in Unternehmen bezüglich der Motivation zu sehen. Ist es lediglich das Streben nach Glück, was einen Menschen motiviert? Müssen wir also gar nicht von außen auf unsere Mitarbeiter einwirken, sie locken und bestrafen? Ist das Thema Motivation etwa völlig falsch verstanden und vor allem umgesetzt worden? Dieses Kapitel wird sich mit diesen Fragen beschäftigen und einen Weg zu motivierten Mitarbeitern aufzeigen.

Wenn man sich in den Reihen der Mitarbeiter im Unternehmen einmal umsieht, so stellt sich die Frage, wen wir da eigentlich vor uns haben. Was für ein Menschenbild haben wir von unseren Mitarbeitern? Es ist jedem klar, dass wir es tagtäglich mit Menschen und eben nicht mit Maschinen zu tun haben, und dennoch behandeln wir diese Menschen oft sehr unmenschlich. Wenn man es sich recht überlegt, dann bauen alle extrinsischen Motivationsversuche auf Folgendem auf: „Tu dies, dann bekommst du das."

Unter diesem Motto fasst der Autor R. K. Sprenger in seinem Buch „Mythos Motivation" [1] folgende fünf Begriffe zusammen: belohnen, belobigen, bestechen, bedrohen und bestrafen. Beim Bedrohen und Bestrafen geht es darum, dass Mitarbeiter dadurch bestraft werden, dass sie eben keine besondere Auszeichnung bekommen oder Prämien erhalten. Jahr für Jahr trifft es vielleicht den gleichen Mitarbeiter, obwohl er sich angestrengt hat, aber der Herr Meyer ist halt immer etwas besser. Sie können es sich vorstellen, so etwas demotiviert ungemein! Es gab eine Zeit und es gibt immer noch Aufgabenbereiche, in denen sich oben genanntes Schema unter gewissen Umständen positiv auswirkt, aber dazu später mehr. Zuerst einmal lade ich Sie dazu sein, kurz in sich zu gehen und eine Frage zu beantworten: Wie sehen Sie Ihre Mitarbeiter?

Fragen

Menschenbild 1: *„Der Mensch hat eine angeborene Abneigung gegen Arbeit und versucht, ihr aus dem Weg zu gehen, wo immer er kann."* → Der Mitarbeiter betrügt mich um seine vertraglich festgelegte Arbeitsleistung.

Menschenbild 2: *„Der Mensch ist von Natur aus erfinderisch und kreativ, wenn man ihn nur lässt. Wenn die unternehmerischen Ziele auch seine Ziele sind, so ist er von sich aus bereit, Leistung zu vollbringen und sich selbst zu kontrollieren"* → Der Mitarbeiter hat Gefallen an seiner Arbeit. Die Ausführung einer Aufgabe liefert die intrinsische Belohnung.

Haben Sie sich entschieden? Nein, wir reden hier nicht über Hobbes und Rousseau und darüber, ob der Mensch von Natur aus gut oder böse ist. Es geht um die Einstellung der Mitarbeiter zu ihrer Arbeit. Und ich kann mir denken, dass viele der Leserinnen und Leser sich für die zweite Variante entschieden haben. Denn wer von vornherein glaubt, dass alle Mitarbeiter lediglich Betrüger sind, wird schnell den Spaß an der Arbeit verlieren. Das moderne Menschenbild ist ein neues, was laut Pink keiner extrinsischen Motivation bedarf. Wir sind „intrinsische Zweckmotivierer und nicht nur extrinsisch motivierte Gewinnmaximierer" [2], S. 45. Das veraltete Motivationssystem passt nicht mehr mit dem heutigen Tätigkeitsfeld vieler Mitarbeiter zusammen, „weil immer mehr Menschen ihre Arbeit als kreativ, interessant und selbstbestimmt empfinden", so Pink weiter. Ist ein Bonus also lediglich ein sogenannter Misstrauensabschlag, den der Mitarbeiter erhält, wenn er die im Arbeitsvertrag festgehaltenen vollen hundert Prozent an Einsatz zeigt? Wenn man es sich recht überlegt, ist es genau das, was sich in den meisten Fällen in deutschen Unternehmen abspielt. Wenn wir den Mitarbeiter nun aber nicht als Betrüger ansehen, der seine Arbeitsleistung verweigert, wieso kommen wir diesem eigentlich von innen mit Motivation gut versorgtem Mitarbeiter dann mit großen Motivierungsversuchen entgegen und füttern ihn weiter und weiter mit Prämien? Exemplarisch für ein solches Vorgehen soll nun Frau Schröder stehen. Frau Schröder geht jeden Tag eine Stunde früher, hat von Jahr zu Jahr höhere Fehlzeiten, sieht nicht gerade glücklich aus bei ihrer Arbeit und macht immer nur das Nötigste. Jedoch ist Frau Schröder schon seit Jahren im Betrieb und soll nicht gekündigt werden. Was soll denn nun mit Frau Schröder geschehen?

Tun Sie Frau Schröder und sich selbst einen Gefallen und bestellen Sie keinen Motivationscoach! Arbeit sollte ein Spiel darstellen, mit dem sich der Mitarbeiter identifizieren kann. Die Aufgabe muss eine persönliche Herausforderung darstellen, um zur selbstständigen Arbeit zu motivieren. Kapitel 9 Motivation von außen lässt das Spiel ganz schnell zur Arbeit werden [3]. Und daraus lässt sich ableiten, dass der Mensch, und somit auch jeder Mitarbeiter, von Natur aus arbeitswillig und zielorientiert ist. Irgendetwas fehlt Frau Schröder, vielleicht sind es neue Mitarbeiter, mit denen sie nicht zurechtkommt. Oder sie hat persönliche Probleme. Hier hilft zum Beispiel ein einfühlsames Gespräch viel mehr als ein Wochenendtrip in einen Erlebnispark. Am Anfang steht also, dass man sich über die Umstände gemeinsam Gedanken macht, die den gewünschten Erfolg verhindernd. Simple Motivationsversuche sind in den meisten Fällen der falsche Weg.

Stellen Sie sich nun folgendes Szenario vor: Bekommt Herr Meyer eine Belohnung, fragt sich Frau Schröder wieder einmal zwangsläufig, was sie falsch oder schlechter gemacht hat. Frau Schröder ärgert sich anfänglich noch sehr darüber, und mit der Zeit verliert sie die Motivation, eine Prämie zu erhalten und sich somit mehr anzustrengen. Also ist die Wirkung im schlechtesten Fall sogar demotivierend: Der Verdacht regt sich, dass Frau Schröder am Unternehmensergebnis nicht angemessen partizipiert, weil sie ja nicht einmal mehr gut genug für die Prämie ist. Die Erfolglosen, also Frau Schröder, werden das System über eine gewisse Zeitspanne als ungerecht betrachten. Belohnungen müssen aber von der Mehrheit der Mitarbeiter, einschließlich denjenigen, die sie nicht erhalten, als gerecht eingeschätzt werden, wenn sie eine positive Wirkung haben sollen. Der Mitarbeiter, der dieses Ziel nie erreicht und keine Belohnung erhält und sich lediglich von Woche zu Woche, von Jahr zu Jahr Geschichten aus Erlebnisparks und dem Ruhrpott anhören muss; dieser Mitarbeiter wird das System zwangsläufig über kurz oder lang als ungerecht empfinden. Es ist sozusagen ein Bild des ewigen Wollens und Nichtvollbringens. Hier wird auch vom Sisyphos-Dilemma gesprochen. Erinnern Sie sich noch an den armen Sisyphos, der die Felsen den Berg hinaufrollte, ohne jemals an ein Ziel zu kommen? Wahrlich demotivierend und ungerecht, nicht wahr? Auf diese Art und Weise verlieren viele Mitarbeiter ihre Motivation, ihr Engagement und viele Unternehmen ihre motivierten Arbeiter.

Extrinsische Belohnung kann also im schlimmsten Fall die starke intrinsische Motivation eines jeden Menschen zerstören. Der Sozialpsychologe Alfie Kohn hat hierzu eine hervorragende Beobachtung niedergeschrieben: „Ein alter Mann wurde täglich von den Nachbarskindern gehänselt und beschimpft. Eines Tages griff er zu einer List. Er bot den Kindern eine Mark an, wenn sie am nächsten Tag wieder kämen und ihre Beschimpfung wiederholten. Die Kinder kamen, ärgerten ihn und holten sich dafür eine Mark ab. Und wieder versprach der alte Mann: „Wenn ihr morgen wiederkommt, dann gebe ich euch 50 Pfennig". Und wieder kamen die Kinder und beschimpften ihn gegen Bezahlung. Als der alte Mann sie aufforderte, ihn auch am nächsten Tag, diesmal aber gegen 20 Pfennig zu ärgern, empörten sich die Kinder: Für so wenig Geld wollten sie ihn nicht beschimpfen. Von da an hatte der alte Mann seine Ruhe" [1], S. 71.

Durch eine „Belohnung" von außen wurde also bei den Kindern die anfangs intrinsische Motivation, den alten Mann zu ärgern, völlig abgewandelt. Da die Kinder sich „für so wenig Geld" der Arbeit scheuen, den Mann weiterhin zu beschimpfen, kann man einen weiteren höchst negativen Punkt der extrinsischen Belohnung aus dieser Beobachtung herauslesen: Der Mensch wird süchtig nach Belohnungen, er will mehr und mehr und hört auf zu arbeiten, wenn er nicht mehr belohnt wird.

Ein weiteres Beispiel zeigt eine Studie nach Greene, Sternberg und Lepper [4]. Hierbei wurden Grundschüler beobachtet, wie lange sie sich mit Mathematikspielen beschäftigten. Das Experiment wurde in drei Zeitabschnitte aufgeteilt: Die ersten 13 Tage wurden keine Belohnungen für die Beschäftigung mit den Spielen ausgesetzt, dann folgten 13 Tage mit Belohnung und anschließend wurde die Belohnung wieder abgesetzt. Die Abb. 10.1 stellt das verblüffende Ergebnis dar.

Man kann also erkennen, dass die Kinder durch die Phase der Belohnung ihre intrinsische Motivation verloren und sich in der Follow-Up-Phase deutlich kürzer mit den Spielen beschäftigten, Tendenz sinkend. Das Spiel hatte sich nun in Arbeit gewandelt und durch die fehlende Belohnung sahen die Schüler keinen Sinn mehr in der Beschäftigung mit den Spielen.

Dass extrinsische Motivation wirklich abhängig macht, zeigt Brian Knutson, ein ehemaliger Hirnforscher des National Institute on Alcohol Abuse and Alcoholism [5]. Am Anfang des Buches haben wir schon eine Menge über Hormone und Glücksempfinden in unserem Körper gelernt. Es gibt Menschen, die süchtig nach Glück werden. Einmal auf den Trip der Glückshormone gekommen, suchen sie immer wieder den Auslöser dieses berauschenden Zustandes. Wenn ein Mitarbeiter nun für eine Aufgabe eine Belohnung erhalten

Abb. 10.1 Der Effekt der
übermäßigen Rechtfertigung

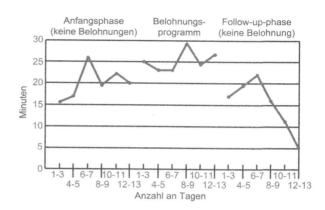

hat, bringt er diese Belohnung mit einem Glücksgefühl in Verbindung. Er will mehr davon, mehr von der Belohnung und mehr von den Hormonen. Das nächste Mal müssen Sie ihm eine bessere, eine tollere Belohnung bereitstellen. Ansonsten wird er mürrisch oder verweigert sogar sein volles Engagement. Dies ist nach Knutson auch wissenschaftlich belegt. Wenn uns Menschen bewusst ist, dass wir eine Chance auf einen Gewinn haben, reagiert das Gehirn mit Aktivitäten im Bereich des sogenannten Nucleus Accombens. Wenn wir also mit einer Belohnung rechnen, wird genau dort das Glückshormon Dopamin ausgeschüttet. Es ist der gleiche physiologische Grundprozess, wie er bei einer Drogensucht abläuft: Es wird der identische Botenstoff in derselben Gehirnregion ausgeschüttet. Solange sich der Mitarbeiter auf dem Gipfel des Glückes befindet, ist alles gut. Doch wehe, es geht in Richtung Talfahrt der unbefriedigten Erwartungen nach Belohnungen.

Wollen wir uns wirklich „süchtige" Mitarbeiter heranziehen, die bettelnd vor uns stehen, nach einem Schuss Belohnung lechzen und daneben nichts mehr sehen? Dieses Bild ist sicherlich etwas übertrieben, aber letztlich der konsequent zu Ende gedachte Prozess der Motivierung durch Belohnung. Ich bin mir ziemlich sicher, dass dies nicht die Absicht einer Führungskraft ist. Was wäre zum Beispiel mit wichtigen Faktoren wie der Kundenzufriedenheit und gewissenhaftem Arbeiten, mit Teamarbeit und Kommunikation? Ein nach Belohnung süchtiger Mitarbeiter empfindet solche Punkte unwissentlich als zweitrangig. Für ihn zählt nur noch die materielle Vergütung für eine Aufgabe. Wenn das Denken strukturbedingt um den Bonus kreist, interessiert man sich auch nur noch für den Bonus.

Was aber „belohnt" den Mitarbeiter, ohne dass man ihn von außen wirklich belohnen muss? Der Psychologe Sam Glucksberg führte hierzu einen Versuch durch, das sogenannte „Kerzenproblem" [6]: Die Teilnehmer des Versuches fanden auf einem Tisch ein Briefchen Zündhölzer, eine Kerze und eine Schachtel, die einige Reißnägel enthielt (s. Abb. 10.2). Die Aufgabe war nun, die Kerze so an die Wand zu bringen, dass kein Tropfen Wachs auf den Tisch tropfen konnte (s. Abb. 10.3). Glucksberg teilte die Probanden in zwei Gruppen ein. Die eine Gruppe erhielt beim Lösen der Aufgabe eine Belohnung in Höhe von 5 US\$. Allerdings nur, wenn sie unter den schnellsten 25 % war. Der Schnellste erhielt sogar

Abb. 10.2 Kerzenproblem in
Ausgangslage; Einzelteile auf
einem Tisch

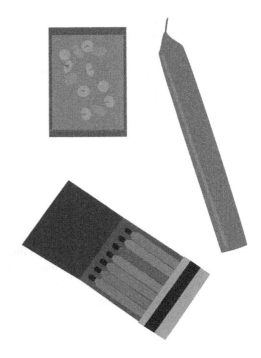

20 US\$. Der anderen Gruppe wurde keinerlei Belohnung versprochen. Der Psychologe
rechnete damit, dass die Gruppe mit Aussicht auf Belohnung somit auch die schnellere
von beiden sein würde. Im Regelfall braucht ein Mensch 10–15 min für diese Aufgabe.
Im Durchschnitt brauchten die Mitglieder der „belohnten Gruppe" allerdings dreieinhalb
Minuten länger!

Der Psychologe änderte die Aufgabenstellung noch einmal und legte Schachtel und
Reißnägel getrennt voneinander auf den Tisch, alles andere war gleich geblieben. Hier
war die Gruppe mit Aussicht auf Belohnung beim Lösen der Aufgabe schneller fertig als
die Gruppe ohne Aussicht auf Belohnung. Man muss also zwei Fälle unterscheiden: Wenn
ein Lösungsweg einer Aufgabe genauen Handlungsvorschriften folgt, wie es im zweiten
Versuch der Fall war, so spricht man von algorithmischen Lösungswegen. Im zweiten Fall
wurde die notwendige Idee, die Schachtel von den Reißnägeln getrennt zu verwenden und
nicht nur als Aufbewahrungsbox zu nehmen, bereits vorgegeben. Wenn man aber kreativ
denken und vom Weg abweichen muss, um eine neue Strategie zu entwickeln, so spricht
man von heuristischen Lösungsansätzen. Und bei genau diesen heuristischen Lösungswegen stören Belohnungen den Mitarbeiter ganz besonders stark in seiner Leistungsfähigkeit
und seiner intrinsisch motivierten Art, eine Aufgabe zu lösen. Belohnungen haben die
Eigenart, unseren Blickwinkel einzuengen. Das ist bei eindeutigen Wegen zur Lösung
sinnvoll. „Wenn-Dann" Motivatoren sind jedoch hinderlich und sogar störend, wenn es
um Aufgaben geht, die eigenständiges und kreatives Denken erfordern [7].

Abb. 10.3 Gelöstes
Kerzenproblem mit Kerze in
der Schachtel an der Wand

Hier geht es um den Antrieb, der ein Lebewesen dazu bringt, eine Aufgabe zu lösen. Es ist offenbar kein biologischer Antrieb, der auf Nahrung oder Fortpflanzung abzielt. Dem Verhalten winkt auch keine äußerliche Belohnung. Es ist schlicht und ergreifend die *intrinsische* Belohnung, die die Teilnehmer beim Ausführen der Aufgabe erfahren. Die Freude an der Aufgabe ist Belohnung genug. Und genauso erfahren es auch unsere Mitarbeiter. Die Freude an der Aufgabe, die Befriedigung im Ausleben der Kreativität wie auch das Streben nach dem Erfolgsmoment motivieren den Mitarbeiter von selbst, eine Aufgabe zu lösen. Und was passiert, wenn dann eine Belohnung ins Spiel kommt? Oder gar eine Bestrafung, wenn gewünschtes Verhalten nicht eintritt? *Der Vorgang der Motivierung zerstört die Motivation.* Die Motivierung ist die Reizstärke, die Motivation unsere angeborene Triebstärke. Je höher die Reizstärke, desto geringer die benötigte Triebstärke. Wenn Geld (oder Ähnliches) also als *extrinsische* Belohnung für eine Tätigkeit eingesetzt wird, verlieren die Probanden das *intrinsische* Interesse an einer Tätigkeit [7].

Aufgaben mit algorithmischen Lösungswegen können nun aber ein Beispiel dafür sein, dass es Tätigkeiten gibt, in denen eine Motivierung durchaus hilfreich sein kann. Die Basis dafür ist – wie so vieles im Leben – dass zusätzliche Belohnungen angemessen und gerecht sind. Das Kerzenproblem war eine Art von kreativer Aktivierung des Gehirns, eine herausfordernde Aufgabe, die in der rechten Gehirnhälfte gelöst wird. Hat man nun aber routinemäßige Aufgaben, werden diese im Gegensatz zu Aufgaben mit kreativer Aktivierung des Gehirns in der linken Gehirnhälfte gelöst, die durchaus positiv auf Belohnungen anspringt. Hier geht es zum Beispiel darum, Buchungssätze einzugeben,

Verträge zu schreiben und so weiter. Eine Routineaufgabe ist eine Aufgabe, bei der man den Lösungsweg der Aufgabe durch vorgegebene Regeln bis zu einem bestimmten Ergebnis verfolgen kann. Hier kann ein kleiner Motivationsschub Wunder wirken und ganz ohne schädliche Nebenwirkungen angedacht werden. Dieser Prozess ist auch eigentlich sehr logisch und nachvollziehbar. Es gibt bei solchen Aufgaben meist wenig intrinsische Motivation, die durch Belohnungen zerstört werden könnte [7]. Gibt es dann vielleicht auch extrinsische Motivierung, die die intrinsische verstärkt? Können Führungskräfte vielleicht Voraussetzungen und Umstände schaffen, die sich positiv auf die intrinsische Motivation auswirken?

Es gibt drei Antworten auf diese Frage: Selbstbestimmung, Perfektionierung und Sinnerfüllung. Diese drei Elemente sind für ein motivierendes Unternehmen unabdingbar [2]. *Selbstbestimmtheit* in der Arbeit kann langfristig viele zusätzliche Kosten ersparen. Die Schwierigkeit für den Mitarbeiter liegt bei der Arbeit darin, sich selbst zu bestimmen und mit den auferlegten Aufgaben und Erwartungen übereinzukommen. Die Schwierigkeit für die Führungskraft hingegen liegt darin, die Freiheit zu schaffen, in der Mitarbeiter großartige Arbeit leisten können. Dies ist durchaus wichtiger, aber auch schwieriger, als einfach eine Gehaltserhöhung zu vollziehen. Haben Sie schon einmal etwas von dem ROWE-Prinzip gehört? Es bedeutet „Results-only Work Environment". Nur die Resultate zählen. Der Mitarbeiter muss keine vorgegeben Zeit im Unternehmen „absitzen". Ihm wird ein Ziel vorgegeben und eventuell eine bestimmte Zeitspanne. Wie der Mitarbeiter vorgeht, bleibt ihm selbst überlassen, er darf selbstbestimmt arbeiten.

Neueste Verhaltensstudien zeigen: Selbstbestimmtes Arbeiten bringt gesundheitliche Vorteile, physisch wie auch psychisch [8]. Ist das nicht eine hervorragende Neuigkeit in Zeiten des Burnout-Virus? In dem man seinen Mitarbeiter einfach „machen lässt", sorgt man gleichzeitig für sein gesundheitliches Wohl! Selbstbestimmung in der Arbeit fördert außerdem besseres konzeptuelles Denken, höhere Ausdauer in Schule, Arbeit und Sport und im Allgemeinen eine größere Leistungsfähigkeit [2]. Ganz so einfach wie gerade beschrieben ist es natürlich nicht. Man sollte beachten, welche Teile der Arbeit selbstbestimmt entschieden werden dürfen. Hier geht es vorrangig um die Frage nach der Aufgabe, der Zeiteinteilung, der Technik und der Teamkonstellation. Ein Beispiel: Der Posten der Sachbearbeiterin in der Abteilung X soll neu besetzt werden. Die Entscheidung, wer neu eingestellt wird, bleibt dem Abteilungsleiter überlassen. Jedoch sollte das Team mitbestimmen können, wer die neue Stelle besetzen kann und wer zu dem Team passt.

Und was versteht man im Führungswesen unter *Perfektionierung*? Die direkte Definition beschreibt das Streben danach, in einer Sache, die einem wichtig ist, immer besser zu werden. Persönliche Leidenschaft und Engagement steigern auch, wie in diesem Buch bereits erläutert wurde, die Produktivität und die Gewinnerzielung. Die Kosten für „Leidenschaftslosigkeit" belaufen sich allerdings laut der Ihnen schon bekannten Gallup-Studie auf rund 120 Mrd. € pro Jahr in Deutschland [9]. Kapitel 3 Perfektionierung wieder zu ermöglichen, ist also eine entscheidende Konsequenz und Aufgabe für moderne Führungskräfte. Der Forscher Csikszentmihalyi führte über dieses Thema eine weitere Studie durch und brachte dieses Gefühl von persönlicher Leidenschaft auf den Begriff „Flow". Kapitel 9

Damit möchte er ausdrücken, wie sich jemand selbst in einer Aufgabe vergessen kann. Ein Ansatz, diesen Zustand zu erreichen, besteht darin, die Quelle der Frustration im Beruf zu erkennen. Hier gilt es, die Anforderungen an Menschen auf ihre individuellen Fähigkeiten abzustimmen. Was sollen die Mitarbeiter tun – und was können sie tun? Green Cargo wendet hier sogenannte Goldlöckchenaufgaben an [2]. Eine solche Aufgabe soll die Mitarbeiter weder über- noch unterfordern und die Perfektionierung eines jeden individuell steigern. Des Weiteren sollte eine Führungskraft das Arbeitsumfeld jedes Mitarbeiters gemäß seiner Interessen erweitern und somit faszinierende Herausforderungen schaffen. Dies sind zunächst einmal freiwillige zusätzliche Aufgaben, die einem Mitarbeiter aber das Gefühl geben, wichtig zu sein und ernstgenommen zu werden.

Was sollte eine Führungskraft außerdem über Perfektionierung wissen, um ihre Mitarbeiter positiv zu motivieren? Sie sollte sich immer bewusst darüber sein, dass diese Form der Motivierung eine Denkweise ist. Sie ist nicht angeboren, sondern in allen Bereichen erlernbar. Eine gute Führungskraft sollte daher stets Lern- statt Leistungsziele aufzeigen. Das Ziel ist das Lernen an sich. Des Weiteren ist Perfektionierung aber auch eine Qual. Sie erfordert Biss und ist wie jeder Lernprozess mit Anstrengung verbunden. Anstrengung ist eines der Dinge, die dem Leben einen Sinn geben. Kapitel 15 Anstrengung bedeutet, dass man sich um etwas bemüht, was einem so wichtig ist, dass man dafür bereit ist, zu arbeiten. Perfektionierung ist zudem: eine Quelle der Frustration. Denn jeder weiß: Nobody's perfect! Perfektion ist unerreichbar. Nun kann die Führungskraft also deutlich machen, dass der Reiz einer Aufgabe schon im Versuch liegt und nicht nur in der Durchführung. Viele Menschen glauben aber, es sei kindisch, etwas ohne große Erfolgsaussichten zu versuchen, und schämen sich dafür. Diesen Menschen sollte der Weg der Perfektionierung neu erklärt werden.

Kommen wir zum dritten Element der extrinsischen Motivierung, der *Sinnerfüllung*. Perfektionierung und Selbstbestimmung brauchen das Sinnelement. Selbstbestimmte Menschen erfüllen ihre Arbeit auf dem Weg zur Perfektion auf sehr hohem Niveau. Aber die Mitarbeiter, die auch noch den Sinn in ihrer Arbeit erkennen, werden noch mehr erreichen [2]. „Sinnerfüllung liefert die Aktivierungsenergie für unser Leben" [2], S. 164. „Bezahltes Engagement nimmt ab, während unbezahlter Einsatz zunimmt" [2], S. 164. Wo soll nun aber im Unternehmensalltag das Sinnmotiv angewendet werden? Wo hat Sinnerfüllung Auswirkungen auf die Mitarbeiter? Sinn kann man sowohl in Zielen als auch in Strategien erfahren. Der Sinn im unternehmerischen Ziel ist oft verdeckt durch das Denken, es gehe nur um Zahlen, Gewinnmaximierung und Umsatz. Jedes Unternehmen wurde jedoch einmal aus einer Idee heraus gegründet, die der Organisation ihren *Sinn* verleiht. Diese Idee immer wieder bewusst und klar zu machen, ist Aufgabe der Führung. Es könne auch weitere sinnstiftende Elemente durch Aktionen hinzugefügt werden: Bei jedem verkauften Paar Schuhe wird ein anderes neues Paar Schuhe an Kinder in Entwicklungsländern geschickt. Pink beschreibt den dahinter stehenden Effekt, indem er sich auf eine Studie zweier Soziologinnen, Akin und Dunn, und eines Psychologen namens Norton bezieht [11]. Sie fanden heraus, dass sich das subjektive Wohlbefinden erhöhen kann, wenn man Geld für andere ausgibt (etwa für Blumen oder Hilfsorganisationen). So kamen die

Forscher auf die Idee, dass „Unternehmen das emotionale Wohlbefinden ihrer Mitarbeiter verbessern können, wenn sie ihnen einen Teil des Budgets geben, den die Mitarbeiter für karitative Zwecke spenden können [. . .]" [2], S. 172.

Es erfüllt Menschen mit Sinn, wenn Sie etwas für die Gemeinschaft tun können. Solche Unternehmen streben in erster Linie nach Sinn und nutzen den Gewinn als Katalysator – und eben nicht als Zielsetzung [2].

Unternehmer sollten also nicht nur auf Effizienz, Gewinnmaximierung und Marktanteile fokussiert sein. Sie „müssen einen Weg finden, um alltägliche Wirtschaftsaktivitäten mit tieferen mitreißenden Idealen, wie Ehre, Wahrheit, Liebe, Gerechtigkeit und Schönheit zu erfüllen" [10], S. 8, eigene Übersetzung. Solche Werte geben den Menschen im Unternehmen das Gefühl von Sinn, woraus sie Kraft und Orientierung schöpfen können. Eine Kultur, deren Verhaltensmaxime sich aus solchen Werten speist, bildet die Grundlage eines gesunden Unternehmens dessen Gewinn mehr ist, als ein Geldbetrag. *Sinnvoll* geführte Unternehmen erzeugen einen Mehrwert für die Menschen im Unternehmen und weit darüber hinaus (Kap. 15).

Alle drei erwähnten Punkte führen zu einem Gefühl der Zusammengehörigkeit, steigern das individuelle Wohlbefinden eines jeden und schaffen einen Rahmen für die Entfaltung der inneren Motivation der Mitarbeiter, ohne zu demotivieren oder sich für viel Geld einen der zahlreichen Motivationscoaches leisten zu müssen. Vielleicht hat dieses Kapitel Sie inspiriert, das ein oder andere im Unternehmen einmal auszuprobieren; Sie werden merken, dass es auch Ihnen selbst mehr Spaß machen kann, wenn Sie ein intrinsich motiviertes Team an Bord haben.

Pinks Werkzeugkiste: Wie Hammer, Zange und Bohrmaschine gibt es auch in der Berufswelt Werkzeuge, die das Haus der intrinsisch motivierten Mitarbeiter stabil zusammenhalten können. Pink hat hierzu einen kleinen Werkzeugkasten zusammengestellt, der es Ihnen ermöglichen soll, motivierte Mitarbeiter ohne großen monetären Aufwand ins Team (zurück-) zu holen [2].

1. *„20- Prozent-Zeit"*
   Hierbei wird ein Fünftel der Arbeitszeit jedes Mitarbeiters für ein Projekt seiner Wahl genutzt, wobei es jedem freigestellt werden sollte, was, wie, wann, wo und mit wem dieses Projekt durchgeführt wird. Allerdings soll am Ende jedes Projektes ein Ergebnis entstehen. Sollten Sie daran zweifeln, ob es sich für Sie lohnt, fangen Sie erst einmal mit zehn Prozent „Freiheitsdenken für Mitarbeiter" an und lassen Sie die Projekte über einen Zeitraum von zum Beispiel sechs Monaten laufen. Diese Idee basiert auf den „vertrödelten" Ausfallzeiten jedes Mitarbeiters, die selbstbestimmt und produktiver genutzt werden können. Ganz bestimmt entwickeln sich nach anfänglichem Zögern kreative und motivierte Projektgruppen.

2. „Nun-Da"-Belohnungen

„Wenn-dann"-Belohnungen sind out – und wie oben erwähnt können sie sogar kontraproduktiv sein. Formulieren Sie diese Sätze einfach in „Nun-da"-Belohnungen um, indem Sie den Mitarbeiter nicht schon im Voraus mit einer Belohnung locken, ihn jedoch im Nachhinein mit einem kleinen „Goody" überraschen können. („Nun, da Sie mich so höchst positiv mit Ihrem Ergebnis überrascht haben. . ."). Pink stellt fest, dass diese Belohnungen am besten durch gleichgestellte Kollegen für eine ganz besondere Arbeit vergeben werden können. Natürlich sollte jeder Mitarbeiter ein gleiches „Startbelohnungskapital" besitzen, das er dann nach eigenem Ermessen unter seinen Kollegen aufteilen kann.

3. Selbstbestimmungsaudit

Es wäre doch interessant zu wissen, inwiefern die Mitarbeiter schon selbstbestimmt arbeiten und wie viel Kontrolle jeder bei seiner Arbeit „an der Tür abgibt". Hier hilft ein Selbstbestimmungsaudit. Wie viel Selbstbestimmung hat der Mitarbeiter im Beruf über

a) die Tätigkeit
b) die Zeit
c) das Team
d) die Technik?

Jeder kann hier auf einer Skala von 0 bis 10 seine selbst eingeschätzten Kreuze hinsichtlich der oben genannten Rubriken setzten. Wenn Sie nun den Durchschnittswert jeder Rubrik bilden, so ergibt sich ein Wert zwischen null und vierzig, wobei, so Pink, „0 einem Gefängnis in Nordkorea und 40 Woodstock entspricht". Haben Sie ein überraschendes Ergebnis in den Händen?

4. Kontrollverzicht in drei Schritten

Wenn Sie nach dem Nutzen des dritten Werkzeuges das ungemütliche Gefühl haben, ein Kontrollfreak für Ihre Mitarbeiter zu sein, und Sie daran etwas ändern wollen, so gibt es hierzu das passende Werkzeug: den Kontrollverzicht in drei Schritten.

1) Beziehen Sie die Mitarbeiter bei der Zielsetzung ein.
2) Verzichten Sie auf kontrollierende Sprache wie „müssen" oder „sollen"; ersetzen Sie diese Passagen zum Beispiel mit „überlegen Sie" oder „bedenken Sie". Der Mensch hat einen angeborenen Drang, sich gegen Verbote zu wehren.
3) Richten Sie Bürostunden ein. Nehmen Sie sich die Zeit, ein bis zwei Stunden in der Woche, Ihre Mitarbeiter in Ihr Büro einzuladen, um sich mit Ihnen auszutauschen. In den „Bürostunden" können Mitarbeiter mit Ihnen über Probleme, Anliegen und Wünsche reden und auch Kritik und Lob äußern. Es wird schnell ersichtlich, dass alle von diesen Stunden profitieren und lernen werden.

5. *Reichs Pronomen Test*

Wenn ein Mitarbeiter bei dem Gespräch über die Firma das Wörtchen „wir"
verwendet anstatt „die" oder „Sie", so weist dies eventuell auf ein Gefühl hin, ein
besonderer und wichtiger Teil eines großen Ganzen zu sein. Schauen Sie sich in
Ihrem Unternehmen um und hören Sie genau zu – fühlt man sich ausgeschlossen,
so wird man schwach, zusammen ist man stark.

Take-Away-Message

Eine Belohnung für etwas, was Menschen freiwillig gerne tun, zerstört die innere
Motivation und damit die Freiwilligkeit und Freude am Tun.

Externe Belohnungen wirken förderlich und motivierend bei rudimentär einfachen
Aufgaben, schon bei leichten Anforderungen an selbständiges Denken und kreativem
Handeln wirken sie hinderlich.

Selbstbestimmung, Perfektionierung und Sinnerfüllung sind drei Rahmenfaktoren,
die der inneren Motivation einen Entfaltungsraum ermöglichen. Diese Faktoren sind
nur umsetzbar mit Vertrauen und damit der Bereitschaft einen Teil der Kontrolle an
die Mitarbeiter abzugeben.

Ob wir grundsätzlich Menschen für faul halten oder für motiviert etwas zu tun, prägt
unser Verhalten gegenüber anderen Menschen.

Die Erkenntnisse gelten für die Führungskräfte selbst ebenso. Leistungsorientierte
Vergütung kann also die innere Motivation von Führungskräften nachhaltig verringern.

Literatur

1. Sprenger, R. K. (2010). *Mythos Motivation*. Frankfurt a. M.: Campus Verlag.
2. Pink, D. H. (2009). *Drive: Was Sie wirklich motiviert*. Salzburg: Ecowin Verlag.
3. Lepper, M., Greene, D., & Nisbett, R. (1973). Undermining children's intrinsic interest with extrinsic rewards: A test of the ‚overjustification' hypothesis. *Journal of Personality and Social Psychology, 28*, 129–137.
4. Aronson, E., Wilson, T. D., & Akert, R. M. (2008). *Sozialpsychologie*. München: Addison-Wesley.
5. Knutson, B., Adams, C. M., Fong, G. W., & Hommer, D. (2001). Anticipation of increasing monetary reward selectively recruits nucleus accumbens. *Journal of Neuroscience, 21*(159), 1–5.
6. Glucksberg, S. (1962). The influence of strength of drive on functional fixedness and perceptual recognition. *Journal of Experimental Psychology, 63*(1), 36–41.
7. Deci, E. L., Ryan, R. M., & Koestner, R. (1999). A meta-analytic review of experiments examining the effects of extrinsic rewards on intrinsic motivation. *Psychological Bulletin, 125*(6), 627–668.

8. Chirkov, V., Ryan, R. M., Kim, Y., & Kaplan, U. (2003). Differentiating autonomy from individualism and independence: A self-determination theory perspective on internalization of cultural orientations and well-being. *Journal of Personality and Social Psychology, 84*(1), 97–110.
9. Zenger, J., Folkman, J., & Edinger, S. (2009). How extraordinary leaders double profits: Decoding leadership trends to discover the patterns. http://nl.cbe-group.com/wp-content/uploads/2011/05/whitepaper.pdf. Zugegriffen 30 Nov 2012.
10. Hamel, G. (2009) Moon shots for management. http://www.leadershipsmarts.com/wp-content/uploads/2012/02/MoonShotsForManagementGaryHamel.pdf. Zugegriffen 30 Nov 2012.
11. Dunn, E. W., Akin, L. B., & Norton, M. I. (2008). Spending money on others promotes happiness. *Science*. doi: 10.1126/science.1150952.

Teil IV
Positive soziale Beziehungen

Dieser Teil beantwortet die Frage, wie positive soziale Beziehungen aufgebaut und erhalten werden können. Außerdem wird geklärt, wie die Positive Psychologie auf Teams anwendbar ist und welche Chancen Konflikte bieten.

Wie können nachhaltige positive Beziehungen aufgebaut werden?

11

Franziska Müller

Glückliche Mitarbeiter sind produktiver, einfallsreicher und zu mehr Leistung bereit als jene, die nicht glücklich oder gar unglücklich sind [1]. Nach dieser Erkenntnis sollte jeder Unternehmer bemüht sein, glückliche Arbeitnehmer zu beschäftigen. Doch wie kann ein Unternehmer den Gemütszustand seiner Mitarbeiter zum Positiven beeinflussen und somit die wirtschaftlichen Vorteile nutzen, die mit der Leistungssteigerung einhergehen? Da der Unternehmer keinen Einfluss auf das Glück im Privatleben der Mitarbeiter hat, muss er sich auf Maßnahmen im Unternehmen beschränken, die die Arbeit und das Umfeld der Mitarbeiter betreffen.

Es gibt viele verschiedene Möglichkeiten, Einfluss auf die Stimmung der Mitarbeiter am Arbeitsplatz zu nehmen. Generell ist bekannt, dass die Arbeitsatmosphäre einen erheblichen Einfluss auf die Leistungsbereitschaft der Mitarbeiter hat. Eine gute Arbeitsatmosphäre kann motivieren und dabei helfen, Schwierigkeiten gemeinsam zu meistern. Ein schlechtes Klima kann hingegen zu Blockadehaltungen und Auseinandersetzungen führen, die auf lange Sicht gesehen unglücklich machen [2].

In Kap. 2 wurde bereits beschrieben, welche körperlichen und geistigen Vorteile Glücklichsein mit sich bringt. Im weiteren Verlauf wird nun beschrieben, welche Maßnahmen Führungskräfte ergreifen können, um das Glücksempfinden ihrer Mitarbeiter zu steigern und damit eine Win-Win-Situation für Mitarbeiter und Unternehmen zu schaffen.

Seit jeher sind viele Lebewesen darauf eingestellt, sich Verbündete zu suchen. Und auch der Mensch gehört dazu. In der Tierwelt haben sich zahlreiche Arten zu Gruppen zusammengeschlossen, um von den Vorteilen zu profitieren, die daraus entstehen. Sie schützen einander, jagen und kämpfen zusammen [3]. Denken Sie nur an einen Schwarm kleiner, bunter Fische im großen Ozean. Jeder Fisch für sich wäre verloren und würde

F. Müller (✉)
Fehmarn, Deutschland
E-Mail: mail@positive-psychologie-im-beruf.de

T. Johann, T. Möller (Hrsg.), *Positive Psychologie im Beruf*,
DOI 10.1007/978-3-658-00265-7_11, © Springer Fachmedien Wiesbaden 2013

wahrscheinlich schnell Opfer seiner unzähligen Feinde werden. Gemeinsam jedoch – mit hunderten, ja, tausenden Fischen – ergeben sie ein imposantes Bild und bieten ihren Feinden einen scheinbar ebenbürtigen Gegner. Durch ihr gemeinsames Handeln schützen sich die Fische gegenseitig, erhöhen die Wahrscheinlichkeit, nicht gefressen zu werden, und erhalten damit die Existenz ihrer Art. Als wäre die Tatsache, dass Beziehungen das Leben retten können, noch nicht genug, haben Forschungen ergeben, dass das Eingehen von Bindungen außerdem die Empfindung von Stress vermindert und gleichzeitig die Leistungsfähigkeit erhöht [4].

Hintergrundinformation
Dabei muss kurz festgehalten werden, dass Stress natürlich nicht grundsätzlich etwas Negatives ist. Evolutionär gesehen sorgt Stress dafür, dass der Körper in gefährlichen Situationen schnell in der Lage ist, über die nötige Energien zu verfügen. Wenn es ums nackte Überleben geht, werden alle Energiereserven bereitgestellt, mit dem Ziel, den kommenden Angriff bestmöglich abzuwehren oder schnellstmöglich zu fliehen.

Diese durchaus gesunde Reaktion des Körpers führt zu erhöhter Leistungsfähigkeit, sowohl in mentaler als auch körperlicher Hinsicht. Ein wichtiges Kriterium des gesunden und positiven Stresses („Eustress") ist es, dass das Hormonsystem nach kurzer Zeit wieder zügig heruntergefahren wird und zur Ruhe kommt. Die aktivierte Energie wird positiv genutzt, es findet eine Energieentladung statt.

Da wir in der heutigen Zeit in der Regel jedoch nicht mehr auf Flucht oder Angriff angewiesen sind, geht die Intention, unser Überleben zu sichern, verloren. Die zusätzliche Energie wird aber trotzdem bereitgestellt. Die Ausschüttung von Stresshormonen wie Adrenalin und Noradrenalin versetzt den Körper in Alarmbereitschaft. Er kann dadurch auf alle Energiereserven zurückgreifen. Dies ist besonders in Situationen der Fall, in denen wir unter großem Druck stehen. Und wie Sie vielleicht selbst jeden Tag erleben, gibt es davon mehr als genug. Wer kennt nicht das Gefühl, wenn eine Deadline für die Abgabe einer wichtigen Ausarbeitung immer näher rückt, man von der Fertigstellung aber noch meilenweit entfernt ist? Auch die Verantwortung für ein wichtiges Projekt kann immensen Druck auslösen, alles perfekt machen zu wollen.

Auch wenn es in diesen Situationen nicht mehr ums Überleben geht, wird durch den Stress eine erhöhte Energiebereitstellung ausgelöst. Das hilft uns zwar, die anstehenden Aufgaben zu lösen, dieser negative Stress, der sogenannte „Dysstress", führt aber auf lange Sicht dazu, dass der Körper mehr Energie bereitstellt, als es gesund wäre. Wenn die Stresshormone über einen längeren Zeitraum nicht durch Aktivität abgebaut werden, kann das schwerwiegende Folgen haben. Die aktivierte Energie kann dann nicht mehr positiv genutzt werden, sondern hemmt und blockiert die Leistungsbereitschaft. Dysstress ist immer ein Zeichen für Überforderung und ist mit gesundheitlichen Beeinträchtigungen verbunden. Die Folgen von übermäßigem Dysstress können sein: Nervosität, Schlafstörungen, Kopfschmerzen, erhöhter Blutdruck, Asthma, Arteriosklerose, chronisch werdender Stress oder Depression [5].

Jetzt stellen Sie sich wahrscheinlich die Frage, was ein kleiner bunter Fisch im Ozean an Stress empfindet und was das alles mit Ihnen und Ihrem Unternehmen zu tun hat? Die meisten Tiere folgen einfach ihren Instinkten und kämpfen jeden Tag aufs Neue ums Überleben. Ob sie dabei Stress oder Druck empfinden, ist herzlich egal, denn ändern können sie ihre Situation ja ohnehin nicht. Doch es gibt auch Beispiele aus der Tierwelt, die sich sehrgut auf uns Menschen übertragen lassen. Paviane beispielsweise eignen sich sehr gut für einen Stressvergleich mit dem Menschen, da auch sie in einer vielschichtigen, wettbewerbsorientierten Gesellschaft leben – abgesehen davon dass sie zu den nächsten Verwandten des Menschen im Tierreich zählen. In jahrzehntelangen Studien hat der amerikanische Neurowissenschaftler Robert Sapolsky herausgefunden, dass Affen, die mehr und dauerhafte Beziehungen pflegen, weniger Stress ertragen müssen als ihre Artgenossen [6].

Wie also können wir von den Erkenntnissen aus den Studien mit Pavianen lernen und uns von diesem negativen Stress befreien? Anhand seiner Studien konnte Sapolsky belegen, dass ein Netzwerk stabiler sozialer Kontakte innerhalb der (Affen-)Gesellschaft die Stresssymptome bei den Tieren verringerte. Dieser Zusammenhang lässt sich auch bei uns Menschen wiederfinden. Menschen, die ihre sozialen Bindungen pflegen, bleiben besser in Form, da sie weniger Stress empfinden und so nicht seine negativen Auswirkungen zu spüren bekommen. Es ist für uns alle wichtig, mit unseren Mitmenschen und Kollegen auszukommen. Denn wer unter Einsamkeit leidet oder mit den Menschen in seiner Umgebung nicht auskommt, dem wird es schwerfallen, gute Gefühle zu erleben. Einsamkeit und Isolation bedeuten Stress und sind damit eine andauernde Belastung für Körper und Geist. Wenn man sich unwohl und unerwünscht fühlt, kommt Unruhe auf und das Denken und Fühlen sind durch die Wirkung der Stresshormone vernebelt.

Wer kennt es nicht, das unangenehme Gefühl, an einem Samstagabend alleine zu Hause zu sitzen, weil die eigenen Pläne ins Wasser gefallen sind und niemand anderes kurzfristig Zeit hatte? Dies verdeutlicht, wie sich Isolation und Einsamkeit auf uns auswirken. Zwar kann Zeit für sich selbst in manchen Situationen sehr angenehm sein, doch wenn man ein geselliger Mensch ist und die Nähe zu anderen sucht, aber nur Isolation und Einsamkeit erfährt, macht das traurig und krank. Man sehnt sich dann danach, von bekannten Menschen umgeben zu sein, welche uns Geborgenheit und Sicherheit empfinden lassen [7].

Wie lassen sich nun die neugewonnenen Erkenntnisse auf die Unternehmensebene übertragen und welche Handlungsempfehlungen ergeben sich für Sie als Führungskraft daraus? Ziel des Unternehmens ist es, möglichst engagierte und leistungsfähige Mitarbeiter zu beschäftigen. Da Stress die Leistungsfähigkeit beeinträchtigt, müssen Maßnahmen ergriffen werden, um Stress zu reduzieren. Dies ist durch das Eingehen und Pflegen stabiler sozialer Kontakte möglich – sowohl im Privatleben als auch im Arbeitsalltag.

Um das Bestehen positiver Beziehungen zwischen den Mitarbeitern zu fördern und damit den Stress mindernden Effekt zu verstärken, können Sie als Führungskraft genau darauf achten, wie sich die Beziehungen der Mitarbeiter untereinander gestalten. Sobald es kleinste Anzeichen von Ausgrenzungen oder Mobbing gibt, können Sie die Situation entschärfen, indem Sie eingreifen und der Ursache auf den Grund gehen. Durch klärende Gespräche mit allen beteiligten Personen können Missverständnisse und Meinungsverschiedenheiten aus der Welt geräumt werden. Wenn die intakte Beziehungsebene zwischen den Mitarbeitern durch eine Aussprache wiederhergestellt ist, sinkt der Stresspegel und die Grundlage für gute Gefühle ist wieder gegeben.

Eine positiv gestimmte Beziehung zwischen Mitarbeitern hat jedoch nicht nur eine stressreduzierende Wirkung, sondern beeinflusst auch die Leistung der Gruppe. Stellen Sie sich vor, Sie sind in Ihrem Unternehmen, müssen eine Aufgabe lösen und dürfen sich dazu drei weitere Kollegen aussuchen, die Ihnen bei der Lösung helfen sollen. In diesem Beispiel nehmen wir an, dass alle Kollegen gleich qualifiziert sind und alle ähnlich stark zur Lösung beitragen können. Für welche Ihrer Kollegen würden Sie sich entscheiden? Ihre Lieblingskollegen oder vielleicht doch die Kollegen, mit denen Sie sich noch nie recht verstanden haben und die Ihnen schon länger ein Dorn im Auge sind? Die Antwort liegt auf der Hand. Unter diesen, zugegeben künstlichen, Bedingungen würde wohl jeder von uns die Kollegen auswählen, mit denen wir uns am besten verstehen. Doch woran liegt das?

Wenn wir mit Menschen zusammenarbeiten, die wir mögen, fühlen wir uns wohler und können freier arbeiten. Gruppenmitglieder, die sich sympathisch sind, sind einander gegenüber offener und eher dazu geneigt, Fragen zu stellen, wenn sie nicht weiter wissen. Die Stimmung ist von Hilfsbereitschaft geprägt. Durch die offene Kommunikation können Fehler frühzeitig erkannt und vermieden werden. Sollte es dennoch zu Fehlern kommen, ist die Beziehung zwischen den Mitarbeitern von Sympathie und Vertrauen geprägt, sodass man sich gegenseitig auf Fehler hinweisen kann, ohne einander an den Pranger zu stellen. Die ungezwungene Arbeitsatmosphäre senkt die Hemmschwelle dafür, neue Ideen und Anregungen zu äußern. Die Kreativität steigt und das Unternehmen bekommt einen Zugang zu einem ganz neuen Pool an Ideen.

Eine positive Bindung zwischen Mitarbeitern, die durch Sympathie geprägt ist, kann also die Leistung und den Output der Gruppe langfristig erhöhen. Um auch Ihren Mitarbeitern die Chance zu geben, in einem leistungsstarken Team zu arbeiten, sollten Sie dafür sorgen, dass sich die Mitarbeiter sympathisch sind und gut verstehen. In einem bereits bestehenden Team kann es zugegebenermaßen schwierig sein, Sympathie entstehen zu lassen – denn manchmal mögen sich zwei Menschen einfach nicht. Wahrscheinlich ist jeder von uns schon einmal jemandem begegnet, der uns auf Anhieb unsympathisch war. Meistens wissen wir zwar selber, dass es dafür gar keine Begründung gibt und es nur ein Bauchgefühl ist, aber sympathischer wird uns unser Gegenüber dadurch auch nicht. Wenn also zwei Ihrer Mitarbeiter einfach nicht auf einer Wellenlänge liegen, dann belassen Sie es dabei, denn erzwingen kann man das nicht.

Bei der Auswahl neuer Mitarbeiter können Sie allerdings Einfluss nehmen und den Mitarbeiter auswählen, der Ihrer Einschätzung nach den bereits vorhandenen Mitarbeitern am sympathischsten ist. Achten Sie also beim nächsten Einstellungsgespräch darauf, dass der Bewerber nicht nur die geforderten Qualifikationen mitbringt, sondern auch ins Team passt und gute Gefühle wie Freundschaft zwischen den Mitarbeitern grundsätzlich möglich sind. Je größer die Sympathie ist, desto besser wird aller Voraussicht nach auch die Leistung des Teams sein.

Die Vorteile positiver Bindung scheinen offensichtlich. Doch wie schafft man es, Bindung zwischen Mitarbeitern in einem Unternehmen zu erzeugen? Die beste Strategie, um Bindung herzustellen, ist gemeinsames Handeln. Wie in der Arbeitswelt steht bei Aktivitäten zur Teamentwicklung die gemeinsame Bewältigung einer Aufgabe im Vordergrund. Um diese Aufgabe zu lösen, müssen alle Mitglieder an einem gemeinsamen Ziel arbeiten, das nur erreicht werden kann, wenn jeder seinen Beitrag leistet. Gemeinsame Veranstaltungen schaffen Bindung und lassen ein Wir-Gefühl entstehen. Die Mitarbeiter identifizieren sich mit ihrer Gruppe und dem Unternehmen und empfinden Zugehörigkeit. So wird eine solide Grundlage geschaffen, um zukünftig gute Gefühle erleben zu können.

Nun stellt sich die Frage, welche Aufgabe die richtige ist, um eine Bindung im Team zu erzeugen. Bei der Masse an Angeboten und Möglichkeiten mag es schwerfallen, die richtige Aufgabe auszusuchen. Doch wenn man drei Kriterien im Hinterkopf behält, ist es ganz einfach, die richtige Teambuilding-Aufgabe zu identifizieren.

Aufgaben, in denen der Wettbewerb und das Konkurrenzdenken im Vordergrund stehen, sind beispielsweise nicht geeignet, um Bindung zu erzeugen. Paintball und Go-Kart-Fahren sind also keine Teambuilding-Maßnahmen, da bei Ihnen der Konkurrenzgedanke im Vordergrund steht. Auch Aufgaben, die besonders auf Vertrauen ausgelegt sind, sind nicht unbedingt gut geeignet, da sie nicht die gesamte Gruppe einbeziehen. Beim Durchlaufen eines Kletterwaldes etwa, bei dem sich die Teammitglieder gegenseitig sichern müssen, sind meistens eher Gruppen aus nur zwei Personen einbezogen. Für eine größere Gruppe ist dies also ungeeignet. Außerdem besteht die Gefahr, dass einzelne Teilnehmer überfordert werden, zum Beispiel wegen Höhenangst, gesundheitlicher Probleme und mangelnder Fitness.

Fragen

Es ist also wichtig, eine Teambuilding-Maßnahme zu wählen, bei der es nicht ums Gewinnen geht, bei der die gesamte Gruppe beteiligt ist und die niemanden überfordert. Um Ihnen einen Anhaltspunkt zu liefern, wie so eine Gruppenaktivität aussehen kann, hier ein exemplarisches Beispiel:

Diese Übung heißt „Wackeliger Stuhlkreis" [8]. Mit dieser einfachen, aber effektiven Übung ist es schnell möglich, ein erstes „Wir-Gefühl" zu vermitteln und den Teamzusammenhalt zu stärken.

Zweck dieser Übung ist es, gemeinsam eine Aufgabe durch Bewegung und Koordination zu lösen. Die Übung dauert etwa zehn Minuten und es können beliebig viele Teilnehmer mitmachen. Als Hilfsmittel wird für jeden Teilnehmer ein Stuhl benötigt.

Die Teilnehmer stellen sich in einem Kreis auf und haben jeweils vor sich einen Stuhl stehen. Die Teilnehmer winkeln die Stühle nun so an, dass sie nur noch auf den vorderen Stuhlbeinen stehen und der Stuhl sich in Balance befindet. Die Gruppe dreht sich im Folgenden um 90°, sodass der gekippte Stuhl rechts von ihnen steht und sie in

Abb. 11.1 Wackeliger
Stuhlkreis

Richtung des Uhrzeigersinns blicken. Den Stuhl halten sie mit der rechten Hand und balancieren ihn auf den vorderen zwei Stuhlbeinen.

Nun gilt es, einmal den gesamten Kreis zu umrunden. Ziel jedes Teilnehmers ist es, mit dem Uhrzeigersinn von Stuhl zu Stuhl zu laufen und schließlich wieder beim eigenen Stuhl anzukommen. Dabei darf kein Stuhl umfallen oder vorn den Boden berühren. Die Stühle dürfen nur mit der rechten Hand berührt werden. Passiert ein Fehler, müssen alle Teilnehmer wieder zurück zu ihrem Ausgangsstuhl und der Versuch startet erneut (Abb. 11.1).

Auch wenn die Aufgabenstellung trivial klingt, ist es kein leichtes Unterfangen, diese Übung zu meistern. In den meisten Fällen sind mehrere Versuche notwendig. Sie gelingt nur, wenn sich alle Teilnehmer über Vorgehensweise und Taktik verständigen und die Bewegungen miteinander koordinieren. Ein einheitliches Handeln ist für die Bewältigung dieser Aufgabe unerlässlich und führt beim erfolgreichen Abschluss zu einem verstärkten Wir-Gefühl.

Wenn Sie Lust haben, diese Übung mit Ihren Mitarbeitern einmal auszuprobieren, genügen ein großer Raum und ein paar Stühle, welche sich in jedem Unternehmen finden lassen. Mehr Aufwand ist nicht nötig! Opfern Sie ein paar Minuten Arbeitszeit und Sie werden merken, wie diese einfache und schnelle Übung das Gruppengefühl nachhaltig verändern kann!

Generell gilt, dass es sich lohnt, in die Stärken der Teambindung zu investieren. Denn je besser die Bindung gelingt, desto wirkungsvoller ist wiederum das gemeinsame Handeln. Die erfolgreich bewältigte Aufgabe und die starke Bindung im Team führen zu einem Erfolgsgefühl und erhöhen die Motivation für kommende Aufgaben und Herausforderungen [3].

Wenn Sie auf der Suche nach weiteren Teambuilding-Maßnahmen sind, werden Sie sicherlich schnell fündig. Es gibt unzählige Bücher und Internetartikel, die sich mit diesem

Thema befassen. Die Auswahlmöglichkeiten scheinen unendlich. Von Mini-Aufgaben, die nur wenige Minuten in Anspruch nehmen, bis hin zu Outdoor-Aktivitäten, die mehrere Tage dauern können, ist alles möglich und der Kreativität sind keine Grenzen gesetzt. Machen Sie sich auf die Suche nach passenden Aktivitäten für Sie und Ihre Mitarbeiter – es wird sich lohnen!

Take-Away-Message

Wie positive Bindungen entstehen:
- Achten Sie darauf, wie sich die Beziehungen zwischen den Mitarbeitern gestalten, und schreiten Sie bei Ausgrenzung oder Mobbing gezielt ein!
- Achten Sie beim Einstellen neuer Mitarbeiter verstärkt darauf, ob diese auch zu den anderen Menschen im Team passen!
- Investieren Sie in Maßnahmen, die die Bindung zwischen den Mitarbeitern fördern!

Literatur

1. Laszlo, H. (2008). *Glück und Wirtschaft (Happiness Economics). Was Wirtschaftstreibende und Führungskräfte über die Glücksforschung wissen müssen*. Wien: Infothek.
2. Hangebrauck, U.-M., et al. (2003). *Handbuch Betriebsklima*. München: Hampp.
3. Von Cube, F. (2010). *Lust an Leistung. Die Naturgesetze der Führung*. München: Piper.
4. Haas, O. (2010). *Corporate Happiness als Führungssystem. Glückliche Menschen leisten gerne mehr*. Berlin: Erich Schmidt.
5. Gerrig, R. J., & Zimbardo, P. G. (2008). *Psychologie*. München: Addison-Wesley.
6. Tagesspiegel (2001). Studie der Stanford Universität: Gestresste Paviane sind häufiger krank. Tagesspiegel. http://www.tagesspiegel.de/weltspiegel/gesundheit/studie-der-stanford-universitaet-gestresste-paviane-sind-haeufiger-krank/204334.html. Zugegriffen 17 Juli 2012.
7. Klein, S. (2003). *Die Glücksformel. Oder wie die guten Gefühle entstehen*. Reinbek: rororo.
8. Beermann, S., & Schubach, M. (2006). *Spiele für Workshops und Seminare*. München: Haufe-Lexware.

Wie kann Wertschätzung positive soziale Beziehungen fördern?

12

Kim Niemeyer

Meistens sind es die Kleinigkeiten, aus denen wir Energie und Kraft schöpfen. Es sind oft alltägliche Dinge, die selbstverständlich scheinen – etwa sich zu bedanken, höflich um etwas zu bitten oder Positives in den Mittelpunkt zu rücken. Die Förderung von Wertschätzung und der Fokus auf das Positive zeigen Möglichkeiten auf, die sich in den Alltag und vor allem in die eigene Haltung integrieren lassen und durch einfache Maßnahmen einen großen Effekt haben – sowohl auf einzelne Personen als auch auf ganze Unternehmen. (Kim Niemeyer)

Stellen Sie sich vor, ein Mitarbeiter wird neu eingestellt. Seinen ersten Tag beginnt er am Empfang, wo er sich anmeldet. Mit einer knappen Wegbeschreibung schickt man ihn in seine zukünftige Abteilung, wo sein neuer Chef ihn nur kurz begrüßt und wortlos zu seinem Arbeitsplatz begleitet. Die Kollegen gucken irritiert, von Telefon oder Schreib- und Büroutensilien ist nichts zu sehen.

Der erste Tag eines neuen Mitarbeiters in einem Unternehmen könnte aber auch ganz anders aussehen: Am Empfang wartet der zukünftige Chef und begrüßt seinen neuen Kollegen. Er erkundigt sich interessiert nach dem Befinden und begleitet den Mitarbeiter nach einer kurzen Führung durch das Unternehmen zu seinem Arbeitsplatz. Dort angekommen liegen die ersten Unterlagen wie Login-Daten für den Computer oder die aktuelle Telefonliste schon bereit. Auch die Kollegen stellen sich freundlich vor und laden den Neuankömmling ein, die Mittagspause mit ihnen zu verbringen.

Was bewirken diese zwei Situationen? In der ersten Szenerie ist der Mitarbeiter wahrscheinlich schockiert über die schlechte Organisation innerhalb des Unternehmens und fühlt sich allein gelassen, da niemand zu wissen scheint, dass heute ein neuer Mitarbeiter in der Abteilung anfangen würde. In der zweiten Situation fühlt sich der Mitarbeiter hingegen gleich willkommen: Der Arbeitsplatz wurde mit Informationsmaterial vorbereitet und die

K. Niemeyer (✉)
Hamburg, Deutschland
E-Mail: mail@positive-psychologie-im-beruf.de

T. Johann, T. Möller (Hrsg.), *Positive Psychologie im Beruf*,
DOI 10.1007/978-3-658-00265-7_12, © Springer Fachmedien Wiesbaden 2013

Kollegen sind über den neuen Mitarbeiter informiert. Kurz gesagt: Der Mitarbeiter fühlt sich wertgeschätzt.

Wertschätzung ist nicht nur im Berufsleben, sondern in jedem unserer Lebensbereiche elementar, da jede Person von Haus aus Wertschätzung durch andere Menschen erfahren möchte [1]. Aber was genau ist Wertschätzung? Wertschätzung setzt sich aus den Worten „Wert" und „schätzen" zusammen. Ein Wert entsteht immer in einer Beziehung zu etwas anderem. Man misst einer Sache (oder etwas anderem) einen höheren Wert bei, wenn sie einem persönlich wichtiger ist als die derzeitige Alternative. Da jeder Mensch Dingen in verschiedenen Kontexten einen unterschiedlichen Wert beimisst, sind Werte als relativ und subjektiv anzusehen.

Wertschätzung ist eine innere Haltung gegenüber seinen Mitmenschen, bei der es darum geht, die Aufmerksamkeit wohlwollend auf positive Aspekte des Gegenübers zu lenken. Diese Haltung drückt sich im Verhalten aus – zum Beispiel in Achtung, Respekt, Anerkennung, Vertrauen oder Würdigung von Erfolgen und Leistungen, insbesondere in der Kommunikation. Wertschätzung ist ein Bedürfnis jedes Menschen, das befriedigt werden will. Ist es ausreichend befriedigt, so ist dieser Mensch glücklicher und somit auch leistungsfähiger [1].

Es ist wichtig, zwei verschiedene Ebenen von Wertschätzung trennen zu können und diese zu identifizieren.

1. Wertschätzung des Menschen
2. Wertschätzung der Fähigkeiten eines Menschen

Auf der ersten Ebene geht es darum, den Menschen als Menschen anzunehmen – ganz so, wie er ist [2]. Sowohl mit seinen Vorzügen als auch mit seinen Fehlern und Schwächen. Hierbei sollen die Vorzüge und positiven Werte einer Person im Vordergrund stehen. Die zweite Ebene beschreibt die Wertschätzung der Fähigkeiten einer Person in Abhängigkeit zu einer bestimmten Aufgabe oder Situation.

Wertschätzung sollte dabei nicht mit Lob verwechselt werden. Bei Lob wird nicht deutlich, ob man sich mit einer Leistung und Handlung eines anderen auseinandergesetzt hat. Ein Lob ist zum Beispiel ein einfaches „gut gemacht". Diese Aussage hat für den Gelobten zwar etwas Positives, doch daraus lässt sich nicht schließen, was genau denn gut war.

Nun wissen wir, was sich hinter dem Wort Wertschätzung verbirgt, aber wie erkennen wir sie? Um Menschen wertschätzend begegnen zu können, sollten einige Voraussetzungen durch das Gegenüber und einen selbst gegeben sein. Zunächst ist es wichtig, seinem Gegenüber stets offen zu begegnen. Dazu ist ein positives Menschenbild die Voraussetzung. Das heißt, wir müssen Menschen im Allgemeinen mögen, sie als gleichwertig anerkennen und als Menschen respektieren. Wir müssen uns auf sie konzentrieren und akzeptieren. So stellen wir ihre positiven Werte und Eigenschaften in den Vordergrund.

Sie können Ihrem Gegenüber schon durch einfache Umgangsformen Wertschätzung signalisieren, zum Beispiel durch bestimmte Signale in der direkten Kommunikation. Man unterscheidet hierbei zwischen vier möglichen Alternativen bei einer Reaktion auf eine Aussage [3].

Beispiel

Aussage: „Ich wurde befördert!"
  Mögliche Antworten
  1. „Super! Ich freue mich für dich! Ich weiß, dass dir das sehr wichtig war! Bitte lass mich teilhaben! Wo hat der Chef dir das gesagt? Was hat er gesagt? Wie hast du reagiert? Wir sollten am Abend noch was trinken gehen!" Nonverbal: Augenkontakt, Zeigen positiver Emotionen
  2. „Gratuliere, Du hast es verdient!" Nonverbal: keine positive emotionale Reaktion
  3. „Das klingt nach viel Verantwortung. Dann wirst du noch weniger Zeit für deine Familie haben!" Nonverbal: Ausdruck negativer Emotionen
  4. „Geht der Kopierer wieder?" Nonverbal: kein Augenkontakt, abgewandte Körperhaltung, Verlassen des Raumes

---

Die erste Antwort ist in der Reaktion auf die ursprüngliche Aussage sowohl aktiv als auch konstruktiv. Dies kann eine zwischenmenschliche Beziehung verbessern, da man auf sein Gegenüber eingeht und ihm aktives Interesse entgegenbringt – damit wird eine positive soziale Beziehung gefördert. Die zweite Reaktion ist passiv, jedoch positiv. Die letzten beiden Antwortmöglichkeiten hingegen sind destruktiv und fördern somit keine positiven Emotionen. Während die dritte Antwort aktiv ist und sich mit der ursprünglichen Aussage auseinander setzt, geht die letzte in keiner Weise auf den Inhalt ein, wodurch Gleichgültigkeit bzw. Desinteresse signalisiert wird [3].

Außerdem spielen sowohl die eigene Haltung, Gestik und Mimik als auch die Sprache eine wichtige Rolle. Denn zu einer wertschätzenden Haltung gehört nicht nur die innere Einstellung, sondern auch das äußere Auftreten. Dazu zählen unter anderem aufrechtes Stehen oder Sitzen und ein gepflegtes Auftreten sowie eine offene Körperhaltung im Rahmen einer Konversation. Weitere Beispiele für Gestik und Mimik sind Augenkontakt oder ein freundliches Lächeln. Seinen Gesprächspartner mit Namen und Handschlag zu begrüßen, kann ebenfalls wertschätzend wirken. Auch der Tonfall sollte der Situation angemessen sein. Wertschätzung spiegelt sich folglich in vielen Situationen und Verhaltensweisen wider. Eine freundliche Begrüßung, Höflichkeiten wie „Bitte" und „Danke", Respekt, Rücksichtnahme und Hilfsbereitschaft gehören zu grundlegenden wertschätzenden Attributen. Bei all diesen Formen der Wertschätzung liegt der Fokus nach wie vor darauf, Menschen so anzunehmen, wie sie sind, und dabei stets das Positive zu sehen.

Wie zuvor erwähnt, drückt sich Wertschätzung häufig in der Kommunikation aus. In unserem Alltag gibt es viele Kleinigkeiten, die wir nicht immer wahrnehmen. Wir sollten jedoch versuchen, genau diese Kleinigkeiten zu würdigen, die unseren Alltag angenehmer machen [4]. Wenn Ihnen zum Beispiel ein Kollege unaufgefordert die Tür aufhält, weil Sie den Arm voller Akten haben, wäre eine wertschätzende Reaktion auf diese Handlung ein freundliches „Vielen Dank" mit einem Lächeln. Ebenso ist das unaufgeforderte Mitbringen einer Tasse Tee oder eines Kaffees für einen Kollegen eine wertschätzende Geste. Häufig ist jedoch keine Zeit, um eben diese Kleinigkeiten zu würdigen. Genau hier liegt der Schlüssel. Durch die Würdigung kleiner sowie größerer Gesten zeigen Sie Ihrem Gegenüber, dass Sie sehen, wahrnehmen, würdigen und anerkennen, was diese Person für Sie getan hat.

Doch welchen Mehrwert hat Wertschätzung im Arbeitsalltag? Goethe sagte: „Wer den Menschen behandelt, wie er ist, macht ihn schlechter. Wer ihn aber behandelt, wie er sein könnte, macht ihn besser" [[1], S. 53]. Menschen arbeiten gerne in einem angenehmen Umfeld, also zum Beispiel in einem Unternehmen mit gutem Betriebsklima, wo die Mitarbeiter von ihren Kollegen geachtet und anerkannt werden – und wo sie sich untereinander Wertschätzung entgegenbringen. Dieses wertschätzende Miteinander bildet die Grundlage für gute zwischenmenschliche Beziehungen. Wertgeschätzte Mitarbeiter haben das Gefühl, dazuzugehören und gern gesehen zu sein.

Des Weiteren trägt ein gutes Arbeitsklima dazu bei, das Image und die Reputation der eigenen Firma nach außen zu verbessern, da die Mitarbeiter sich gegenüber Dritten vorwiegend positiv über das eigene Unternehmen äußern. Somit ist eine gute Arbeitsatmosphäre nicht nur erstrebenswert, um mit Freude bei der Arbeit zu sein und die Identifikation mit dem Unternehmen zu fördern, sondern auch, um das Image des Unternehmens weiter zu verbessern. Auch die An- bzw. Abwesenheitsquote kann jeder einzelnen Abteilung einen Mehrwert bringen und verbessert sich, wenn Mitarbeiter sich gewürdigt und wertgeschätzt fühlen. Aus einer hohen Anwesenheitsquote kann man grundsätzlich schließen, dass die Mitarbeiter gerne bei der Arbeit sind, da sie hier die Anerkennung erfahren, die sie suchen. Im Krankheitsfall geht auch die Genesung meist schneller vonstatten, da die Arbeitnehmer sich in ihrem Arbeitsumfeld wohl, geachtet und geschätzt fühlen. Wenn ein Mitarbeiter zunehmend fehlt, kann man sich das im übertragenen Sinn zum Beispiel mit einem Schulkind vor einer Klassenarbeit vorstellen. Wenn der Schüler nicht gut auf die Arbeit vorbereitet ist, fühlt er sich unwohl und möchte nicht in die Schule gehen. Ist dieser Zustand sehr stark, kann der Körper entsprechend reagieren, sodass er krank wird. Dauert der Zustand des Unwohlseins über einen längeren Zeitraum an – zum Beispiel durch fehlende Wertschätzung – sind keine guten Voraussetzungen für eine schnelle Genesung gegeben, da der Auslöser nach wie vor unverändert besteht.

Auch die Sauberkeit, Aufgeräumtheit und der sorgsame Umgang mit Gemeinschaftsmaterialien oder dem Mobiliar in gemeinschaftlich genutzten Räumen sind Faktoren der Wertschätzung, da wir nicht nur unseren Mitmenschen gegenüber wertschätzend begegnen, sondern auch Gegenständen einen Wert beimessen und diese dementsprechend nutzen und pflegen. Geht jeder Mitarbeiter mit den ihm zur Verfügung gestellten Gegenständen pfleglich um, ist dies eine Form von Wertschätzung – auch wenn sie nicht direkt und persönlich auf einen anderen Kollegen abzielt.

All dies sind Ansätze, die jeder umsetzen kann und sollte, um damit die Wertschätzung im Unternehmen zu steigern. Doch auch das Top-Management kann einen entscheidenden Beitrag durch Wertschätzung leisten. Durch die heutige Schnelllebigkeit und Unverbindlichkeit gewinnt etwa die Orientierung für Mitarbeiter innerhalb des Unternehmens zunehmend an Bedeutung. Was aber hat Orientierung mit Wertschätzung zu tun? Kaum etwas ist wichtiger für ein Unternehmen, als unter den führenden Marktteilnehmern zu stehen und den größtmöglichen Gewinn ausweisen zu können. In einer solchen Welt, in der jedes Unternehmen mit seinen Wettbewerbern konkurriert, geht es mehr denn je um Innovationen oder Verbesserungen. Da wir uns in einer sich fortwährend wandelnden Gesellschaft befinden, müssen Führungskräfte und Mitarbeiter ständig neue Maßnahmen entwickeln, um wettbewerbsfähig zu bleiben. Dieser stetige Wandlungsprozess innerhalb eines Unternehmens verunsichert viele Mitarbeiter. Werden sie nicht in die Veränderungsprozesse eingebunden, sondern nur darüber informiert, haben die Mitarbeiter keine Orientierung. Sie wissen nicht, weshalb die Änderungen vorgenommen werden und was das Ziel der gesammelten Aktionen ist. Weil sie nicht in den Änderungsprozess eingebunden werden, fühlen sich die Arbeitnehmer übergangen und nicht gebraucht. Die Motivation zur Arbeit lässt folglich nach. Bezieht man die Mitarbeiter hingegen in Änderungsprozesse ein und erläutert die dahinter stehende Strategie und das angestrebte Ziel, gibt die Führungskraft ihnen eine Richtung für ihre Arbeit vor und erklärt den konkreten Nutzen, der damit bezweckt wird.

Stellen Sie sich vor, Sie erhalten eine neue Aufgabe von Ihrem Vorgesetzen. Er sagt Ihnen, wann er die Ergebnisse benötigt und was von Ihnen bei dieser Aufgabe erwartet wird. So weit so gut – aber wieso bekommen gerade Sie genau diese Aufgabe und welches Ziel verfolgt Ihr Chef damit? Indem Vorgesetzte eben solche Hintergründe einer Aufgabe genau erklären, bringen sie ihrem Gegenüber durch offene und ehrliche Kommunikation Wertschätzung entgegen.

Gerade in Zeiten einer neuen Orientierung brauchen Menschen das Gefühl von Unterstützung und Sicherheit. Sie möchten eine Arbeit, die sie inspiriert, an der sie Freude haben und die somit eine innere Befriedigung ihrer Bedürfnisse schafft [5]. Es besteht also ein Konflikt zwischen diesem Bedürfnis nach kommunikativer Wertschätzung und dem Streben nach Gewinnmaximierung des Unternehmens, welches oft zu einer Kultur des Misstrauens beiträgt.

Doch was kann man gegen diese Unsicherheit der Mitarbeiter und diese Kultur des Misstrauens tun, wenn das Unternehmen weiterhin wettbewerbsfähig und agil bleiben will und der Druck durch den Markt zunimmt? Und wieso ist Wertschätzung an dieser Stelle hilfreich für das Unternehmen? In der Regel hat das Top Management mehr Informationen – und die früher als der Rest der Organisation. Durch eine frühe und umfangreiche Kommunikation von Informationen durch das Management wird jeder Einzelne in das Geschehen im Unternehmen eingebunden, sodass Mitarbeiter sich als Teil eines Ganzen fühlen können und nicht als reiner Produktionsfaktor. Die Frage lautet also für das Management „Sind es uns unsere Mitarbeiter und das Unternehmen wert, ihnen diese Informationen mitzuteilen?". Wieso sollte man hier mit einem „Nein" antworten? Schließlich bringt eine offene Kommunikation viele Vorteile. Die Mitarbeiter fühlen sich stärker dem Unternehmen zugehörig und sind motivierter, da sie als ein Teil des Ganzen respektiert werden, auf den man nicht verzichten möchte. Somit wird auch in Krisensituationen wahrscheinlich eine höhere Bereitschaft vorhanden sein, auf Kürzungen einzugehen oder sogar

Ideen zu entwickeln und voranzutreiben, um aus einem Problem gestärkt hervor zu gehen. Die Mitarbeiter werden mehr Einsatz zeigen, wenn sie eingebunden werden – sowohl in Erfolge als auch in Misserfolge.

Als Resultat einer wertschätzenden Haltung gegenüber Kollegen, Mitarbeitern und Führungskräften verbessert sich nicht nur das Betriebsklima. Wertschätzung steigert auch die Wertschöpfung des Unternehmens und stärkt die Mitarbeiterbindung. Diese Stärkung der Bindung an das Unternehmen entsteht durch die Identifizierung mit den gelebten Werten und durch ein gewisses Wohlbefinden, das Mitarbeiter erleben, die sich in ihrem Arbeitsumfeld wohl und wie ein Mensch und nicht wie ein reiner Produktionsfaktor behandelt fühlen [6].

Bereits im vorangegangenen Abschnitt wurde die Sinnhaftigkeit des wertschätzenden Verhaltens und Agierens durch die Führungskraft und deren Auswirkungen angesprochen. Um herauszufinden, wie Wertschätzung in einer Unternehmenskultur gefördert werden kann, muss zuvor definiert werden, was eine Unternehmenskultur ist. Jedes Unternehmen hat. . .

▶   „. . .unausgesprochene Regeln und Normen. Die Grundgesamtheit dieser
        gemeinsamen Wert- und Normenvorstellungen (. . .) sowie die geteilten
        Verhaltens-, Denk-, und Problemlösungsmuster stellen die Kultur eines
        Unternehmens dar." [7, S. 147]

Im Weiteren geht es darum, was jeder Einzelne im Unternehmen zu einer wertschätzenden Kultur beitragen kann, welchen Einfluss insbesondere Führungskräfte haben können und welche kommunikativen Methoden es für die Förderung der Wertschätzung gibt.

Führungskräfte eines Unternehmens haben in ihrer Position nicht nur die Aufgabe, den Mitarbeitern eine Orientierung zu geben sondern übernehmen zudem eine Vorbildfunktion. „Wenn der Chef das bei seinem Chef darf, darf ich das auch" oder „Wenn mein Chef das nicht tut, tue ich das auch nicht." Durch diese Vorbildfunktion muss das Management nicht nur auf sich selbst achten, sondern auch auf die Reaktionen, die nonverbal auf sein Verhalten zurückgegeben werden. So ist es zum Beispiel wichtig, Anzeichen für negative Reaktionen frühzeitig zu erkennen. Das wären beispielsweise sich häufende Krankheitsfälle. Solche Tendenzen sollten Führungskräfte frühzeitig wahrnehmen und ihre Ursachen analysieren. Vermehrt auftretende Krankheitsfälle können zum Beispiel ein Signal für Überlastung und Probleme sein – oder auch für mangelnde Wertschätzung. In einem wertschätzenden Umfeld sind Menschen entspannter, haben ein stärkeres Selbstwertgefühl und sind durchschnittlich angstfreier. Somit sind sie seelisch ausgeglichener und gleichzeitig belastbarer [1].

Was kann die Führungskraft aktiv tun, um gegenüber den Mitarbeitern Wertschätzung auszudrücken – abgesehen von der Reaktion auf Handlungen oder deren Auswirkungen? Es ist ganz einfach: mit ihren Mitarbeitern sprechen! Drehen Sie morgens zum Beispiel eine Runde durch die Abteilung und begrüßen Sie Ihre Kollegen namentlich. Das stellt einen direkten und persönlichen Bezug her und zeigt, dass Sie sich für Ihre Mitmenschen interessieren. Wenn Sie sich dann noch einen kurzen Moment für einen netten Wortwechsel nehmen, erfahren Sie mehr über das, was gerade in Ihren Mitarbeitern vorgeht oder woran sie gerade genau arbeiten. Dadurch gewinnen Sie nicht nur einen tieferen Einblick in das geschäftliche Geschehen, sondern auch in das Befinden des Einzelnen.

Ein weiterer Weg ist die Lenkung eines Gespräches auf positive Aspekte oder positive Formulierungen. Häufig ist es so, dass es bei Gesprächen zwischen Mitarbeitern und deren Führungskräften hauptsächlich um negative Aspekte geht – Defizite, Fehler oder Schwächen. Das ist weder für die zwischenmenschliche Beziehung von Mitarbeiter und Führungskraft förderlich noch für das Klima innerhalb einer Abteilung. Daher ist es wichtig, dass der Anlass für ein persönliches Gespräch nicht nur aus negativen Aspekten besteht. Vereinbaren Sie doch regelmäßig Gespräche, um positiv verlaufene Geschäfte oder Abläufe zu würdigen und zu diskutieren. Schließlich können auch andere aus gewonnenen Erkenntnissen lernen, weshalb ein Prozess sehr positiv verlaufen ist. So können sowohl Fehler vermieden als auch Lösungen für bestehende Probleme gefunden werden. Damit ist im Endeffekt für alle Beteiligten etwas Positives dabei. Furchtsame Einstellungen wie: „Zum Chef? Das kann ja nichts Gutes sein. . . “ oder „Was habe ich schon wieder falsch gemacht?“ werden seltener aufkommen.

Damit beugen Sie zu wenig Wertschätzung vor und verringern das Risiko, dass die Motivation der Mitarbeiter sinkt oder die Bereitschaft nachlässt, Überstunden zu leisten. Auch der berüchtigte unmotivierte „Dienst nach Vorschrift“ oder im schlimmsten Fall sogar die innere Kündigung werden dadurch vermieden, sodass Mitarbeiter nicht nur körperlich, sondern auch mental anwesend sind (Kap. 3).

Bei einer reinen Fokussierung der Führungskraft auf Arbeitsergebnisse und Effizienz vergisst sie leicht (oder zumindest leichter) den menschlichen Faktor und es kann zu einer Fehlerkultur kommen: Wenn mit jedem Fehler eine Sanktion einhergeht – sei sie rein verbal oder bis hin zu materiellen Strafen wie Gehaltskürzungen – fürchten Mitarbeiter schon bei kleinen Fehlern um ihren Arbeitsplatz. Das verunsichert und führt zur inneren Verspannung, die wiederum Energie kostet. Dadurch stehen weniger Energie und Konzentration für die eigentliche Arbeit zur Verfügung [8]. So entsteht eine erhöhte Fehlerwahrscheinlichkeit und das Wohlbefinden innerhalb der Abteilung nimmt ab.

Durch Wertschätzung können Führungskräfte diesem Zustand entgegenwirken. Wertschätzende Führung ist weder eine neue Erfindung noch ist sie ein Mehraufwand an Zeit. Letztendlich bewirken Sie durch wertschätzende Führung sehr viel mehr, als wenn Sie mit Druck oder anderen Sanktionen arbeiten. Führungskräfte können ungeahnte Energiereserven ihrer Mitarbeiter freisetzen, somit die Einsatzbereitschaft steigern und im gleichen Zuge die Innovationen fördern. Darüber hinaus entsteht ein besseres Klima in der Abteilung, eine höhere Anwesenheitsquote und größere Loyalität der Führungskraft und dem Unternehmen gegenüber. Um erfolgreich wertschätzend zu führen, ist jedoch eine menschenfreundliche und wertschätzende Haltung sowie die Bereitschaft zur Selbstreflexion eine Grundvoraussetzung [1].

Das heißt für die Führungskraft, dass sie bei sich selbst anfangen und sich zunächst selbst wertschätzen muss, bevor sie anderen gegenüber wertschätzend sein kann. Da dies nicht nur für Führungskräfte gilt, sondern für jede Person, die sich wertschätzend gegenüber anderen verhalten will, muss jeder und jede Einzelne bei sich selbst anfangen.

Alle Änderungen an sich selbst, innerhalb eines Teams, einer Abteilung oder auch über die gesamte Struktur des Unternehmens hinweg haben Auswirkungen auf alle umliegenden und angrenzenden Bereiche. So ist es auch innerhalb eines Teams. Wenn sich einer der Mitarbeiter verändert und sich den Kollegen gegenüber anders verhält, hat dies Auswirkungen auf seine Mitmenschen und deren Verhalten. Aus diesem Grund ist es wichtig, nicht mit einem Gedanken wie „Wenn mir keiner Wertschätzung entgegenbringt, bringe auch ich niemandem Wertschätzung entgegen" zur Arbeit zu gehen. Deshalb müssen wir stets bei uns selbst anfangen, um etwas an unserem Umfeld zu ändern. Oft reichen schon kleine Veränderungen aus, um eine große Wirkung zu erzielen. Wenn zum Beispiel ein Kollege aus einem Team immer freundlich und höflich zu seinen Kollegen ist, dann werden diese ihrem Kollegen ebenfalls nett und freundlich begegnen.

Die Basis für wertschätzendes Handeln gegenüber anderen ist die Selbstwertschätzung. Wir können anderen Menschen keine Wertschätzung entgegenbringen, wenn wir uns nicht selbst wertschätzen und so mögen, wie wir sind. In der heutigen Welt definieren sich viele Menschen häufig über Statussymbole wie Autos, eine teure Uhr oder andere materielle Dinge. Menschen fordern Anerkennung oder Bewunderung über Dinge ein, die andere Menschen bewundern und selbst auch gerne hätten [1]. Damit versuchen sie, ihr Fremdbild zu beeinflussen, das andere sich bilden. Weil wir unser Selbstbild aus Reaktionen anderer und aus eigenen Erfahrungen aufbauen, kann unser Umfeld unser Selbstbild beeinflussen. Um unser Selbstbild nicht nur durch äußere Einflüsse bestimmen zu lassen, ist es wichtig, dass wir uns selbst wertschätzend behandeln.

Erstellen Sie zum Beispiel eine Liste, die Sie sich an Ihre Haustür hängen, sodass Sie sie jeden Tag sehen, wenn Sie aus dem Haus gehen. Überlegen Sie sich circa zehn Punkte für diese Liste und suchen Sie sich jeden Tag zwei bis drei Punkte aus, die Sie an diesem Tag umsetzen möchten bzw. mit denen Sie sich beschäftigen möchten. Die Liste kann sowohl Punkte beinhalten, die Ihr eigenes Wertschätzungsgefühl hervorheben und stärken als auch Punkte darüber, wie Sie Ihrem Umfeld mehr Wertschätzung entgegen bringen wollen.

Beispiel

1. Ich bin das Beste, was ich habe! [1] Deshalb nehme ich mir jeden Tag Zeit für meinen Körper, meinen Geist und meine Seele.
2. Ich bin dankbar (für meine Familie, Freunde. . .) – und zeige es!
3. Ich mag meinen Beruf (und Kollegen).
4. Ich teile positive Eindrücke und Wirkungen anderen mit.
5. Wir alle haben eine Wahl. Jede Entscheidung, die ich treffe, treffe ich mit Rücksicht auf mich und andere.
6. Ich bin großzügig und gebe gerne.

Abb. 12.1 Work-Life-Balance

Familie

Karriere

7. Ich befreie mich von unnötigem Ballast. Wenn ich mich durch etwas eingeschränkt, beengt oder mich in einer Situation oder Rahmenbedingungen nicht wohl fühle, sage ich das.
8. Ich glaube an das Gute im Leben und im Menschen.
9. ...

Um Ihre ganz individuelle Liste erstellen zu können und sich selbst und anderen aktiv Wertschätzung entgegenzubringen, müssen Sie sich Ihrer Bedürfnisse bewusst werden und diese nach Möglichkeit erfüllen. Sie sollten auf sich selbst und Ihre Umgebung Acht geben und beides pflegen. Hierzu zählt auch, dass Sie sich bei Erfolgen selbst loben und feiern lassen und sich etwas Gutes tun [1]. Wichtig zu beachten ist jedoch, dass sich Ihre Liste und der Aufbau bzw. die Steigerung Ihres eigenen Selbstwertgefühls durch Wertschätzung nicht ausschließlich auf einen Bereich Ihres Lebens erstreckt (Abb. 12.1).

Nach dem Work-Life-Balance-Modell ist es wichtig, dass die Bereiche Arbeit und Privatleben ausgeglichen sind [9]. Wenn es über einen längeren Zeitraum hinweg ein Ungleichgewicht zwischen diesen Bereichen gibt, kann es zu Defiziten kommen, etwa in der Selbstwertschätzung in Bezug auf die Arbeit oder das Privatleben. Selbstwertschätzung kann ebenso durch Vorfälle wie Misserfolge oder negativ formulierte Kritik gemindert werden. Um die Selbstwertschätzung wieder zu stärken und gegenüber anderen wertschätzend agieren zu können, wird Bestätigung von außen benötigt. Diese kann sich in Anerkennung, Zuwendung oder Lob ausdrücken. Genauso kann es vorkommen, dass man von seinem Umfeld enttäuscht wird, Verluste erleidet oder sich mit verbalen Angriffen und negativer Kritik auseinandersetzen muss [10]. Diese Vorkommnisse mindern die eigene Selbstwertschätzung. Um einer stetigen Minderung der Selbstwertschätzung entgegenzuwirken, ist es wichtig, sich jeden Tag wieder bewusst zu machen, welche Erfolge bereits errungen werden konnten – an einem Tag, in einer Woche oder auch im ganzen Leben [1]. Wenn Ihnen dies allgegenwärtig ist, dann werden Sie diese Haltung auch nach außen tragen und nicht nur auf sich, sondern auch auf die Menschen in Ihrem Umfeld übertragen. Die eigene Wertschätzung stärkt das Selbstwertgefühl, sodass es einfacher ist, offen und direkt auf Menschen zuzugehen und besser mit Kritik umzugehen.

Kritik ist ein wichtiger Bestandteil in unserem Leben, ebenso wie Feedback. Durch Kritik erfahren wir, wo wir stehen und in welchen Bereichen wir uns noch verbessern können. Diese Transparenz gibt uns wiederum Orientierung, Sicherheit und auch Bestätigung, dass wir das Richtige tun und unser Handeln einen Sinn hat. Nachdem Sie als Führungskraft an sich gearbeitet haben und immer noch arbeiten, was können Sie zur Förderung von Wertschätzung im Unternehmen tun?

Das Sprichwort „Taten sagen mehr als Worte" ist eine schöne Darstellung davon, wie man anderen Menschen glaubwürdig Wertschätzung entgegenbringt. Beispielsweise könnte eine Führungskraft einem Mitarbeiter sagen, dass dieser für das Unternehmen und seine Abteilung wichtig ist und immer gute Arbeit leistet. Wenn die Führungskraft aber keine Verantwortung an diesen Mitarbeiter übergibt, wirkt sie zum einen nicht glaubwürdig und zum andern wird die Wertschätzung, die die Führungskraft dem Mitarbeiter durch den verbalen Ausdruck entgegenbringen möchte, nicht als solche wahrgenommen. Die Handlung der Führungskraft stimmt nicht mit ihrer Aussage überein.

Taten sollten also mit Aussagen übereinstimmen. Dabei ist es wichtig, darauf zu achten, dass die Führungskraft bei allem, was sie tut, authentisch bleibt. Sie sollte nichts tun, was nicht zu Ihrer Person passt, da dies den Mitarbeitern gegenüber unglaubwürdig erscheinen kann.

Meistens sind es die Kleinigkeiten, aus welchen wir Energie und Kraft schöpfen. Oft sind es alltägliche Dinge, die selbstverständlich scheinen – etwa sich zu bedanken oder höflich um etwas zu bitten. Es gibt aber noch viele weitere Möglichkeiten, die sich in den Alltag und vor allem in die eigene Haltung integrieren lassen, um seinen Mitmenschen noch wertschätzender zu begegnen.

Erwartungen, die Sie als Führungskraft an Ihre Mitarbeiter stellen, sollten Sie selbst im gleichen Maße erfüllen – wie Pünktlichkeit oder angemessene Kleidung bei der Arbeit. Genauso wichtig ist es, Versprechen einzuhalten. Das alles sind keine neuen Erkenntnisse und daher sollten Führungskräfte diese Prinzipien bereits leben. Eine Methode der Wertschätzung, die seltener praktiziert wird, ist der Blick auf das Positive. Bei einem Rückblick beispielsweise auf ein abgeschlossenes Projekt sollte im Mittelpunkt stehen, was gut gelaufen ist [1]. Stattdessen wird der Fokus häufig als erstes darauf gelegt, welche Fehler gemacht wurden oder wieso das Projekt um einen beliebigen Zeitraum in Verzug geraten ist. Rücken Sie also Themen wie eine gute und vertrauensvolle Zusammenarbeit oder die Freude über zusätzlichen Einsatz in den Mittelpunkt.

Eine Führungskraft, die sich auf die Stärken und Erfolge ihrer Abteilung konzentriert, diese immer in den Köpfen der Mitarbeiter präsent hält und sie kommuniziert, gibt dem Team und sich selbst neue Energie und Ansporn, weiterhin so gut zu sein oder noch besser zu werden. Diese Fokussierung auf Positives fördert nicht nur das „Wir-Gefühl" des Teams, da die gemeinsam erzielten Erfolge immer präsent sind. Die Mitarbeiter bringen der Führungskraft auch mehr Respekt und Anerkennung entgegen. Auch die Einschätzung von Mitarbeitern fällt meist leichter. In Projekten werden die Mitarbeiter durch Ausrufe wie „Weiter so!" oder „Wir haben uns erneut gesteigert!" motiviert und sind engagierter. Gesteigertes Engagement macht dagegen deutlich, wo wessen Stärken liegen, ob die Mitarbeiter an ihren derzeitigen Arbeitsplätzen gut aufgehoben sind und ob ihr Potential voll ausgeschöpft wird. Rückmeldungen und Feedback helfen den Mitarbeitern, zu erkennen, dass Sie sich als Führungskraft mit ihnen und ihren Stärken und Schwächen auseinandergesetzt haben und nicht nur auf Erfolge und Misserfolge achten. Ebenso können Sie durch diese Gespräche Transparenz für beide Seiten schaffen und die Potenziale Ihres Teams optimal koordinieren und einsetzen. Zusätzlich geben positiv gestaltete Gespräche zwischen Mitarbeitern und Führungskräften Bestätigung, Sicherheit und Orientierung – für beide Seiten!

Eine weitere Möglichkeit, Wertschätzung in Ihren Arbeitsalltag zu integrieren, ist Anerkennung. Oft ist Lob mit einem kritischen Zusatz oder einer Bitte verbunden. Bei dem Satz „Das haben Sie gut gemacht, aber..." bleibt dem Angesprochenen meist nur der zweite Teil im Gedächtnis. Er verbindet daraufhin Lob mit etwas Negativem, mit der Kritik.

Anerkennung ist Lob sehr ähnlich, aber bei anerkennenden Worten wird deutlich, was gut gelaufen ist und weshalb. Durch diese Erläuterung wirkt das Gesagte ehrlich und authentisch, da man sich mit dem Thema auseinander gesetzt haben muss, um es fundiert begründen zu können. Anerkennung signalisiert Ihrem Gesprächspartner, dass Sie sich für die Leistung der Person interessieren, da Sie wissen, wofür Sie ihm Ihre Anerkennung aussprechen. Die ausgesprochene Anerkennung steigert die Selbstachtung des Mitarbeiters – und damit auch seine Motivation.

Letztendlich müssen Führungskräfte jedoch in erster Linie bei sich selbst beginnen, da sie ihren Mitmenschen keine Wertschätzung entgegenbringen können, wenn Sie sich selbst nicht wertschätzen. Ein Beispiel dafür, dass Führungskräfte ihre Umgebung beeinflussen, ist der Gemütszustand. Ihre eigene Stimmung kann die Ihres Umfelds beeinflussen, also das Team oder die Mitarbeiter. Eine negative Stimmung überträgt sich genauso auf andere wie eine positive [11]. Gute Laune setzt Energie frei und das Betriebsklima wird angenehmer. Sie fühlen sich gut und wohl an Ihrem Platz. Bei „dicker Luft" im Büro ist es genau das Gegenteil. Abgesehen von dem eigenen Wohlbefinden zwischen den Kollegen sorgt ein gutes Betriebsklima für bessere Ergebnisse, da die Mitarbeiter motivierter sind und nicht das Gefühl haben, in einer Fehlerkultur zu arbeiten.

Die folgenden Gesprächstechniken für mehr Wertschätzung – gewaltfreie Kommunikation und anerkennenden Erfahrungsaustausch – sind die am weitesten verbreiteten in der Geschäftswelt. Beide Methoden legen den Fokus auf positive Aspekte. Des Weiteren liegt diesen Techniken ein humanistisches Menschenbild zugrunde. Das heißt, bei den folgenden Techniken wird davon ausgegangen, dass jeder Mensch nach Selbstentfaltung und Selbstverwirklichung strebt und ein Interesse an Wertschätzung hat [12].

Die *gewaltfreie Kommunikation* [1] nach Marshall Rosenberg konzentriert sich auf die eigenen Gefühle und die Bedürfnisse des Einzelnen. Es geht darum, diese Bedürfnisse wahrzunehmen und sie in Einklang mit dem Leben zu bringen. Rosenberg geht davon aus, dass alles, was Menschen tun, nur ein Bedürfnis befriedigen soll. Durch die Befriedigung von Bedürfnissen erlangen wir den Zustand des Glücklichseins. Wenn eines unserer Bedürfnisse nicht befriedigt wird, haben wir folglich negative Gefühle.

Abb. 12.2 Die vier Phasen der gewaltfreien Kommunikation

Konflikte entstehen meist, wenn ein Bedürfnis nicht erfüllt wird oder die Befürchtung aufkommt, dass es zu kurz kommt. Um diesen Konflikt erfolgreich lösen zu können, muss jede Person zunächst für sich herausfinden, welches Bedürfnis nicht befriedigt wird und wie sein Gegenüber dazu beitragen kann, es zu erfüllen. Für diese Konfliktlösung entwickelte Rosenberg die gewaltfreie Kommunikation und teilte sie in vier Phasen ein: Beobachtung, Befinden, Bedürfnis und Bitte (Abb. 12.2).

In der ersten Phase wird die eigene Wahrnehmung eines Ereignisses beschrieben, auf das man sich im Weiteren bezieht. Im Folgenden teilt man seinem Gegenüber mit, wie man sich in dieser Situation fühlt oder gefühlt hat (zweite Phase) und erläutert, welche der eigenen Bedürfnisse sich dabei erfüllt haben oder nicht (dritte Phase). Im letzten Schritt formuliert man eine Bitte an sein Gegenüber, um das eigene Bedürfnis zu befriedigen.

Eine mögliche Formulierung wäre:

> Wenn ich sehe/höre, dass... (erste Phase) dann fühle ich mich ... verletzt/angegriffen/verärgert (zweite Phase) weil ich ... brauche (dritte Phase). Sind Sie einverstanden/Was halten Sie davon/Ich würde mich freuen, wenn... (vierte Phase).

Beim *anerkennenden Erfahrungsaustausch* [1] handelt es sich um eine Technik, die es vor allem Führungskräften erleichtert, wertschätzendes Verhalten in Dialoge einzubinden und seinem Gegenüber zu zeigen. Diese Technik prägt bei häufigerem Anwenden auch die allgemeine wertschätzende Haltung, da ihr Fokus auf positive Aspekte ausgelegt ist. Somit fokussiert man sich auch im weiteren Umfeld eher auf die positiven als auf die negativen Ereignisse.

Bei einer Untersuchung im Jahr 2003 zeigte sich, dass die Führungskräfte in Unternehmen den abwesenden Mitarbeitern meist deutlich mehr Zeit widmen, als denjenigen, die regelmäßig zur Arbeit erscheinen und nur selten abwesend sind [1]. Die Forscher teilten Mitarbeiter in verschiedene Gruppen ein und entwickelten unterschiedliche Konzepte zur Gesprächsführung. Für Mitarbeiter, die vernachlässigt werden, weil sie keine Probleme für die Führungskraft darstellen, konzipierten die Forscher den anerkennenden Erfahrungsaustausch.

Hierbei geht es darum, regelmäßig das Gespräch mit denjenigen Mitarbeitern zu suchen, die wenig bis keine Fehlzeiten aufweisen, und diese zum Beispiel nach Verbesserungsvorschlägen zu befragen. Damit lässt man ihnen eine beratende Funktion zukommen. In diesen Sitzungen zwischen Mitarbeiter und Führungskraft liegt der Fokus hauptsächlich auf positiven Aspekten. Unter anderem kann es darum gehen, was dem Mitarbeiter an dem Arbeitsumfeld und seiner Tätigkeit gefällt oder worauf er besonders stolz ist. Daraus ergibt sich für die Führungskraft nicht nur die Möglichkeit zu erfahren, wo noch Potential zur Verbesserung in seiner Abteilung und seinem Team besteht, sondern auch die Chance, den immer anwesenden Mitarbeiter Zuwendung und somit Wertschätzung entgegenzubringen.

Was kann über diese Gesprächsmethoden hinaus noch getan werden, um die Wertschätzung innerhalb eines Unternehmens oder einer Abteilung zu steigern – nicht nur zwischen der Führungskraft und den Mitarbeitern, sondern auch zwischen den Mitarbeitern untereinander? Sie haben bereits gelesen, dass Sie zum Beispiel eine Liste mit Dingen anfertigen können, durch die Sie sich selbst und anderen mehr Wertschätzung entgegenbringen können. Diese Liste können Sie abwandeln und auf die Arbeit anpassen, sodass Sie Ihre Kollegen in die Vorsätze einbinden. Nehmen Sie sich zum Beispiel vor, mindestens dreimal am Tag einem Kollegen die Tür aufzuhalten, den Kaffee neu aufzubrühen, wenn eine Kanne mal wieder leer ist oder Ihrem Sitznachbarn einen Becher Kaffee mit an den Platz zu bringen.

Wie in Kap. 4 bereits erläutert, sind positive Emotionen ein Zeichen von Wohlergehen. Wenn diese empfunden werden, geht es einem gut. Folglich wollen die positiven Emotionen immer wieder gesucht, erlebt und wahrgenommen werden. Die folgende Methode macht dies nicht nur leichter, sondern Wertschätzung auch für jeden einzelnen transparent. Durch diese Methode wird es leichter und selbstverständlich, realisierte Vorsätze von Kollegen zu würdigen oder Dankbarkeit für weitere Handlungen oder jegliche Art positiver Anmerkungen zu äußern. Und so geht's:

Fragen

Nehmen Sie einen Klebezettel und einen Stift.

Schreiben Sie etwas für einen Kollegen/Mitmenschen auf, das Ihnen positiv am anderen aufgefallen ist.

Kleben Sie diesen Zettel an die Pinnwand oder den Computer-Monitor (je nach Vereinbarung) des Kollegen [13].

Dies fördert Wertschätzung. Durch diese Wertschätzung ist man stärker, hat mehr Selbstvertrauen und fühlt sich von seinen Kollegen ernst- und wahrgenommen. Letztendlich ist es wie mit einem Eimer, den man mit Wasser füllt. Je voller der Eimer ist, desto glücklicher und wertgeschätzter fühlt man sich (Abb. 12.3).

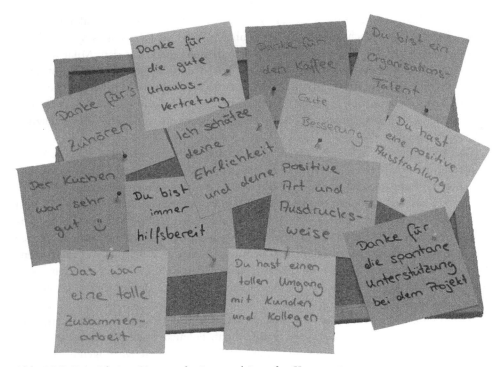

Abb. 12.3 Beispiel einer Pinnwand mit wertschätzenden Kommentaren

---

Take-Away-Message

Wertschätzung ist eine innere Haltung gegenüber seinen Mitmenschen, die den Fokus auf das Positive legt und ein positives Menschenbild zugrunde legt. Die Konzentration liegt auf Stärken und Erfolgen statt auf Fehlern.

Die Basis für Wertschätzung ist Selbstwertschätzung.

Es gibt zwei verschiedene Ebenen von Wertschätzung:

- die des Menschen an sich,
- die der Fähigkeiten eines Menschen in Bezug auf eine Situation.

Wertschätzung fördert nicht nur das persönliche Befinden, sondern zudem für Unternehmen wichtige Faktoren wie ein gutes Betriebsklima, eine höhere Identifikation der Mitarbeiter mit dem Unternehmen und somit eine Verbesserung des Firmenimages und der Wertschöpfung, da die Mitarbeiter mit Freude bei der Arbeit sind.

Literatur

1. Matyssek, A. K. (2011). *Wertschätzung im Betrieb. Impulse für eine gesündere Unternehmenskultur.* Norderstedt: bod.
2. Mettler von Meiborn, B. (2007). *Gelebte Wertschätzung. Eine Haltung wird lebendig.* München: Kösel.
3. Seligman, M. (2011). *Flourish. Wie Menschen aufblühen. Die Positive Psychologie des gelingenden Lebens.* München: Kösel.
4. Brüggemeier, B. (2010). *Wertschätzende Kommunikation im Business. Wer sich öffnet, kommt weiter!. Wie Sie die Gewaltfreie Kommunikation im Berufsalltag nutzen.* Paderborn: Junfermann.
5. Fromm, B., & Fromm, M. (2004). *Führen aus der Mitte: Werden Sie ECHT in Arbeit und Leben – finden Sie Erfüllung und Erfolg.* Bielefeld: Kamphausen.
6. Hüther, G., & Fischer, J. E. (2010). Biologische Grundlagen des psychischen Wohlbefindens. In B. Badure, H. Schröder, J. Klos, & K. Macco (Hrsg.). *Fehlzeiten-Report 2009* (S. 22–30). Berlin: Springer.
7. Uhle, E., & Treier, M. (2011). *Betriebliches Gesundheitsmanagement. Gesundheitsförderung in der Arbeitswelt.* Berlin: Springer.
8. Hinze, D. F. (2011). *Führungsprinzip Achtsamkeit. Der behutsame Weg zum Erfolg.* Heidelberg: Sauer.
9. Jung, H. (2011). *Personalwirtschaft.* München: Oldenburg.
10. Sprenger, B. (2005). *Im Kern getroffen. Attacken aufs Selbstwertgefühl und wie wir unsere Balance wiederfinden.* München: Kösel.
11. Matysek, A. K. (2010). *Danke! Mensch, sind wir froh, dass Sie bei uns arbeiten!.* Norderstedt: bod.
12. Streicher, B., & Frey, D. (2010). Förderung des Unternehmenserfolgs und Entfaltung der Mitarbeiter durch neue Unternehmens- und Führungskulturen. In B. Badure, H. Schröder, J. Klos, & K. Macco (Hrsg.), *Fehlzeiten-Report 2009* (S. 129–136). Berlin: Springer.
13. Creusen, U., Eschemann, N. -R., & Johann, T. (2010). *Positive Leadership: Psychologie erfolgreicher Führung. Erweiterte Strategien zur Anwendung des Grid-Modells.* Wiesbaden: Gabler.

Wie kann aus einem losen Bündel Individualisten ein Dream-Team werden?

Sina Israel

Die Zusammenarbeit mit anderen scheitert häufig schon an Kleinigkeiten wie Zeitmangel oder Missverständnissen. Dabei ist positive Teamarbeit für den Erfolg Ihres Unternehmens maßgeblich - sie ist mehr als die Summe der Einzelleistungen. Ich möchte Ihnen zeigen, wie Sie durch die Nutzung der unterschiedlichen Potentiale in Ihrem Team einen deutlichen Mehrwert für die Mitarbeiter und das Unternehmen schöpfen können. (Sina Israel)

Wie oft saßen Sie schon in unproduktiven Team-Meetings und dachten sich „das hätte ich alleine aber 100 Mal schneller und besser hinbekommen"? Sie sind genervt von dem egoistischen Verhalten einiger „Spezialisten", die unerschütterlich ihren Willen durchsetzen und die absolute Macht im Team an sich reißen wollen, denn „die Ideen anderer sind ja ohnehin zeitverschwendend und total überflüssig".

Dann gibt es noch die Kandidaten, die Teamarbeit für die genialste Erfindung der Menschheit halten. „In keiner anderen Arbeitsorganisation lässt es sich so entspannt leben. Die anderen machen's ja. Fast so schön wie Urlaub." In deutschen Unternehmen sind solche Verhaltensweisen leider keine Seltenheit und machen Teamarbeit für engagierte Mitarbeiter und Führungskräfte oft zur Qual.

Dieses Kapitel soll Ihnen ein Rezept zur effektiv gestalteten Teamarbeit an die Hand geben, sodass Sie die Früchte positiver Teamarbeit ernten können. Und Rezept dürfen Sie an dieser Stelle gern wörtlich verstehen, denn Teamarbeit erfordert – genau wie eine gelungene Mahlzeit – die richtigen Zutaten, Mühe und Sorgfalt. Auf den nächsten Seiten lernen Sie, wie Sie mit Hilfe Positiver Psychologie Strukturen entwickeln können, die auf die sozio-emotionalen Bedürfnisse der Mitarbeiter eingehen und ihnen parallel einen ambitionierten Output entlocken können. Sie werden merken, wie Sie mit einem Esslöffel respektvollen Umgangs sowie einer Prise offener und ehrlicher Kommunikation, erfolgreiche Teamarbeit kreieren können.

S. Israel (✉)
Hamburg, Deutschland
E-Mail: mail@positive-psychologie-im-beruf.de

T. Johann, T. Möller (Hrsg.), *Positive Psychologie im Beruf,*
DOI 10.1007/978-3-658-00265-7_13, © Springer Fachmedien Wiesbaden 2013

Abb. 13.1 Die einzelnen Schritte im Teamprozess

Als Entrée zunächst etwas Allgemeines: Sind wir Mitglied eines Teams, können wir unserem angeborenen Bedürfnis nach sozialer Anerkennung, festen Beziehungen, Integration und Akzeptanz nachkommen. Allerdings vernachlässigen diverse Teamforschungsstudien unser Grundbedürfnis nach Zugehörigkeit und heben ausschließlich die Produktivität des Teams hervor. Die Effektivität eines Teams meint in diesem Kontext fast ausschließlich eine gute Leistung in Bezug auf das Endziel der Gruppenhandlung [1]. Andere wünschenswerte Erfolge wie beispielsweise das Erleben sozialer Geborgenheit, die Erfüllung von Lebenssinn oder persönliche Weiterentwicklung, stehen oftmals nicht im Zentrum der Untersuchungen (Abb. 13.1).

Damit unser Teamwork-Gericht gelingt, werden wir uns nun die einzelnen Schritte des gesamten Teamprozesses genauer anschauen. Grob lässt er sich in drei Kategorien einteilen:

- Zutaten (Voraussetzungen: Was wird für einen erfolgreichen Teamprozess benötigt?)
- Zubereitung (Prozess: Wie sollte die Arbeit im Team ablaufen?)
- Zufriedenheit (Fazit: abschließende Bewertung der Teamperformance)

Lassen Sie uns für die Zutaten einen imaginären Einkaufszettel schreiben. Es beginnt mit der Teamzusammensetzung und der Teamgröße. Allgemein kann man hier schwer pauschale Tipps geben, die Teamgröße richtet sich nach der Aufgabe, den zur Verfügung stehenden Mitarbeitern und Interaktionsmöglichkeiten. Eine Gruppe mit vier bis zehn Mitgliedern bietet aber oft optimale Voraussetzungen für eine effektive Zusammenarbeit. Mit wachsender Gruppengröße mag sich zwar die Gruppenleistung steigern, sie kann allerdings durch eine Reihe von (Stör-)Faktoren negativ beeinflusst werden wie beispielsweise durch typische „Grüppchenbildung" und die daraus folgende erschwerte Koordination [2]. Auch das Alter und die Nationalität der Mitglieder spielen eine Rolle. Darüber hinaus unterscheidet man die Teamzusammensetzung in Bezug auf kognitive Fähigkeiten, Fertigkeiten, Wissen, Einstellungen, Werte, Persönlichkeitsmerkmale, Erfahrungen, Kultur und Erziehung [3]. Soll Ihr Team beispielsweise ein neues Produkt entwickeln, so kommt es auf die „bunte Mischung" an, um die wirklich bahnbrechenden Ideen und

Produkte zu finden, die für den Endkunden einen hohen Nutzen haben. Natürlich ist eine grundlegende Voraussetzung für erfolgreich gestaltete Teamarbeit das Vorhandensein der fachlichen Kompetenzen zur Erfüllung des Teamziels. Verfügt die Gruppe über das notwendige fachliche Know-How, kann sie sich positiv eingestellt und selbstbewusst der Aufgabe annehmen [4].

Welche Art der Teamzusammensetzung lässt sich nun als besonders effizient identifizieren? Aufgrund der Charakter- und Stärken- beziehungsweise Schwächenvielfalt bergen heterogene Gruppen auf der Beziehungs- und Aufgabenebene ein deutlich höheres Konfliktpotential: Es können Reibungen bei der Zusammenarbeit entstehen („personality clash"), die sich möglicherweise zu handfesten Konflikten ausweiten [3]. Gleichzeitig jedoch fördert diese Teamdiversität aber auch die Möglichkeit kreativer Problemlösung und innovativen Denkens, wie neue Forschungsergebnisse beweisen: In einem Laborversuch wurde 21 Teams die Aufgabe gegeben, neue Produkte zu entwickeln. Das zentrale Ergebnis: Gerade weil die Teammitglieder sehr unterschiedliche Vorstellungen haben, bringen sie kreative und markttaugliche Lösungen hervor. Denn: Die unterschiedlichen Vorstellungen erhöhen zwar die Konflikte zum richtigen Verständnis der Aufgabenstellung, haben aber keinen Einfluss auf der emotionalen Ebene; alle Teammitglieder respektieren sich und sind an einer gemeinsamen Lösung interessiert. Wenn die Vorstellungen so unterschiedlich sind, strengen sich die Teammitglieder mehr an, um durch geeignete Koordinationsmechanismen eine Verständigung zu erzielen. Wenn das Problem sichtbar wird, kann es das Kreativitätspotential auch erhöhen. Denn darin liegt ja gerade die Chance: Mit den unterschiedlichen Sichtweisen, die zusammengeführt werden, steigt die Wahrscheinlichkeit, dass ein neues Produkt die Anforderungen der Kunden besser erfüllt [5].

Als grundlegende Zutat für einen gelungenen Teamprozess ist also eine heterogene Teamkomposition oft hilfreich. Ebenso wichtig ist allerdings auch, dass Ihre Mitarbeiter diese Vielfalt positiv bewerten. Warum? Weil eine positive Bewertung zu einer Atmosphäre von Wertschätzung führt, die eine konstruktive Zusammenarbeit ermöglicht. Eine Ablehnung der Vielfalt führt zu destruktiven Konflikten und Konkurrenz. Konstruktive Teamdiversität ist aber die Voraussetzung dafür, Synergieeffekte nutzen zu können, da das Team als Ganzes mehr leisten kann, als die Summe der individuellen Leistungen ergeben würde. Denken Sie beispielsweise an Astronauten, die unser Universum erforschen: Derartig komplexe Unterfangen könnten sich Individuen kaum stellen. Das Zusammenkommen unterschiedlicher Persönlichkeiten mit vielfältigen beruflichen und sozialen Hintergründen ist eine Quelle großen Potentials. Hieraus können sich eine Vielfalt von Chancen und Möglichkeiten im Zuge eines weiter gefassten Handlungsspielraums eröffnen [4]. Insbesondere die Persönlichkeitsmerkmale eines jeden Teammitglieds verleihen dem Teamprozess eine individuelle Note. Welche Charaktereigenschaften fallen Ihnen an sich besonders positiv beziehungsweise verbesserungswürdig auf? Individuelle Persönlichkeitsmerkmale sind im Teamkontext von hoher Bedeutung, da die Charaktereigenschaften eines Menschen in vielen Fällen beeinflussen, wie er denkt, fühlt und handelt [3]. Achten Sie deshalb bei der Zusammenstellung von Teams darauf, dass die Mitglieder Ihres Teams komplementäre Stärken und Fähigkeiten aufweisen, damit die Zusammenarbeit wahrlich fruchtet.

Welchen Stellenwert hat die Organisationsstruktur im Teamprozess? Teammitglieder nehmen bestimmte Rollen ein wie beispielsweise die Rolle des Kreativen, des Analysten, des Koordinators oder des Beobachters. Die Rolle eines Gruppenmitglieds sollte unterscheidbar, akzeptiert und verstanden sein. Sie bildet die Basis für organisatorische Kommunikation, in Hinblick darauf, was wann von wem erledigt wird. Stellen Sie sich ein Operationsteam im städtischen Klinikum vor: Dort gibt es – vereinfacht dargestellt – die OP-Krankenschwester, den Chirurgen und den Anästhesisten. Alle wissen genau, welche Aufgaben sie zu erledigen haben, und sind aufgrund ihrer unterschiedlichen Ausbildungen auf ihren speziellen Einsatz als Teil eines Ganzen vorbereitet. Innerhalb ihrer Organisation besitzen sie eine eindeutige Identität und definierte Funktion. Es lässt sich eine wechselseitige Abhängigkeit und gegenseitige Verantwortung feststellen: Jeder ist für seinen Teil im Wertschöpfungsprozess verantwortlich [6].

▶   Grundsätzlich beschreibt die Organisations- beziehungsweise Gruppenstruktur
      die Anordnung von Beziehungen innerhalb eines Teams hinsichtlich der Auf-
      gabenverteilung, Verantwortlichkeiten und Zuordnung von Befehlsgewalten
      [7, S. 7.]

Ein weiterer Aspekt der Gruppenstruktur sind sogenannte Arbeitsnormen, also bestimmte Regeln zur Aufgabenbewältigung, die nach einmaliger Festlegung das Verhalten von Gruppenmitgliedern beeinflussen. Sie legen zu Beginn der Teamarbeit fest, wie das Team an die Aufgabe herangehen sollte. Besonders hilfreich ist es an dieser Stelle, auf einem Flipchart die festgelegten Arbeitsregeln gut sichtbar und leserlich aufzuschreiben, da dieser formelle Rahmen den Prozess als Grundstein bedeutend prägt und somit viele Missverständnisse vermeiden kann.

Von grundlegender Bedeutung ist in diesem Kontext die Selbstverwaltung beziehungsweise der Autonomiegrad der Gruppe [7]. Hiermit ist der Handlungsspielraum des Einzelnen im Gruppenprozess gemeint, eigene Aufgabenbereiche zu verantworten und innerhalb dieses Bereiches autonome Entscheidungen fällen zu können. Durch die Übernahme von Verantwortung werden Ihre Mitarbeiter eine hohe Bedeutsamkeit in der Aufgabe empfinden und sich ihrer Tätigkeit hingeben, da sie intrinsisch motiviert sind. Kapitel 10 Nachdem Sie sichergestellt haben, dass Ihr Team den Anforderungen der Aufgabe in fachlicher Hinsicht insgesamt gewachsen ist, sollten Sie demnach darauf achten, dass jedes Mitglied für eine eigene Teilaufgabe verantwortlich ist.

Eine gute Methode, um die Motivation innerhalb Ihres Teams zu steigern, ist das Job Enrichment, also eine Aufgabenbereicherung, bei der neue, qualitativ höherwertige Aufgaben den bestehenden Aufgaben hinzugefügt werden. Wir Menschen sind geneigt, einen tieferen Sinn in unserer Arbeit empfinden zu wollen. Kapitel 15 Durch das Einsetzen einer tieferen Bandbreite von Anforderungen, die durch die Gruppenaufgabe an sensorische, kognitive und motorische Systeme der Arbeitspersonen in der Gruppe gestellt werden, kann ein motivations- und gesundheitsfördernder Mehrwert gezogen werden. Sie werden sehen, dass sich Ihr erweiterter Vertrauensbeweis positiv bemerkbar macht: Ihre Mitarbeiter werden sich seltener krankmelden und ihre Aufgaben hochmotiviert im Team lösen.

Nun liegt es an Ihnen, dass Sie die Balance zwischen positiv erlebbarer Aufgabenbereicherung und Motivation schaffen, ohne den Mitarbeiter zu überfordern. Gelingt Ihnen dieser
Spagat, werden sich die Teammitglieder aufgrund ihrer hohen intrinsischen Motivation
aktiv in den Teamprozess einbinden. So erreichen Sie gleich zwei kritische Erfolgsfaktoren: *kreatives Engagement* und eine hohe *Identifizierung* mit der Teamaufgabe. In vielen
Fällen wird hier ein Flow-Zustand („Schaffens- oder Tätigkeitsrausch") erlebt. Kapitel 9
Infolgedessen kann der Teamprozess durch zusätzlichen *Ideenreichtum*, gesteigerte *Kreativität* und *Innovation* gefördert werden. An dieser Stelle ist es wichtig, dass das Team
auf die Wahrung des „Wir-Gefühls" achtet, sodass sich die Mitglieder weiterhin als eine
Einheit mit den gleichen Zielen sehen und nicht ihren individuellen Erfolg im Team in
den Vordergrund stellen [4]. Getreu dem Motto „Einzelkämpfer unerwünscht – hoch lebe
der Teamgeist".

Bei der Komposition der Teamaufgabe sollten sie also darauf achten, dass die Möglichkeit für die einzelnen Teammitglieder besteht, selbst Verantwortung zu übernehmen
und somit eigene Teilbereiche des Teamprozesses lenken zu können. Außerdem sollte
die Möglichkeit zur effektiven Kooperation und Kommunikation im Team sichergestellt
sein, sodass das gemeinsame Ziel nicht aus den Augen verloren wird (bei der Zubereitung
werden wir tiefer in effektive Teamkommunikation einsteigen).

Die letzte Zutat bildet der organisatorische Kontext, also die Rahmenbedingungen für
erfolgreich gestaltete Teamarbeit. Hierbei lassen sich drei relevante Faktoren herausstellen:
Das Belohnungs-, Ausbildungs- und Informationssystem [6]:

1. Ein Belohnungssystem im Sinne immaterieller und/oder materieller Be- oder
   Entlohnung, das primär die Teamleistung identifiziert und honoriert, beispielsweise durch ein gemeinsames Frühstück nach erfolgreichem Projektabschluss.
2. Ein Ausbildungssystem, das auf Anforderungen der Gruppe jegliche Ausbildung und technische Beratung bereitstellt, die die Mitglieder zur Ergänzung
   ihres Wissens und des Sachverhaltes benötigen. Es ist wichtig, dass das Team
   in der Personalabteilung kooperative und fachkundige Ansprechpartner hat und
   – wenn notwendig – interne oder externe Trainer, Moderatoren oder Media-
   toren zur Verfügung gestellt werden. Wenn Sie als Führungskraft zum Beispiel
   merken, dass immense Spannungen auf der Beziehungsebene den Teamprozess
   dominieren, bietet sich ein Persönlichkeits- und Teamkompetenz-Seminar mit
   vorzugsweise externen Trainern an.
3. Ein Informationssystem, das die Gruppe mit allen relevanten Daten und
   Voraussagen versorgt, die sie zum aktiven Management ihrer Arbeit benötigt [8].

Nachdem nun alle Zutaten im Topf sind, können Sie sich um den nächsten Schritt küm-
mern: um die Zubereitung bzw. den eigentlichen Teamprozess. Lassen Sie uns aber vorher
noch einmal alle wichtigen Zutaten (Voraussetzungen) zusammentragen (Abb. 13.2):

Abb. 13.2 Zutaten für einen
gelungenen Teamprozess

Teamzusammen-setzung	Teamstruktur	Organisatorischer Kontext
• 4-10 Mitglieder • Heterogene Gruppen für Kreativität und Ideenvielfalt • Kontinuierliche Fokussierung auf gemeinsames Ziel	• Klare Rollenverteilung • Verantwortung von Teilbereichen • Stets effektive Kommunikation und Kooperation sicherstellen (z.B durch regelmäßige obligatorische Treffen, E-Mail-Verteiler, soziale Netzwerke etc.)	• Nach Abschluss des (Teil-) Prozesses Belohnen nicht vergessen • Stellen Sie das notwendige Know-how bereit • Versorgen Sie Ihr Team mit allen notwendigen Informationen

Starten wir den Teamprozess mit der Teamleitung. Die Funktion der Teamleitung ist für den Zusammenhalt und den Erfolg des Teams enorm wichtig, da das Teamergebnis stark von der Einstellung, Leitung und Lenkung des Teamführers abhängt. In Ihrer Schlüsselstellung tragen Sie somit einen großen Teil dazu bei, dass der Teamprozess klar und effektiv gelenkt wird, indem Sie konstruktives Feedback geben, Ziele setzen oder Konflikte lösen [4]. Der Aufgabenbereich des Teamleiters lässt sich in folgenden vier Hauptgruppen zusammenfassen:

- *Managementaufgaben*
  Im Wesentlichen geht es um organisatorisches und planerisches Engagement der Führungskraft, die für die Koordination und Abstimmung im Team zuständig ist. Im Zuge der Rollenverteilung sollten Sie die individuellen Präferenzen der Mitglieder erkennen und berücksichtigen; es gilt eine faire Aufgabenverteilung sowie eine klare Zielvereinbarung [6]. Hier bieten sich zuvor kurze Einzelgespräche mit den Mitarbeitern an, um deren Wünsche deutlich zu erkennen. Beachten Sie allerdings auch die Dynamik des Teamprozesses: Seien Sie kontinuierlich offen für das Rollenverständnis Ihrer Mitarbeiter, das sich im Laufe des Prozesses verändern kann.
- *Führung*
  Der Führungsaspekt beinhaltet insbesondere das Vorgeben einer Vision durch den Teamleiter, die er parallel durch eigenes Beispiel verkörpert: Sie sind dafür zuständig, Hindernisse zu erkennen und zu beheben, die ein positives Arbeitsklima im Team stören. Weiterhin sollten Sie eine inspirierende Vision unterbreiten, sodass die Teammitglieder die angestrebten Ziele annehmen und sich damit identifizieren. Ihnen als Führungskraft obliegt die Schaffung einer positiven und optimistischen Orientierung des Teams, die soziale Unterstützung zulässt, fördert und sozialen Beziehungen Raum gibt. Denn je mehr ein Team sich gegenseitig unterstützt, umso enger wächst es zusammen, sodass die mentale Gesundheit und

psychologische Stabilität gefördert und gefestigt werden [4]. Sie sollten sich immer vor Augen halten, dass Sie für das Team eine Vorbildfunktion haben und stets nach den formellen und moralischen Vereinbarungen handeln sollten. Wenn Sie selbst nicht von dem Ziel beziehungsweise den Mitteln der Zielerreichung überzeugt sind, wie soll es dann Ihr Team sein?

- *Coaching*
  Durch behutsames Beobachten des Teamprozesses werden Sie als Teamleiter feststellen, wenn einzelne Mitglieder Unterstützung benötigen. Dies kann beispielsweise bei der Bewältigung komplexer Aufgaben der Fall sein, aber auch, wenn Sie mit Mitarbeitern über persönliche Entwicklungspotentiale sprechen oder es zu Konflikten zwischen einzelnen Gruppenmitgliedern kommt. Es sollte für einen freundlichen, respektvollen und toleranten Umgang im Team gesorgt und die Mitglieder angehalten werden, diesen Grundsätzen nachzukommen. Kapitel 11 Hier bietet sich die Einigung auf einen Verhaltens- und Wertschätzungskodex an, den alle Teammitglieder annehmen. Ziel ist es, gemeinsam eine Basis zu etablieren, die eine deutliche Identifikation des Einzelnen mit dem Team und der zu erfüllenden Aufgabe zulässt [6].
- *Ängste*
  Ein nicht zu vernachlässigender Faktor und ein weiterer wichtiger Auftrag ist es, Ängste jeglicher Art aus dem Team zu verbannen. Die Diffusion von Verantwortung und Angst führt oftmals dazu, dass Mitarbeiter sich in einem Team unter- oder überschätzen, sich nicht trauen, Vorrednern contra zu geben, oder fürchten, von der Gruppe nicht akzeptiert zu werden.

Ängste erschweren die Zusammenarbeit sehr. Kapitel 2 Sie werden merken, wie wichtig es ist, Loyalität zu allen Mitgliedern aufzubauen und eine Atmosphäre zu schaffen, die von gegenseitigem Vertrauen, Respekt und Ehrlichkeit geprägt ist [4]. Hier bieten sich insbesondere Teambuilding-Maßnahmen an, um das Vertrauen im und in das Team und in die Zusammenarbeit zu stärken. Ebenfalls können solche Maßnahmen Kooperationsbereitschaft und Teamgeist verbessern. Machen Sie doch mal gemeinsam einen Kochkurs oder eine Kanufahrt. Kapitel 11 Natürlich können Sie sich auch für einen moderierten Workshop von einem externen Trainer entscheiden, um so gezielt Themen oder Probleme zu bearbeiten. Eine zusätzliche Alternative wäre es, regelmäßig Teamrunden zu veranstalten, die einerseits den Stand des Teamprozesses beleuchten und andererseits Raum für offene Reflexionen und Feedback geben.

   Gehen wir nun einen Schritt weiter: Das Herz eines positiven Teamprozesses bilden effektive Interaktion und Kommunikation der Teammitglieder. Die daraus resultierende Sicherheit, Akzeptanz und Wertschätzung ist für die Zielerreichung unabdingbar und bestimmt den Weg des Teams maßgeblich. Die folgenden fünf Punkte sollten Sie als

Führungskraft beherzigen und schon von Beginn an gut sichtbar – am besten auf Flipchart oder Whiteboard – niederschreiben.

1. Grundvoraussetzung ist die Motivation und Bereitschaft der Teammitglieder, dem Gegenüber aktiv zuzuhören, sich auf den (non-)verbalen Austausch mit dem anderen einzulassen und möglichst ohne vorgefertigte Bilder das aufzunehmen, was vom Gesprächspartner (non-)verbal kommuniziert wird.
2. Das Team sollte eine gemeinsame Realität teilen, sprich ein gemeinsames Grundverständnis haben und eine gemeinsame Sprache sprechen. Wer dafür am Anfang viel Zeit einplant kann später viel Zeit einsparen.
3. Die Fähigkeit, Perspektiven der anderen auf sachlicher und emotionaler Ebene zu verinnerlichen ist essentiell. Frischen Sie dazu das Know-how des Teams zu Schulz von Thuns Modell „Die 4 Seiten einer Nachricht" auf und heben Sie in diesem Kontext die Wichtigkeit einer Trennung von Sach- und Beziehungsebene hervor.
4. Teams sollten eindeutige Regeln aufstellen, wie kommuniziert werden soll. Beispiele: Gilt die E-Mail als bevorzugtes Kommunikationsmedium oder soll sie nur in Ausnahmefällen eingesetzt werden? Besitzen mündliche Absprachen Gültigkeit oder nur schriftlich fixierte?
5. Schließlich ist es bedeutsam, Fehler und Schwierigkeiten bei der Kommunikation bewusst wahrzunehmen [6]. Störungen sollten stets sofort angesprochen werden, damit sie nicht Überhand nehmen und vom Teamziel ablenken.

Letztgenanntes knüpft an teambasierte Reflexion an. Die Fähigkeit des Reflektierens ist eine wichtige Voraussetzung für erfolgreiche Teamarbeit und meint dabei die kritische Analyse vergangener Leistungen in jeglichen Stufen des Teamprozesses. „Reflexion bedeutet vor allem, über die Fragestellung „Tun wir das, was wir tun, richtig?" hinauszugehen und sich zu fragen: „Tun wir das „Richtige"? [6]

Vielleicht sind Sie der Meinung, dass im pulsierenden Arbeitsalltag häufig einfach nicht die Zeit bleibt, einen Schritt zur Seite zu machen und sich die Frage zu stellen, ob die Tätigkeiten des Teams noch mit den ursprünglichen Zielen übereinstimmen bzw. ob die originären Ziele im wandelnden Kontext überhaupt noch die richtigen sind [6]. Nehmen Sie sich mit Ihrem Team die Zeit und machen Sie genau diesen Schritt zur Seite! Der Nutzen wird um ein Vielfaches höher sein als die investierte Zeit.

Sie sollten sich jedoch darüber im Klaren sein, dass Reflexion einen hohen Grad psychologischer Sicherheit voraussetzt, da reflektierende Diskussionen beim „Soll-Ist-Vergleich" mögliche Diskrepanzen des Teams aufzeigen. Und wer stellt sich schon gerne freiwillig solchen Vergleichen? Voraussetzung hierfür ist die Bereitschaft des Teams, Fehler anzuerkennen und aus diesen zu lernen [4]. Als Führungskraft ist es Ihre Aufgabe, das Team insbesondere in seinen Entwicklungsfeldern zu unterstützen und konstruktives Feedback zu fördern. Positive Errungenschaften des Teams sollten zu jedem Zeitpunkt gewürdigt und offen ausgesprochen werden.

Durch die kontinuierliche Wertschätzung der Teamleistung tragen Sie ebenfalls zu einem hohen Zusammenhalt innerhalb des Teams bei: Sie signalisieren dem Team, dass es sich auf dem richtigen Weg befindet. Kapitel 12 Es wird Ihr Vertrauen honorieren, indem es sich leistungsfähiger und ambitionierter der Aufgabe widmet [6]. Natürlich hängt ein positiver Zusammenhalt entscheidend von dem Maß an Teamfähigkeit der Mitglieder ab, also der Bereitschaft, mit anderen zu kooperieren und im Hinblick auf angestrebte Ziele effektive Ergebnisse zu erzielen. Es ist daher unabdingbar, dass die Teammitglieder die Zusammenarbeit als positiv erleben [3]. Teamfähigkeit fordert also keine zu stark individualistische oder konkurrierende Einstellung, sondern kooperative Persönlichkeiten, die offen für die Ideen anderer sind und deren Hauptziel es ist, gemeinschaftlich ein gutes Resultat zu leisten [4]. Geizen Sie deshalb nie mit Lob an der richtigen Stelle – das Engagement wahrer Teamplayer darf gerne vor dem gesamten Team sichtbar gemacht und honoriert werden.

Konfliktfähigkeit, die Kritikfähigkeit voraussetzt, kann als Teilkompetenz der Teamfähigkeit angesehen werden und zeichnet sich durch die...

▶   ...Bereitschaft [aus], soziale Beziehungen und Interessenslagen, Zuwendungen und Spannungen zu erfassen und zu verstehen sowie sich mit den anderen rational und verantwortungsbewusst auseinander zu setzen und zu verständigen [3, S. 12.]

Demnach sollten Teammitglieder in der Lage sein, Konflikte wahrzunehmen, sie zu adressieren und konstruktiv sowie verantwortungsbewusst auszutragen [3].

Für den Zusammenhalt des Teams spielt ebenfalls die Identifikation auf Teamebene eine bedeutende Rolle: Teammitglieder, die sich stärker mit ihrem Team identifizieren, nehmen auch ein positiveres Klima wahr. Sie melden sich seltener krank und sind engagierter am Teamprozess beteiligt, indem sie etwa überlastete Kollegen unterstützen. Ein positives Teamklima bildet den Nährboden für eine herausragende Teameffektivität, auf deren Boden Vertrauen, Respekt, Toleranz und gruppenpsychologische Sicherheit gedeihen können. Kollektives Vertrauen fördert den Willen des Teams, risikoreichere Entscheidungen zu treffen und neue Gebiete zu entdecken. Auch sind positive Bindungen und Beziehungen innerhalb des Teams von fundamentaler Bedeutung. Sie haben einen nützlichen Einfluss auf unsere Gesundheit und Wohlbefinden. Da wir alle ein Bedürfnis nach (mehr oder weniger) intensiven Beziehungen, Akzeptanz und Zugehörigkeit haben, ist ein solches Wohlbefinden im Team essentiell, gar Grundvoraussetzung. Als Führungskraft sollten Sie deshalb ausreichend Raum für soziale Interaktionen im Team geben. Dies ist keine *verlorene* Zeit, sondern gut investierte Arbeitszeit.

Bevor wir die Performance des Teams beurteilen, lassen Sie uns ebenfalls die entscheidenden Elemente der Zubereitung noch einmal kurz zusammentragen (Abb. 13.3):

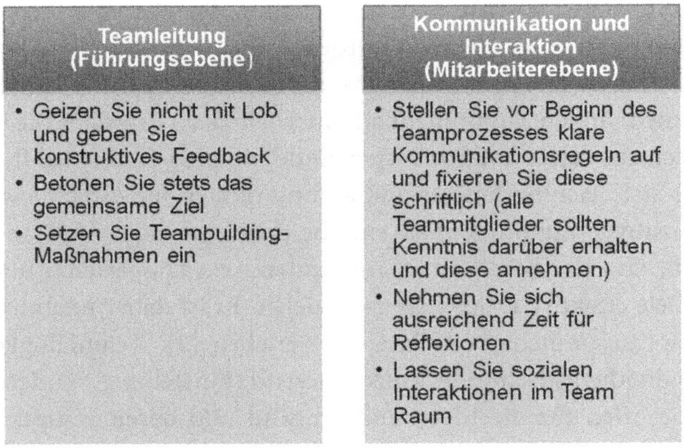

Abb. 13.3 Wesentliche
Elemente der Zubereitung

Teamleitung (Führungsebene)	Kommunikation und Interaktion (Mitarbeiterebene)
• Geizen Sie nicht mit Lob und geben Sie konstruktives Feedback • Betonen Sie stets das gemeinsame Ziel • Setzen Sie Teambuilding-Maßnahmen ein	• Stellen Sie vor Beginn des Teamprozesses klare Kommunikationsregeln auf und fixieren Sie diese schriftlich (alle Teammitglieder sollten Kenntnis darüber erhalten und diese annehmen) • Nehmen Sie sich ausreichend Zeit für Reflexionen • Lassen Sie sozialen Interaktionen im Team Raum

Nun kommen wir zur Beurteilung der Teamleistung. Dafür gibt es drei gängige Ansätze:

1. Die quantitativ und qualitativ messbare Teamleistung wird vom Team selbst oder einem externen Dritten beurteilt. Die quantitative Erfolgsmessung meint beispielsweise die Analyse der Umsatzzahlen und deren Entwicklung über einen festgelegten Zeitraum. Parallel ist ebenso die Effizienz zu evaluieren, die ein ressourcenbewusstes Arbeiten (Beispiel: „Think before you print") mit möglichst geringen Reibungs- und Koordinationsverlusten fordert.
2. Affektive Erfolgsfaktoren wie die Zufriedenheit und das Wohlbefinden der Mitglieder werden von den Gruppenmitgliedern selbst oder von Außenstehenden beurteilt. Arbeiten auf einem zu hohen Leistungsniveau ohne Berücksichtigung der individuellen Bedürfnisse provoziert übermäßigen Stress und kann die Entstehung eines Burnouts begünstigen. In einem solchen Fall opfern Teammitglieder sich für die Aufgabe und das Team auf, gelangen aber nach einer gewissen Zeit in einen totalen Erschöpfungszustand, da sie keine Zeit zur Regeneration finden [6].
3. Wie steht es um die Überlebensfähigkeit des Teams, sprich die Möglichkeit des Fortbestands für eine künftige Zusammenarbeit? Für einen langfristigen Fortbestand der Gruppe ist die Förderung von Innovationspotentialen unabdingbar – denn nur die Teams, die innovativ bei der Einführung neuartiger Produkte mitwirken und frühzeitig die Chancen des Marktes erkennen, sind langfristig erfolgreich und konkurrenzfähig [7].

Nach Fertigstellung der Aufgabe sollten Sie die drei Bewertungsmöglichkeiten anwenden. Analysieren Sie, inwieweit das vereinbarte Ziel quantitativ erreicht wurde. Sie sollten auch reflektieren, ob Sie ressourcenbewusst gearbeitet haben – bezogen auf materielle, wie auch personelle Ressourcen. Fragen Sie außerdem die Mitarbeiter direkt oder – falls Sie den Eindruck haben, dass einige Teammitglieder auf anderem Weg ehrlicher sind – mit Hilfe eines Feedbackbogens, ob sie mit der Zusammenarbeit, dem Zusammenhalt und dem Endergebnis des Teamprozesses zufrieden sind. Ebenso sind Stellungnahmen zur Teamperformance ein probates Mittel. Abschließend sollten Sie mit dem Team über zukünftige Zusammenarbeit sprechen – hierbei ist erneut eine differenzierte Reflexion gefragt, die die objektiv messbare Zielerreichung und die subjektiv messbare Zufriedenheit der Teammitglieder vereint.

Der Schlüssel für die erfolgreich gestaltete Teamarbeit liegt in der Identifikation der einzelnen Mitglieder mit der Gruppe: Denn nur, wenn sich das Team tatsächlich zu einer echten Gemeinschaft mit einem gemeinsamen Ziel entwickelt, in der jeder für die Schwächen des anderen einsteht und seine eigenen Stärken einbringt, sind Teams einzelnen Mitarbeitern überlegen. Offene und ehrliche Kommunikation, die mit gegenseitiger Wertschätzung und Akzeptanz einhergeht, bildet die Grundvoraussetzung für ein positiv erlebtes, auf Vertrauen basiertes Teamklima. Gegenseitige Unterstützung und eine gemeinsame Zielausrichtung sind mit selbstverantwortlichem Entscheiden und Handeln verzahnt, die letzten Endes das eigentliche Tun initiieren.

Es ist Aufgabe der Führung, ein Gespür für die Interaktionen innerhalb der Gruppe zu entwickeln und eine klare, richtungsweisende Unterstützung in fachlichen und sozialen Fragen anzubieten. Werden die genannten Faktoren vergegenwärtigt, steht effektiver Teamarbeit nichts mehr im Weg. So kann aus lauter Solisten ein erfolgreiches Orchester werden.

Take-Away-Message

Als Führungskraft sollten Sie darauf achten, dass
- Ihr Team eine inspirierende und herausfordernde Aufgabe bearbeitet;
- die Teammitglieder ihre eigenen Rollen und die der anderen akzeptieren und verstehen;
- das Team ausreichend Autonomie und Autorität besitzt, um das Ziel zu erreichen;
- die Performance des Teams regelmäßig überprüft und kontinuierlich verbessert wird;
- die Fähigkeiten der Mitglieder erkannt und aktiv gefördert werden;
- Teambuilding-Maßnahmen regelmäßig durchgeführt werden.

Literatur

1. Tschan, F. (2000). *Produktivität in Kleingruppen*. Bern: Huber.
2. Bäckmann, R. (1994). *Gruppengröße und Gruppeneffektivität. Einführung in die Psychologie sozialer Prozesse*. Hagen: Grin.

3. Seelheim, T. (2006). *Teamfähigkeit und Performance: Auswirkungen der Gruppenzusammensetzung nach Persönlichkeitsmerkmalen auf die Leistung einer Gruppe.* Seminararbeit. Hamburg.
4. Richardson, J., & West, M. A. (2010). Dream teams – A positive psychology of team working. In A. Linley, S. Harrington, N. Garcea (Hrsg.), *Oxford handbook of positive psychology and work* (S. 235–249). New York: Oxford University Press.
5. Business Wissen. (2008). Konflikte fördern Kreativität und Innovation. http://www.businesswissen.de/organisation/teamarbeit-konflikte-foerdern-kreativitaet-und-innovationen. Zugegriffen: 25. Aug. 2012.
6. Van Dick, R., & West, M. A. (2005). *Teamwork, Teamdiagnose, Teamentwicklung. Praxis der Personalpsychologie.* Göttingen: Hogrefe-Verlag.
7. Schreyögg, G. (2008). *Gruppen- und Teamorganisation.* Wiesbaden: Gabler.
8. Schlick, C. M. (2011). *Arbeitswissenschaft.* Berlin: Springer.

Wie kann aus einem Konflikt eine Chance werden?

14

Julia-Mara Rückert

> Überall, wo Menschen zusammenkommen, können Konflikte entstehen. Dabei sind es nicht die Konflikte selbst, die Probleme bereiten, sondern der Umgang mit ihnen. Sind sie auf den ersten Blick negativ, verbergen sich bei der Konfliktlösung dennoch zahlreiche Chancen. Dabei ist es gar nicht so schwer, Konflikte zu lösen und von ihnen zu profitieren. (Julia-Mara Rückert)

Wo Menschen miteinander schaffen, machen sie sich auch zu schaffen. Konflikte entstehen überall dort, wo Menschen zusammenkommen. Konflikte sind vielfältig und vielschichtig, da sie auf unterschiedlichen Interessen und Bewertungen beruhen. Sie kennen die Situation aus Ihrem Arbeitsalltag: Es fängt mit einer Kleinigkeit an, die sich im Laufe der Zeit hochschaukelt. Statt miteinander zu reden, wird übereinander gesprochen. Koalitionen bilden sich, die Zusammenarbeit im Team leidet, Projekte kommen nicht voran, jegliches Weiterkommen ist zum Scheitern verurteilt; und am Ende weiß niemand mehr so genau, wie eigentlich alles angefangen hat.

Konflikte sind etwas ganz Alltägliches. Und sie gehören angepackt. Dabei ist nicht der Konflikt das Problem, wie häufig angenommen wird, sondern die Art und Weise, wie wir mit Konflikten umgehen. Werden Konflikte nicht gelöst, sondern einfach nur ausgesessen, wird die Weiterentwicklung blockiert.

► „Der Konflikt als Chance gesehen, kann also durchaus hilfreich sein. [. . .] Der Konflikt schafft nicht die Unterschiede, sondern er beschreibt sie und macht sie damit deutlich. Damit ermöglicht der Konflikt zugleich, konstruktiv mit dieser Vielfalt umzugehen, um zu sinnvollen Lösungen zu gelangen" [1, S. 12].

J.-M. Rückert (✉)
Norderstedt, Deutschland
E-Mail: mail@positive-psychologie-im-beruf.de

T. Johann, T. Möller (Hrsg.), *Positive Psychologie im Beruf*,
DOI 10.1007/978-3-658-00265-7_14, © Springer Fachmedien Wiesbaden 2013

Konflikte zu lösen, ist eine anspruchsvolle Aufgabe. Es gilt, die Ursachen des Konfliktes aufzudecken und nicht nur die Symptome zu kaschieren, es gilt, die originären Interessen der Betroffenen auf den Tisch zu bringen und nicht die vorgetragenen Positionen einfach hinzunehmen. Denn: Interessen und Positionen sind in den meisten Fällen nicht dasselbe.

Machen Sie sich zunächst einmal klar, dass Konflikte zwar auf den ersten Blick destruktiv erscheinen, jedoch bei genauerem Hinsehen positive Effekte entwickeln können, immer vorausgesetzt, Ihnen gelingt in Zusammenarbeit mit den Betroffenen eine professionelle Konfliktbearbeitung. So bringen Konflikte zunächst einmal die unterschiedlichen Sichtweisen der Betroffenen ans Tageslicht; diese sind wiederum unabdingbare Voraussetzung dafür, den eigenen Blick auf die Dinge zu reflektieren, um den manchmal notwendigen Perspektivwechsel vornehmen zu können. Sie decken Fehler in den Organisationsstrukturen auf und fordern als Konsequenz deren notwendige Veränderung, darüber hinaus ein Nachdenken über neue Wege, die es zu beschreiten gilt, und nicht zuletzt die persönliche Weiterentwicklung der Beteiligten. Es liegt auf der Hand: Professionell ausgetragene Konflikte bewirken Veränderungsprozesse. Und auch umgekehrt gilt: Veränderungsprozesse sind untrennbar mit Konflikten verbunden. Im Arbeitsalltag gibt es genügend Anlässe für Auseinandersetzungen, die sich zu Konflikten ausweiten können. Stellen Sie sich folgende Situation vor.

Sie sitzen in einer Besprechung, in der es darum geht, jemanden zu finden, der die Arbeit des erkrankten Kollegen Bäcker zusätzlich übernimmt. Sie gehen davon aus, dass dies kein Problem wird, wurde doch in Ihrer Abteilung Teamarbeit bisher immer großgeschrieben. Nachdem Sie den Kollegen noch einmal die Dringlichkeit des Projektes und die Einhaltung der Termine vor Augen geführt haben, nehmen Sie plötzlich Unmut im Kollegenkreis wahr. Sie registrieren Seitengespräche und deutliches Kopfschütteln. Sie spüren, wie Ärger in Ihnen hochsteigt, versuchen aber, ruhig zu bleiben. Die Zeit drängt und Sie wagen einen Vorstoß: „Da das Themengebiet von Herrn Bäcker thematisch dem Arbeitsbereich „Marketing" zugeordnet werden kann, bitte ich Sie, Frau Müller, die Arbeiten von Herrn Bäcker zu übernehmen". Kopfschütteln in der Runde; Sie haben das Gefühl, dass nun alle gegen Sie sind. Die spitze Bemerkung von Frau Müller folgt prompt: „Sie müssten eigentlich wissen, wie viel ich zu tun habe, ich mache diesmal keine zusätzliche Arbeit mehr, es gibt hier genug andere, die auch mal was zusätzlich machen können. Warum eigentlich immer ich?". Sie atmen tief durch. Alle Augen sind auf Sie gerichtet, alle erwarten jetzt Ihre adäquate Reaktion. Sie spüren die angespannte Stimmung und ziehen sich mit folgenden Worten aus der Affäre: „Gut, dann vertagen wir das Thema erst einmal".

Aber damit ist der Konflikt nicht aus der Welt. Nicht der zwischen Ihnen und Frau Müller, nicht der zwischen Frau Müller und den anderen Kollegen, die angeblich nicht genug arbeiten, und auch nicht der zwischen Ihnen und den „weniger Fleißigen", die sich nun von Ihnen auch noch verraten fühlen könnten. Was ist also zu tun, um zu einer vertrauensvollen Zusammenarbeit zurückzukommen, die es wiederum ermöglicht, dass die Arbeit des erkrankten Kollegen übernommen wird? Zuallererst sollten Sie sich noch einmal vergegenwärtigen: Konflikte haben positive Effekte!

Nun fragen Sie sich vielleicht: Wo ist hier der positive Effekt? Frau Müller setzt mit ihrem Nein das im Falle einer Erkrankung geltende Regelwerk außer Kraft. Mehr noch, sie wirft sogar anderen Kollegen vor, weniger zu arbeiten. Nehmen wir also das Geschehen noch einmal genau unter die Lupe. Die Führungskraft ging bisher davon aus, dass die Mitarbeiter sehr gut im Team zusammenarbeiten und im Notfall mit anpacken. Plötzlich sieht sie sich dem Vorwurf ausgesetzt, die hohe Arbeitsbelastung von Frau Müller nicht wahrgenommen und möglicherweise andere Mitarbeiter geschont zu haben. Der Konflikt um die Übernahme von Aufgaben im Krankheitsfall deckt die Schwachstelle auf: Sind die Aufgaben unter dem Aspekt einer gleichmäßigen Arbeitsbelastung noch gerecht verteilt? Wie sieht die Situation eigentlich im Krankheitsfall genau aus? Muss die Arbeit neu strukturiert werden? Sind Veränderungen dringend nötig? Die Lösung kann nur im Team und mit den Betroffenen kommuniziert werden. Wie sehen eigentlich die anderen die Situation? Hat Frau Müller den Nagel wirklich auf den Kopf getroffen oder übertreibt sie in diesem Fall? Wie dem auch sei, auf jeden Fall stehen jetzt gemeinsame Diskussionen und ein ehrlicher Austausch über die Zusammenarbeit im Team an. Für die Führungskraft wird deutlich, wo die Mitarbeiter stärker einzubinden sind und wo noch intensiver miteinander geredet werden sollte. Der Wert des Konfliktes liegt nicht zuletzt auch in Frau Müllers Feedback über die gegenseitige Wahrnehmung und Wertschätzung an ihre Kollegen und ihren Vorgesetzten. Die Führungskraft ist also aufgefordert, das Gespräch mit allen zu suchen, die Frage der Projektübernahme zunächst zu klären und auf der Grundlage einer möglicherweise alternativen Lösung eine Weiterentwicklung der Zusammenarbeit für die Zukunft zu initiieren.

Hilfreich für eine adäquate Konfliktbehandlung ist das Modell der „Konflikteskalationsstufen" nach Glasl [2]. Er veranschaulicht die einzelnen Eskalationsstufen eines Konfliktes und macht deutlich, auf welcher Stufe welche Interventionsstrategie nötig ist. Glasl hat neun Stufen bei der Eskalation von Konflikten beschrieben, die bei weiterer Steigerung den Konflikt in die Tiefe beziehungsweise in den Abgrund führen können. Er beschreibt die Wirkung von Konflikten mit der eines Flusses im Gebirge, der alles mitzureißen droht.

▶   „Konflikte beeinträchtigen unsere Wahrnehmungsfähigkeit und unser Denk- und Vorstellungsleben so sehr, dass wir im Lauf der Ereignisse die Dinge um uns herum nicht mehr richtig sehen. [...] Unser Denk- und Vorstellungsleben folgt Zwängen, derer wir uns nicht hinreichend bewusst sind" [2, S. 39].

Diese Beschreibung macht deutlich, dass es sehr schwer ist, sich der Sogwirkung eines Konfliktes zu entziehen, sobald sie einmal in Gang gesetzt wurde. Das Aussteigen aus der Eskalation setzt voraus, dass man die Gefahr erkennt und eine Strategie zum Gegensteuern bereithält. Das ist aufgrund der emotionalen Faktoren der Beteiligten schwierig. Wenn ein „Ausstieg" noch möglich ist, dann auf den ersten drei, vier Stufen durch die Beteiligten selbst oder durch die Intervention einer dritten Person [2]. Etwa ab Stufe 4 bis Anfang 7 ist externe professionelle Hilfe in Form von Prozessberatung oder -begleitung, Coaching oder Mediation notwendig. Für Stufe 7/Anfang Stufe 8 sind freiwillige, verpflichtende Schiedsverfahren und ab Stufe 8 der Machteingriff erforderlich.

1. *Verhärtung*

   Die erste Eskalationsstufe, Verhärtung, beschreibt die Spannungen, die zu einer verkrampften Atmosphäre führen und die Standpunkte aufeinander prallen lässt. Die Opponenten sind jedoch vorrangig noch an einer Kooperation interessiert. In der beispielhaften Besprechung ist dies die Phase, in der Unruhe und Nebengespräche entstanden sind. Um generell Störungen Einhalt zu gebieten, ist es erforderlich, diese direkt anzusprechen und nach den Ursachen zu fragen oder die Beteiligten aufzufordern, Ihren Unmut zu formulieren. „Frau Müller, Sie haben mit dem Kopf geschüttelt, gibt es irgendwelche Unklarheiten? Falls nicht, warten Sie bitte meine Ausführungen ab."

2. *Debatte und Polemik*

   In der zweiten Stufe wird das Sachthema auf die persönliche Ebene verlagert und polarisiert, wobei jede Seite versucht, unbeteiligte Personen auf ihre Seite zu ziehen und vermeintliche Gegner zu benennen. Was stört, wird nicht benannt. Auch in dieser Phase wird Kooperation noch angestrebt, wechselt sich jedoch mit einer Konkurrenzhaltung ab.

   In unserem Beispiel werden Kollegen bezichtigt, nicht genug zu arbeiten. Ob dies tatsächlich bei einigen der Fall ist, kann in dieser Besprechung nicht geklärt werden, sondern gehört zunächst als pauschale Verurteilung freundlich zurückgewiesen. „Frau Müller, ich schätze Ihr Engagement und das aller Kollegen hier in unserer Abteilung sehr. Ich bin bestürzt, zu hören, dass Sie eine ungleiche Verteilung der Arbeitsbelastung in unserem Team wahrnehmen. Ich biete Ihnen und all denen, die der gleichen Ansicht sind, ein Gespräch an, in dem wir dieses Thema einmal in Ruhe angehen können." Damit haben Sie Frau Müller klar gemacht, dass Sie der Meinung sind, dass jeder Verantwortlichkeiten hat, und dass es nicht die Aufgabe von Frau Müller sei, die Arbeitsqualität der Kollegen negativ zu werten. Dann kommen Sie auf die inhaltliche Auseinandersetzung mit dem Hinweis auf die Vertretungsregel zurück: „Das Sachgebiet von Herrn Bäcker gehört in den Bereich Marketing. Wir haben hier die Regelung, dass wir uns im Krankheitsfall gegenseitig vertreten. Ich bitte Sie noch einmal, sich der Aufgaben von Herrn Bäcker anzunehmen. Details regeln wir in Kürze in einem Mitarbeitergespräch. Lassen Sie mich bis dahin wissen, welche Unterstützung ich Ihnen außerdem noch zukommen lassen kann."

3. *Taten statt Worte*

   Hier nehmen Misstrauen und das Unterstellen feindlicher Absichten zu. Die Körpersprache bekommt eine größere Bedeutung. Das Einfühlungsvermögen ist gänzlich verloren gegangen. Es bilden sich Gruppierungen heraus, in denen einzelne immer wieder die gleichen Rollen übernehmen, etwa Angreifer und Verteidiger. Auf dieser Stufe überwiegt das Konkurrenzdenken, das Bemühen um Kooperation tritt in den Hintergrund.

Hier ist es wichtig, nicht Partei zu ergreifen, sondern die eigene Wahrnehmung zu schildern und gleichzeitig deutlich zu machen, dass eine Änderung im Umgang miteinander gewünscht und eine weitere Eskalation unerwünscht ist. Auch kann der Vorschlag einer Pause dazu führen, dass sich die Gemüter beruhigen.

4. *Images und Koalitionen*
   In dieser Stufe werben Parteien um Anhänger, indem sie ein negatives Bild vom Gegner verbreiten. Verdecktes Sticheln, Reizen und Ärgern findet statt. In dieser Phase setzt der Mechanismus der selbsterfüllenden Prophezeiung ein. Das heißt, die Parteien weisen sich wechselseitig extreme Rollen zu, die sie eigentlich bekämpfen, um am Ende festzustellen: „Wir haben es doch schon immer gesagt." Hier ist es erforderlich, damit aufzuhören, die Gegenseite schlecht darzustellen, und sich von den verfeindeten Gruppen zu distanzieren, sofern dies noch möglich ist.

5. *Gesichtsverlust*
   Auf dieser Stufe ist der Konflikt schon sehr dramatisch, weil der Glaube an die moralische Integrität des Gegners verloren gegangen ist. Man kann in ihm nichts Positives mehr sehen, während das eigene Selbstbild erhöht wird. Öffentliche und direkte Angriffe dominieren, der Gegner wird als Sündenbock dargestellt, der demaskierte Gegner sinnt auf Rache, um auch bei der anderen Seite einen Gesichtsverlust herbeizuführen. Die Gemeinschaft ist damit zerrüttet.

6. *Drohstrategien*
   Die Parteien stellen nun wechselseitig Forderungen auf und drohen Sanktionen an, der Konflikt beschleunigt sich, da das Ganze unter großem zeitlichem Druck stattfindet.

7. *Begrenzte Vernichtungsschläge*
   Die Drohungen werden in die Tat umgesetzt, der eigene erlittene Schaden wird als „Gewinn" gesehen, moralische Werte werden in ihr Gegenteil verkehrt.

8. *Zersplitterung*
   Der Zusammenbruch des feindlichen Systems wird angestrebt, die Zerstörung soll auf materieller und psychischer Seite stattfinden.

9. *Gemeinsam in den Abgrund*
   Der Feind und dessen Umgebung werden extrem geschädigt, auch die Selbstvernichtung wird bewusst einkalkuliert.

Da Konflikte in Unternehmen wertvolle Arbeitszeit binden, im Extremfall nicht in der Abteilung bleiben, sondern nach außen wirken und manchmal keinerlei produktive Arbeit mehr ermöglichen, sollte es im ersten Schritt immer darum gehen, die Arbeitsfähigkeit der am Konflikt Beteiligten und des Systems wiederherzustellen. Klar ist, dass man mit den Beteiligten Gespräche führen muss. Dabei ist es nicht immer einfach zu erkennen, wo die Ursachen des Konfliktes liegen und wie weiter zu verfahren ist. Reicht vielleicht der Einsatz eines wohlüberlegten Machtwortes oder gar die Erinnerung an die etablierten Regelabläufe im Unternehmen? Oder bedarf es mit Blick auf die fundierte Konfliktlösung eines moderierten Klärungsgespräches, in dem Sie als neutraler Vermittler agieren? Oder ist der Konflikt schon so weit fortgeschritten, dass externe Hilfe benötigt wird? Wie dem auch sei, Ihre Aufgabe ist es zunächst einmal, den Konflikt zu erkennen und zu verstehen. Verschaffen Sie sich zunächst einen Überblick über die Art des Konfliktes und über das Umfeld, das den Konflikt ermöglicht oder stabilisiert. Die Kunst besteht insbesondere darin, die hintergründigen Interessen der Konfliktparteien herauszufinden. Denn bedenken Sie: Interessen und Positionen sind in den meisten Fällen nicht dasselbe. Folgende Fragen erleichtern Ihnen die Analyse [2]:

Fragen

- **Wer ist am Konflikt beteiligt?**
  - Einzelpersonen
  - Gruppen
  - die Führungskraft selbst (Wie stehe ich dazu? Bin ich parteilich?)
- **Welche Streitpunkte gibt es?**
  - Welche Themen werden im Vordergrund geäußert?
  - Welche Themen könnten im Hintergrund eine Rolle spielen?
- **Wie ist der Konflikt bisher verlaufen?**
  - Beginn, Intensivierung, Ausweitung
- **Auf welcher Ebene befindet sich der Konflikt?**
  - Strukturebene: Hier geht es zum Beispiel um die Arbeitsverteilung, Verantwortlichkeiten, Informationsfluss.
  - Soziale Ebene: Sie bezieht sich auf die Interaktion zwischen den Mitgliedern einer Organisation, etwa um Werte, Fähigkeiten, Konfliktfähigkeit
  - Personale Ebene: Hier geht es um das Verhalten einer Einzelperson, ihre Werte und ihren Umgang mit Emotionen.
- **Was wurde bisher getan, um den Konflikt zu regulieren?**
  - Die Führungskraft hat mittels ihrer Entscheidungsmacht agiert.
  - Sie hat auf bekanntes Regelwerk zurückgegriffen.
  - Sie hat einen Vermittlungsprozess eingeleitet.

Bei der weiteren Bearbeitung des Konfliktes ist die Klärung der eigenen Beteiligung wichtig: Wie stehe ich zu dem Konflikt? Welche Bedeutung hat der Konfliktgegenstand für mich? Bin ich parteilich in diesem Konflikt [3]?

Wie schon oben erwähnt, sollte es in einem ersten Schritt immer darum gehen, die Arbeitsfähigkeit aller Beteiligten wiederherzustellen. Es geht dabei noch nicht um eine Bearbeitung des Konfliktes, sondern zuerst einmal um eine Konfliktregulierung, und zwar entsprechend der drei Grundmuster: Macht, Regeln und Vermittlung.

In den 80er Jahren entwickelten William Ury, Stephen Goldberg und Jeanne Brett drei Grundformen zur Konfliktregulierung („äußere Beeinflussung des Verhaltens durch gegenseitig vereinbarte oder generell auferlegte Regelungen") [2, S. 22], um Konflikte im Arbeitsleben zu behandeln. Diese Methode wurde zum ersten Mal in der Caney Creek Coal Mine eingesetzt, um die Streikbereitschaft der Arbeiter zu reduzieren. „At the center of their method were three heuristics for analyzing conflicts and designing new systems, which could deal with these conflicts quickly and efficiently, before they escalated [. . .]" [4].

1. *Der Einsatz von Macht („pursuing power options")*
   Es geht um die Entscheidungsmacht, die die Führungskraft besitzt, um Dinge nach den eigenen Wünschen zu regeln. Ihr Einsatz ist dann zu empfehlen, wenn eine schnelle Entscheidung gefragt und für den konkreten Konfliktfall keine Regel vorhanden ist. Sie ist auch bei hoch eskalierenden Konflikten einsetzbar, wenn Vermittlungen kein Ergebnis bringen. Dagegen spricht, dass der Einsatz der Entscheidungsmacht Widerstände, Gewinner und Verlierer produziert. Interessen der Beteiligten werden nicht berücksichtigt. Auch leidet die Beziehung der betroffenen Personen.

2. *Der Einsatz von Regeln („adjudicating rights")*
   Er trifft besonders dann auf hohe Akzeptanz, wenn das Regelwerk gemeinsam erarbeitet wurde. Es bietet auch im Konfliktfall eine Orientierung und wird eher als objektiv wahrgenommen, weil der persönliche, durch die Beziehung der Betroffenen geprägte Anteil einer Einzelfalllösung entfällt. Jedoch werden individuelle Anliegen und Besonderheiten wie beispielsweise hohe Arbeitsbelastung ausgeblendet, sodass auch die Einhaltung von Regeln und Beschlüssen eventuell mit Macht durchgesetzt werden muss. Der Rückgriff auf Regeln erweist sich immer dort als positiv, wo sich Konflikte auf struktureller Ebene anbahnen, Objektivität gefragt ist und die Zeit für ein vermittelndes Gespräch nicht zur Verfügung steht.

3. *Der Einsatz von Vermittlungsgesprächen („negotiating interests")*
   Ergebnisse von Vermittlungsgesprächen haben eine hohe Akzeptanz, weil die Beteiligten die Lösung selbst entwickelt haben. Sollte kein Einvernehmen erzielt werden, dann muss doch ein Machtwort gesprochen werden. Vermittlungen sind jedoch in ihrem Zeitaufwand und ihrem Ergebnis nicht vorhersehbar, die Führungskraft favorisiert also keinen eigenen Lösungsansatz und akzeptiert das ausgehandelte Ergebnis. Eine Vermittlung setzt bei allen Beteiligten die Bereitschaft voraus, an der Klärung konstruktiv mitzuarbeiten. Außerdem müssen alle, insbesondere die zu vermittelnde Person, über Verhandlungskompetenz verfügen. Die vermittelnde Person muss als neutral akzeptiert sein. Die erforderliche Zeit sollte im Interesse einer nachhaltigen Lösung investiert werden.

Ein Instrument der Selbsthilfe in Konflikten, das relativ zeitnah in den ersten Eskalationsstufen umsetzbar ist, basiert auf dem Harvard-Konzept (ein von Fisher, Ury, Patton Ende
der 70er entwickeltes Konzept zum sachgerechten Verhandeln) [5]:

1. Die Trennung von Sach- und Beziehungsebene,
2. der Verzicht auf „Du-Botschaften" und stattdessen die Verwendung von „Ich-
   Botschaften", um die eigene Mitverantwortung am Konflikt zu verdeutlichen,
3. das Aussprechen von „Unerwünschtem", um zu signalisieren, dass eine bestimmte vorhersehbare Entwicklung inakzeptabel ist,
4. das Benennen des störenden Verhaltens, ohne das Selbstwertgefühl des Betroffenen zu verletzen.

Als Führungskraft haben Sie stets die Möglichkeit, einen Konflikt zwischen Einzelnen oder
Gruppen zu moderieren. Beachten Sie dabei die Regeln der Mediation [6]:

1. Gespräche zur Lösung des Konfliktes beruhen auf Freiwilligkeit. Wenn eine
   Konfliktpartei sich weigert, kann keine Klärung des Konfliktes stattfinden.
2. Die betroffenen Konfliktparteien wissen, wie der Konflikt entstanden ist, und
   nur sie sind für die Konfliktlösung verantwortlich.
3. Gegenseitige Akzeptanz setzt voraus, dass das Ergebnis offen bleibt.
4. Übergeordnetes Ziel ist eine zukünftig störungsfreie Zusammenarbeit.
5. Konfliktlösungsgespräche sind absolut vertraulich.
6. Die Führungskraft als Konfliktmoderator ist überparteilich und übernimmt die
   Verantwortung für den Prozess der Konfliktlösung. Sie fragt nach, beschreibt
   den Zustand und sammelt letztendlich alle Maßnahmen auf dem Weg zum Ziel.

Vorbereitung des Gesprächs: Überlegen Sie, wo, wann und mit wem das Gespräch stattfinden soll. Sind Sie darüber informiert, was wann wo wie und zwischen wem passiert ist?
Was erscheint noch unklar? Notieren Sie sich gegebenenfalls Fragen, um den Sachverhalt
im gemeinsamen Gespräch klären zu können. Bedenken Sie auch: Klare Kommunikation
setzt immer Selbstklärung voraus. Also fragen Sie sich auch: Wie sehe ich die Beziehung
zu den Beteiligten? Und wie sehen wohl die anderen unsere Beziehung?

Verabredung zum Gespräch: Bitten Sie die beteiligten Personen in Einzelgesprächen
um einen Gesprächstermin mit der Ankündigung des Themas und Ihrer Einschätzung der
Situation: „Herr Müller, ich habe auf unserer letzten Besprechung den Eindruck gewonnen,
dass Sie sehr unzufrieden mit dem Ergebnis von Frau Meier waren. Habe ich das richtig
wahrgenommen? Teilen Sie meine Einschätzung?". Lassen Sie dann den Gesprächspartner
reagieren und stimmen Sie den Termin ab.

Konfliktanalyse im Gespräch: Wenn Sie die betroffenen Personen an einen Tisch gebracht haben, sind sie schon einen großen Schritt weitergekommen. Geben Sie dies auch weiter: „Ich freue mich, dass wir alle heute an einem Tisch sitzen, um gemeinsam nach einer Lösung für unsere Situation zu suchen." Machen Sie zu Beginn des Gesprächs auch klar, dass Sie als neutraler Vermittler fungieren und bei der Klärung des Konfliktes, der Hintergründe und der Entwicklung von Lösungen unterstützen. Sinnvoll ist es ebenfalls, jeweils eine Person mit der Moderation der Beiträge und der Aufgabe der Zeitkontrolle zu beauftragen.

Beschreiben Sie zunächst den Zustand (Was ist los?), beschreiben Sie dann das Ziel (Was soll sein?) und forschen Sie nach den Ursachen für den Zustand oder für dessen Wahrnehmung (Warum ist das so?). Überlegen Sie gemeinsam, ob und, wenn ja, wie die Ursache beseitigt werden kann. Falls die Behebung der Ursache nicht möglich erscheint, dann sammeln Sie alle denkbaren Maßnahmen, um das Ziel zu erreichen. Überlegen Sie dabei, ob die Maßnahmen ökonomisch, sozial und ethisch vertretbar sind. Was kann ich erwarten? Wozu sind die Betroffenen in der Lage? Sind die Maßnahmen im Alltag durchführbar? Wo sind die Vorteile? Gibt es auch Nachteile, die noch nicht bedacht sind? Danach entscheiden Sie sich! Entweder für die beste oder für die am wenigsten schlechte Lösung.

Planen Sie die Verwirklichung der gemeinsam entwickelten Lösung: Wer soll was, wie, wo und bis wann tun? Wichtig ist, dass Sie das Verhandlungsergebnis schriftlich festhalten. Die Unterschrift der Betroffenen unter einer Zielvereinbarung verdeutlicht die Verbindlichkeit und Ernsthaftigkeit der getroffenen Vereinbarung.

Blicken Sie auch auf das Gespräch zurück: Ist das Ziel erreicht? Wenn nicht, wo liegen die Gründe dafür? Was werde ich künftig genauso, was werde ich anders machen? Selbst wenn Sie nicht alles erreicht haben, was Sie sich vorgenommen haben, bedenken Sie, dass Ihnen allen bereits ein großer Schritt nach vorn gelungen ist. Die betroffenen Parteien haben ihren Konflikt thematisiert und sind damit bereits auf dem Weg zur Konfliktlösung [6].

Take-Away-Message

Überall, wo Menschen zusammenkommen, gibt es Konflikte. Dabei sind nicht die Konflikte das Problem, sondern die Art, wie wir damit umgehen. Jede Veränderung bringt Konflikte mit sich und jeder Konflikt führt zu Veränderungen.

Konflikte decken häufig Fehler in den Organisationsstrukturen auf und weisen damit auf notwendige Veränderungen hin. Als helfendes Signal verstanden, ermöglichen sie Erweiterung und Wechsel der Perspektiven und somit eine Weiterentwicklung der Organisation und der beteiligten Menschen.

Das oberste Gebot für Sie als Führungskraft heißt in einem Konflikt: mit den zerstrittenen Parteien über die verschiedenen Wahrnehmungen der strittigen Themen reden. Suchen Sie in den Positionen die dahinter stehenden Interessen, wenn Sie Konflikte lösen wollen.

Trauen Sie sich, Konflikte offen anzusprechen.

Literatur

1. Birker, G., & Birker, K. (2007). *Teamentwicklung und Konfliktmanagement*. Berlin: Cornelson: Scriptor.
2. Glasl, F. (2011). *Konfliktmanagement: Ein Handbuch für Führungskräfte, Beraterinnen und Berater*. Bern: Freies Geistesleben.
3. Thomann, C. (2004). *Klärungshilfe 2: Konflikte im Beruf: Methoden und Modelle klärender Gespräche*. Reinbek: rororo.
4. Brahm, E., & Ouellet, J. (2003). *Designing new dispute resolution systems*. http://www. beyondintractability.org/essay/designing_dispute_systems/. Zugegriffen: 14. Aug. 2012.
5. Fisher, R., Ury, W., & Patton, B. (2009). *Das Harvard-Konzept: Der Klassiker der Verhandlungstechnik*. Frankfurt: Campus.
6. Schulz v. Thun, F., Ruppel, J., & Stratmann, R. (2008). *Miteinander Reden: Kommunikationspsychologie für Führungskräfte*. Reinbek: rororo.

Teil V
Sinnempfinden

Dieser Teil zeigt auf, wie Menschen Sinn empfinden und weshalb auch dies im Berufsalltag wichtig ist. Auch werden Handlungsempfehlungen für die Praxis gegeben.

Wie entsteht Sinn in der Arbeit?

Tim Herrmann

> Das Leben ist kurz – zu kurz auf jeden Fall, um es in einem Beruf zu verbringen, den man
> für belanglos, für unsinnig und lästig hält. Ein Beruf sollte nicht nur zum Lebensunterhalt
> dienen, sondern zu einem willkommenen Teil des Lebens werden können. Wenn dieses
> Kapitel Ihnen dabei hilft, Ihren Beruf in einem etwas anderen Licht zu betrachten, dann war
> die Arbeit daran für mich . . . sinnvoll! (Tim Herrmann)

Sie sitzen ganz ruhig am Schreibtisch, arbeiten, wie Sie jeden Tag arbeiten – an einem
Projekt, an einer Präsentation oder an einem Dokument. Es ist ein vollkommen normaler
Tag, keine außergewöhnlichen Vorkommnisse, keine aufregenden Termine. Vielleicht
scheint die Sonne. Und dann schauen Sie aus dem Fenster neben Ihnen, um der kalten
Realität des Büros nur für wenige Momente zu entfliehen, und fragen sich urplötzlich, ganz
im Stillen: „Hat das alles hier eigentlich irgendeinen Sinn?".

Ist Ihnen noch nie passiert? Das wäre nicht allzu verwunderlich, denn es bedarf schon
eines gesteigerten Bedürfnisses an Selbstreflexion, um sich einfach so und aus heiterem
Himmel die Frage der Fragen zu stellen – die Frage nach dem Sinn des Lebens, die Sinn-
frage. Und stellt man sie sich doch, gehört dazu schon eine Menge Mut. Meistens werden
Menschen mit der Frage nach dem Sinn in ihrem Leben schließlich erst konfrontiert, wenn
sie ein einschneidendes Erlebnis hatten, wenn sie knallhart vor Augen geführt bekommen,
dass plötzlich alles anders ist, als es immer war. Wenn sie sich auf einmal neu definieren
und in ihrer Umwelt zurechtfinden müssen.

Das kann am Beginn einer neuen Lebensphase sein, nach einer großen Enttäuschung
oder einem Ereignis, das einfach alles durcheinander wirbelt – zum Negativen oder zum
Positiven. „Wer bin ich? Was ist der Grund dafür, dass ich lebe? Was ist mein Weg?"
– solche hochphilosophischen Fragen stellt sich der Mensch als einziges Lebewesen auf
diesem Planeten. Und das nicht erst seit ein paar Jahren, weil es gerade Trend oder Zeitgeist

T. Herrmann (✉)
Bargteheide, Deutschland
E-Mail: mail@positive-psychologie-im-beruf.de

wäre. Schon Goethes Faust zerbrach an der Frage danach, „was die Welt im Innersten zusammenhält". Hamlet treibt der Zusammenhang zwischen Sinn und Wahnsinn um, wenn er verträumt mit dem weltbekannten Knochenschädel kommuniziert. Wo sich die Antilope in der Savanne von Tag zu Tag nur um das nackte Überleben sorgt, braucht der Mensch ein größeres Ganzes, das seine Existenz umfasst. Er will nicht einfach nur leben, um zu leben, sondern am besten etwas von sich hinterlassen; einen Unterschied ausmachen und durch seine Existenz die Welt nachhaltig verändern – selbst wenn die Veränderung sich nur im kleinsten möglichen Detail widerspiegelt. Er will seinem Leben einen Sinn geben.

Lassen Sie uns den kleinen Ausflug in die großen Fragen der Menschheit an dieser Stelle beenden und das hochtheoretische und gleichzeitig so praktische Konstrukt sinnvoll (!) auf die Praxis in Ihrem Unternehmen beziehen.

Muss es Sie als Führungskraft überhaupt interessieren, ob Ihre Mitarbeiter sich auf direktem Weg in den strahlend hellen Schein der Selbstverwirklichung befinden oder ob sie eher zu der eingangs beschriebenen Gruppe der Aus-dem-Fenster-Gucker zählen? Ist Sinnfindung ein Privatvergnügen, das in der analytischen, druckbelasteten, effizienzbasierten, fakten- und informationsträchtigen Arbeitswelt keinen Raum (und damit Zeit, Kosten und Aufmerksamkeit) einnehmen sollte?

Ohne schon vor den eigentlichen Argumenten zu viel vorwegnehmen zu wollen: Ganz ausklammern sollte die Überlegungen über sinnvolle Arbeit kein Mensch – in keinem Beruf, in keiner Branche und auf keiner Hierarchieebene. Einen Sinn in seiner Arbeit zu finden, kann ein echter Schatz für alle Beteiligten sein. Und es lohnt sich, auf die Suche nach diesem Schatz zu gehen, zu graben, bis man auf etwas Wertvolles stößt.

Allein die Zahlen sprechen eine eindeutige Sprache: Ein Mensch, der Vollzeit arbeitet, verbringt etwa acht Stunden seines Tages mit Erwerbsarbeit. Circa acht weitere Stunden verbringt er schlafend. Obwohl der Schlaf enorm wichtig ist, wie im Kap. 8, „Euthymie", geklärt wurde, bleiben zur Sinnfindung letztendlich nur noch acht Stunden am Tag übrig. In diesen verbliebenen acht Stunden muss man sein Leben organisieren, einkaufen, putzen, Pflichten nachkommen – oder sich simpel und einfach ein wenig entspannen. Erst dann bleibt ein wenig Luft für Freizeit, für Hobbys und letztlich für sich selbst. Wer nach einem Sinn im Leben durstet, kann seine Arbeit also schon rein logisch betrachtet davon kaum ausnehmen, schließlich nimmt sie den größten Teil des Tagesablaufs ein.

Die empirische Erforschung von „Sinn in der Arbeit" hinkt dem großen Thema „Sinn des Lebens" rein mengenmäßig hinterher. Dennoch lassen sich die Ergebnisse aus anderen Sinnstudien recht anschaulich auf die Arbeitswelt beziehen. Die Quintessenz der bisherigen Erkenntnisse [1]: Menschen, die einen Sinn in ihrem Leben empfinden, fühlen sich durchschnittlich wohler. Psychologische Probleme und Krankheiten treten seltener auf, sie empfinden weniger Stress und als Konsequenz sinkt auch die Anzahl an körperlichen Erkrankungen. Insgesamt begegnen Menschen, die ihre eigene Existenz für sinnvoll halten, der Zukunft mit wesentlich mehr Optimismus.

Für Unternehmen können solche Menschen nur von Vorteil sein – weniger Krankmeldungen und Fehltage, mehr Engagement durch längere und intensiver verbrachte Arbeitszeit und ein ausbalanciertes Gleichgewicht zwischen Arbeit und Privatleben machen sie zu effizienten und gleichzeitig glücklichen Arbeitskräften, die sich trotz teilweise hohen Arbeitsaufkommens nicht als überlastet bezeichnen würden. Weil sie so motiviert und zufrieden mit ihrer Situation sind, stellen sie gute Repräsentanten nach innen und nach außen dar. Sie bilden neue Mitarbeiter aus oder weiter, sprechen außerhalb der Arbeit gut über ihr Unternehmen und haben auch seltener Anlass, Entscheidungen des Top-Managements zu blockieren.

In einer Studie [2] gab die Mehrheit der befragten Teilnehmer an, ihre Arbeit sei einer der wichtigsten Aspekte auf der Suche nach dem Sinn im Leben. Wer Sinn stiften möchte, sollte also auch im Arbeitsleben ansetzen. Nun wäre es vermessen, die Verantwortung dafür, Sinn in die Tätigkeiten ihrer Mitarbeiter zu injizieren, allein an Arbeitgeber und Führungskräfte abzutreten. Solange eine Person nicht von sich aus einen tieferen Sinn in ihrer Arbeit oder in ihrem Leben erkennt, bleibt es ohne Effekt, wenn man ihn ihr immer wieder von außen zu versichern versucht. Zuallererst will der Sinn also gefunden werden. Ihn einfach wie auf dem Silbertablett zu servieren, kann auf Dauer keinen nachhaltigen Effekt bringen.

Genau in diesem Such- und Findungsprozess können Führungskräfte ihren Mitarbeitern jedoch helfen. Wo Sie mit betrieblichen Maßnahmen am besten ansetzen – und warum – das soll im weiteren Verlauf dieses Kapitels geklärt werden.

Mitarbeiter danach zu fragen, was sie im Unternehmen eigentlich machen, kann manchmal sehr aufschlussreich sein. Eine achselzuckende, unmotivierte, gar gelangweilte Antwort im Duktus von „Nun ja, ich habe hier halt einen Job", sollte zunächst einmal kritisch stimmen. Denn im deutschen Sprachgebrauch versteht man unter einem Job meist eine nicht besonders umfangreiche, vorübergehende Tätigkeit, mit der man kurzfristig den Lebensunterhalt bestreitet. Nicht umsonst „jobben" Studenten in ihrer Freizeit. Und manchmal muss auch schnell „ein Job erledigt" werden – dann also eine einzelne Tätigkeit oder ein Auftrag. Es scheint daher recht weit hergeholt, in einem einzelnen Job schon einen tieferen Sinn aufdecken und erfahren zu wollen, wenn man diesen „Job" per definitionem geistig schon abgehakt hat, bevor er richtig beginnt.

Ein kräftiges, entschlossenes, vielleicht sogar stolzes „Diese Position ist mein Beruf", ist dagegen schon eine verbindlichere Sprechweise. Schließlich ist der Beruf „ein Bündel von Tätigkeiten, die fachspezifische Kenntnisse und Fertigkeiten erfordern" [3, S. 279]. Diese fachspezifischen Kenntnisse und Fertigkeiten muss man sich erst einmal aneignen, sie treiben einen Menschen oft langfristig in eine bestimmte berufliche Richtung und hängen im besten Fall auch eng mit den persönlichen Interessen und Affinitäten ihres Besitzers zusammen. Sinn im Beruf? Durchaus denkbar.

Machen wir noch einen kurzen Schritt zurück und blicken auf die originäre Herkunft des Berufs. Das Wort „Beruf" leitet sich von der „Berufung" ab. Ursprünglich haben Christen dieses Wort genutzt, um das Gefühl zu bezeichnen, persönlich (von einer höheren Instanz, sprich: Gott) für eine bestimmte Tätigkeit oder einen Lebensweg vorgesehen zu sein. Die Berufung gibt dem eigenen Leben einen Sinn und ruft nicht nur einen persönlichen Nutzen hervor, sondern ist darüber hinaus auch für die Allgemeinheit sinnvoll. Durch den Begriff „Berufung" werden die zwei Elemente „Arbeit" und „Sinn" wohl am besten miteinander vereint und auch sprachlich greifbar gemacht.

Nun wäre es kühn, Sinnfindung in der Arbeit davon abhängig zu machen, dass man von einer höheren, vielleicht gar von einer religiös-spirituellen Instanz zu einer Arbeit berufen sein muss. Was sollten dann zum Beispiel Reinigungs- oder Abfallentsorgungskräfte von dieser Gottheit halten, die sie ihrer Bestimmung zugeführt hat? Und dennoch schließt das Konzept der Berufung mitnichten aus, dass auch sie tieferen Sinn in ihrer Arbeit erfahren.

Stellen Sie sich eine Putzkraft vor, die gerade eigentlich nur einen Tisch entstaubt, ganz routiniert, gekonnt, in schwungvollen Bewegungen. „Was machen Sie da?", würde man sie vielleicht eines Tages fragen. Ihre Antwort könnte eine ganz profane sein: „Ich entstaube den Tisch". Sie könnte aber richtigerweise auch sagen: „Ich wische gerade das ganze Haus durch und mach's sauber". Im letzteren Falle ist sie sich des größeren übergeordneten Nutzens ihrer Tätigkeit bewusst. Sie putzt eben nicht nur den Tisch, sondern trägt durch ihre Arbeit dazu bei, dass ein ganzes Gebäude in frischem Glanz erstrahlt.

Ebenso der Müllmann: Sieht er nur die grauen Tonnen, die sich durch seine Hand und die Mechanik des Müllfahrzeugs einzeln und fast automatisch, eine nach der anderen, in den dunklen Schlund des Wagens entleeren, wird er kaum einen tieferen Sinn in dieser einseitigen Tätigkeit erfahren. Hält er sich aber vor Augen, dass er Ratten, Plagen und Krankheit aus der Stadt fernhält und hunderten Menschen Gestank und Unrat in den Straßen erspart, so könnte er sich schnell darüber bewusst werden, dass er hier sehr sinnvolle Arbeit verrichtet. Sinn in der Arbeit – der ist nicht nur Ärzten, Grundschullehrerinnen und Ehrenamtlichen vorbehalten, die sich für ein gesellschaftlich definiertes und anerkanntes größeres Gut einsetzen.

Ein letztes Beispiel hierzu von der University of Notre Dame [4]: In einer Studie wollten die Forscher herausfinden, ob ein Beruf an sich sinnvoll oder sinnlos ist oder ob es die Tätigkeit und der größere Nutzen (also die Berufung) dahinter sind, die der Arbeit einen Sinn geben. Die Forschung der Universität konzentriert sich auf US-amerikanische Landwirte, deren Betrieb eine ökologische Initiative gestartet hat: Eine neue Biogasanlage bezieht aus dem Dung des gehaltenen Viehs Energie und gewährleistet so umweltfreundliche, erneuerbare Stromversorgung für den ganzen Betrieb.

In Folge dieses grün-ökologischen Vorstoßes stieg die Arbeitsmotivation bei den beschäftigten Farmarbeitern merklich und messbar an: Die Hinterlassenschaften von Rindern einzusammeln, scheint zunächst keine sonderlich erstrebenswerte Tätigkeit zu sein – dennoch sind die Bauern motiviert und haben Spaß an ihrer Arbeit. Sie wissen und bekommen täglich vor Augen geführt, dass sie durch den Umweltschutz unter anderem dem Allgemeinwohl und damit einem größeren Nutzen dienen.

Die Essenz dieser Beispiele:

▶   Einen übergeordneten Nutzen in seiner Arbeit zu finden, scheint weitestgehend unabhängig vom eigentlichen Beruf ein sinnstiftendes Element zu sein. Es erhöht sowohl die Arbeitsmotivation als auch die Arbeitszufriedenheit. Die Arbeit bekommt einen Zweck, mit dem sich die Mitarbeiter identifizieren. Der übergeordnete Nutzen gibt ihnen einen Kurs vor, dem sie in ihren Tätigkeiten folgen.

Ist es also völlig egal, welche Position ein Mitarbeiter in Ihrem Betrieb bekleidet, welche Funktion er innehat und welchen Tätigkeiten er nachgeht? Hauptsache, er findet irgendeinen übergeordneten Nutzen darin? Geht die Sinnfindung dann fast von allein. . . ? Ganz so einfach ist es nicht – schließlich passt nicht jeder Mensch automatisch auch in jeden denkbaren Beruf. Stellen Sie sich allein klischeehafte Inkarnationen wie die eines Buchhalters und eines Marketing-Spezialisten im Beruf des jeweils anderen vor – Büroapokalypse.

Jeder hat ein eigenes Verständnis von sich selbst, ein eigenes Verständnis von der Welt, in der er lebt, und eine eigene Vorstellung von seiner individuellen Nische, seinem Platz und seiner Rolle in dieser Welt [5]. Und natürlich auch eigene Ziele, Wünsche, Fähigkeiten, Kenntnisse oder Stärken, die eben nicht auf jeden Beruf passen.

Alle diese unterschiedlichen Auffassungen und Ausprägungen verschmelzen in einer einzigartigen Persönlichkeit, die viele erst einmal selbst kennenlernen müssen. Eine (mehr oder weniger) umfassende Selbsterkenntnis ist genauso wie der übergeordnete Nutzen ein Sinnstifter im Leben und in der Arbeit [1]. „Wer bin ich" und „Was mache ich hier" – wer diese zwei grundlegenden, wenn auch recht abstrakten Fragen für sich zufriedenstellend beantworten kann, ist auf dem Weg zur Sinnfindung schon ein ganzes Stück weiter.

„Wer bin ich" steht dabei für das eigene Selbstverständnis. „Was mache ich hier" definiert die individuelle Rolle in einem bestimmten Umfeld, um nicht zu sagen: die Funktion in der Welt an sich. Ersetzt man nun die sehr umfassende „Welt" einfach durch das Wörtchen „Unternehmen", bringt dies das theoretisch-imposante Konstrukt gleich einige Schritte näher an die Praxistauglichkeit:

Fragen

„Für welche Tätigkeiten bringe ich in meiner Firma die besten Voraussetzungen mit?"
„Was macht gerade mich zu einer wertvollen Arbeitskraft?"
„Wie kann ich mich in diesem Unternehmen konstruktiv einbringen?"

Drei Fragen, die am Anfang der Entwicklung eines Selbstverständnisses stehen. Dieses Selbstverständnis gibt Menschen die Fähigkeit, sich und ihre Umwelt einzuschätzen, und ist daher ein wichtiger Bestandteil, um Sinn finden zu können.

Nun stehen bereits zwei Faktoren fest, die zur Sinnfindung in der Arbeit oder im Leben beitragen: Selbstverständnis und ein übergeordneter Nutzen. Mit einem simplen, wenn auch abstrakten Puzzle-Spiel können wir uns im Folgenden dem zunächst einmal furchterregend anmutenden Wortungetüm der „Selbst-Transzendenz" widmen [6]. Es kombiniert die beiden genannten Aspekte und beschreibt damit den Weg zur Sinnfindung.

Stellen Sie sich die Welt, in der wir leben, einfach als gigantisches Puzzle vor. Jeder Mensch ist dabei ein Teil, das an eine bestimmte Stelle passt und damit das übergeordnete Gesamtbild vervollständigt. Das ganze Bild zu sehen, ist sozusagen der „Sinn des Lebens" (beziehungsweise der Sinn dieses Puzzles). Das Bild ist das größere Ganze, dem jedes Stück seinen Teil hinzufügt. Ist es nicht schön zu wissen, dass das ganze Bild ohne „Ihr" Puzzlestück nicht vollständig wäre?

Nun müssen Sie, um das Bild komplettieren zu können, erst einmal wissen, wo eigentlich Ihre Ecken und Kanten sind. Welche Ausbuchtung passt in welche Form – und: Fügen sich Ihre Farben, Motive oder Abbildungen in das visuelle Drumherum ein? Stichwort: Selbstverständnis. Sobald alle diese „Selbstverständlichkeiten" geklärt sind, kann es auf die Suche nach der Nische gehen, in die das eigene Puzzlestück-Ich passt. An dieser Stelle sei der metaphorische Zusammenhang zur Suche nach der Rolle in der Welt oder dem Unternehmen noch einmal explizit betont.

Wir besprechen hier also das Einordnen in etwas Übergeordnetes – und damit den Sinn-findungsprozess an sich. Wer sich auf den Weg macht, das große Ganze zu finden, wird auf eben diesem Weg auch mehr über sich selbst lernen, damit wiederum sein Selbstverständnis stärken und so nähere Auskunft darüber bekommen, wo er hineinpasst. Selbstverständnis und übergeordneter Nutzen sollten also nicht getrennt voneinander betrachtet werden, sondern als zwei Seiten derselben Medaille, die in Wechselwirkung zueinander stehen und sich gegenseitig immer wieder Wind in die Segel pusten.

Transzendenz (vom Lateinischen transcendere = hinübergehen) ist der Fachbegriff für diesen Prozess der Einordnung in etwas Übergeordnetes und beschreibt, wie Menschen mit reifer oder reifender Persönlichkeit immer mehr äußere Einflüsse in sich aufnehmen, um ihr Selbstverständnis zu stärken oder zu erweitern. Haben Sie für die deutsche Fußball-Nationalmannschaft beim letzten großen Turnier gejubelt? Warum eigentlich, Sie kennen die elf Männer doch gar nicht. Und die elf Männer, die irgendwo auf der Welt dem Ball hinterherlaufen, kennen Sie auch nicht, sie haben Sie noch nie gesehen oder kennengelernt. Und die Millionen von anderen Menschen, die auf den Fanmeilen und vor den Fernsehern jubeln, haben Sie zum allergrößten Teil auch noch nie zu Gesicht bekommen. Indem Sie sich jedoch einer großen, virtuellen Mannschaft anschließen und Ihre eigene Rolle als Fan darin definieren, geben Sie diesem scheinbar sinnlosen Anbrüllen des Fernsehbildschirms in den dramatischen Fußballsekunden einen Sinn. In gewisser Weise ist das Mitfiebern mit völlig fremden Sportlern also eine Form der Selbst-Transzendenz. Alle Aufmerksamkeit ist Ihnen gewiss, wenn Sie das beim nächsten Fußballabend anbringen...

Berufung, Selbstverständnis, The Greater Good, Rollenverständnis und zuletzt auch noch Selbst-Transzendenz – all das hört sich noch ziemlich unhandlich an. Deswegen soll der Schluss dieses Kapitels die Erkenntnisse aus den vorangegangenen Worten nun in kurze Handlungstipps gießen, mit denen Sie Mitarbeitern im Arbeitsalltag dabei helfen können, ihre Tätigkeiten im Betrieb als ein wenig sinnvoller zu empfinden.

Gehen wir zunächst den schwierigsten Punkt an: den Aspekt des Selbstverständnisses. Allein der Begriff impliziert bereits die Schwierigkeit, Mitarbeitern von außen dabei zu helfen, sich selbst besser zu verstehen. Obwohl der Mitarbeiter die wichtigsten Schritte beim Selbstkennenlernen auf eigene Faust unternehmen muss, können Sie ihn gewissermaßen anleiten: Differenziertes Feedback sollte sich nicht nur mit der reinen Leistung befassen, sondern auch den Menschen hinter der Arbeitskraft beleuchten. Gehen Sie auf Stärken ein und schildern Sie, wie Sie die jeweilige Person wahrnehmen Kap. 18. Konkrete Tipps zur Verbesserung oder zur Stärkung der Stärken sollten dabei keine rigiden Arbeitsan-weisungen sein, sondern mehr Anregungen. Schließlich können Ihre ganz persönlichen Einschätzungen, die auch als solche gekennzeichnet sein sollten, mindestens zum stillen Nachdenken nach dem Gespräch anregen, selbst wenn Ihre Auffassung letztendlich nicht geteilt wird.

In solchen Gesprächen kann es auch wichtig sein, ganz konkret die Aufgaben und die Rolle eines Mitarbeiters zu umreißen und seine individuelle Bedeutung für den Erfolg eines Unternehmens zu betonen. Der Stempel des berühmten „Mädchens für alles" sollte nicht der Einfachheit halber pauschal jedem aufgedrückt werden. Wer gleichzeitig der Kaffeebeauftragte ist, Verantwortung für eine Produkteinführung in Russland trägt und sich dann auch noch zeitintensiv in anderen Projektteams engagiert, läuft Gefahr, seine eigentliche Rolle in einem Wirrwarr aus Funktionen, Aufgaben und Engagements aus dem Blick zu verlieren. Manchmal hilft ein klarer Satz wie: „Ohne Sie würde es Produkt XY in seiner aktuellen Form nicht geben – das ist der Unterschied, den Sie in diesem Unternehmen ausmachen (und der Kaffee schmeckt auch gut)".

Auch bestimmte Coachings und Seminare können hilfreich sein. In ihnen entfällt die Komponente des für beide Seiten ziemlich anstrengenden Vier-Augen-Gesprächs. Stattdessen arbeiten die Teilnehmer in ausgewählten Übungen selbst daran, sich und ihre Rolle im Team besser kennenzulernen. So kann man sie zum Beispiel ihren eigenen Lebenslauf detailliert formulieren lassen, um Raum zum Nachdenken über die eigene Person zu geben. Eine beliebte Übung ist außerdem die „Rede zum 70. Geburtstag", für die man sich auf das konzentrieren muss, was einem wirklich wichtig im Leben ist. In dieser Rede steht die Reflexion über das eigene Leben im Vordergrund. Und um fiktiv darauf zurückblicken zu können, muss sich erst einmal eine Vision davon entwickeln. Vorsicht ist aber stets bei der Zusammensetzung der Gruppen geboten. Denn nur die wenigsten wollen vor einer Gruppe aus fremden Kollegen ihr Innerstes nach außen kehren.

Etwas handfester wird es, wenn es darum geht, den Mitarbeitern einen übergeordneten Nutzen vorzuschlagen, für den sie sich mit ihrer täglichen Arbeit engagieren können. Viele Unternehmen in Deutschland und der Welt haben in den letzten Jahren das Thema Nachhaltigkeit und Corporate Social Responsibility (CSR) für sich entdeckt. Während die meisten Firmen wohl nur auf ein möglichst positives Echo bei Kunden und in den Medien hoffen, zusammen mit einer Hochglanzpolierung des Images, können diese CSR-Programme noch viel weitergreifende Auswirkungen auf die internen Kräfte haben – wenn sie denn wirklich ernst gemeint und bedeutungsvoll sind. Ein Unternehmen, das sich glaubhaft für die Gesellschaft, die Umwelt oder für bestimmte Werte, die Wirtschaft oder eine Region (die Liste könnte man beliebig fortführen) einsetzt, bietet Mitarbeitern eine Plattform, um an dieser Mission teilzuhaben und teilzunehmen.

Ein gern belächeltes, wahrscheinlich längst abgenutztes Mantra, das schon Biene Maja, der Wikinger Wickie oder Die Schlümpfe vom Kinderfernsehen an propagieren, findet auch in der Arbeitswelt Bedeutung: Nur gemeinsam sind wir stark. Es ist schwer, etwas zu bewegen, wenn man den gigantischen Problemen der Welt ganz allein gegenübersteht. Viele würden gern etwas für das große Ganze tun, raffen sich aber nicht dazu auf, sich in ihrer Freizeit für einen gemeinnützigen Verein, eine politische Partei oder sonstige Arbeitsgruppen zu engagieren.

Wenn ein Arbeitgeber eine ehrliche und ambitionierte Firmenmission oder -Vision etabliert, hinter der sich viele Menschen versammeln können, bildet sich schon fast automatisch eine Mannschaft aus motivierten Mitarbeitern, die dazu beitragen wollen. Weil sie schon in dem Unternehmen angestellt sind, müssen sie nicht aktiv neuen Arbeitsgruppen beitreten und können sich ganz einfach durch die alltägliche Arbeit für ein größeres Ganzes im Hintergrund engagieren. Mitarbeiter, die hinter einer Firmenvision stehen, an ihre Richtigkeit, Ehrlichkeit und Aufrichtigkeit glauben und in regelmäßigen Abständen an bereits erfolgte Leistungen erinnert werden, können dadurch den Sinnstifter des übergeordneten Nutzens in ihrer Arbeit erfahren.

Den Sinn im Leben oder in der Arbeit zu finden, ist selbstverständlich kein Projekt, das man sich, überspitzt beschrieben, für zwei Arbeitswochen in den Kalender setzt, über das man dann eine umfangreiche PowerPoint-Präsentation samt Management Summary erstellt und das dann wie üblich ewig auf den firmeninternen Laufwerken versauert. Die Sinnsuche ist bei den allermeisten Menschen ein jahrelanger persönlicher Prozess, von ständiger Reflexion begleitet, bei dem der Sinn wie ein Pflänzchen langsam aus dem Dunklen Mutterboden keimt und sich stetig dem Licht entgegenrichtet, bevor er sich dann irgendwann fest im Boden verwurzelt und schließlich saftige Früchte trägt – viel Erfolg beim Pflanzen...!

Take-Away-Message

Menschen, die Sinn in ihrer Arbeit empfinden, sind glücklicher, motivierter, seltener krank und gute Repräsentanten eines Unternehmens nach innen und außen.

Wer Sinn in seiner Arbeit finden will, sollte im Wesentlichen die folgenden Fragen beantworten können, um ein individuelles Selbstverständnis zu stärken und einen übergeordneten Nutzen in seiner Arbeit finden zu können:

- Stärkung eines individuellen Selbstverständnisses: „Was macht mich als Person aus?", „Welche Aufgaben kann ich besonders gut erfüllen? Welche nicht?", „Welche Rolle spiele ich in meinem Unternehmen – was wäre anders, wenn ich nicht da wäre?"
- Übergeordneter Nutzen: „Wer oder was profitiert (neben mir) von meiner Arbeit?"

Um Mitarbeitern bei der Beantwortung dieser Fragen zu helfen, können Sie ihnen differenziertes persönliches Feedback geben, das zum Nachdenken anregt. Von Unternehmensseite aus können klar umrissene, gemeinnützige Firmenvisionen dabei unterstützen, Mitarbeitern zu verdeutlichen, dass sie durch ihre Arbeit zu einem größeren Ganzen beitragen.

Literatur

1. Steger, M. F., & Dik, B. J. (2009). Work as meaning: Individual and organizational benefits of engaging in meaningful work. In P. A. Linley, S. Harrington, & N. Garcea (Hrsg.), *Oxford handbook of positive psychology and work* (S. 131–141). New York: Oxford University Press.

2. Baum, S. K., & Stewart, R. B. (1990). Sources of meaning through the lifespan. *Psychological Reports 67*(1), 3–14.
3. Bundesagentur für Arbeit. (2010). Definition „Beruf". http://statistik.arbeitsagentur.de/Statischer-Content/Grundlagen/Klassifikation-der-Berufe/KldB2010/Dokumentationen/Generische-Publikationen/Gastbeitrag-Wirtschaft-Statistik.pdf. Zugegriffen 9 Juli 2012.
4. Glavas, A. (2010). Want a happier workforce? Go green, says ND researcher. University of Notre Dame. Notre Dame News. http://newsinfo.nd.edu/news/17106/. Zugegriffen 3 Okt. 2012.
5. Heine, S. J., Proulx, T., & Vohs, K. D. (2006). The meaning maintenance model: On the coherence of social motivations. *Personality and Social Psychology Review*. doi:10.1207/s15327957 pspr1002_1.
6. Allport, G. W. (1961). *Pattern and growth in personality*. New York: Holt, Rinehart & Winston.

Teil VI
Erfolgreiche Aufgabenbewältigung

Dieser Teil beschäftigt sich mit den Voraussetzungen für eine erfolgreiche Bewältigung von Arbeitsaufgaben. Darüber hinaus wird gezeigt, wie das positive Coaching als Teil einer Führungskultur anwendbar ist.

Wie kann eine erfolgreiche Aufgabenbewältigung durch die eigenen Stärken gelingen?

16

Patrick C. Klonowski

> Es liegt in unserer Hand, unseren beruflichen Alltag positiv zu gestalten. Wenn wir den Schritt gehen, uns besser kennenzulernen und unseren Alltag gemäß unserer Stärken auszurichten, dann haben wir die Chance, bisher unerkanntes Potential erfolgreich in Leistung umzusetzen. Denn Talente zu erkennen und zu fördern, bedeutet nicht nur, erfolgreicher zu werden, sondern vor allem, Spaß und Freude zu haben. (Patrick C. Klonowski)

Welche Stärken und Schwächen haben Sie? Vielleicht kennen Sie diese Frage aus Vorstellungsgesprächen, die Sie geführt oder an denen Sie teilgenommen haben. In fast jedem Vorstellungsgespräch fällt sie – und jeder weiß das. Eine wirklich reflektierte und persönliche Antwort ist dabei allerdings selten. Die Vorbereitung auf diese Frage beschränkt sich in den meisten Fällen auf die Ausarbeitung gewisser Stärken und Schwächen, abgeglichen mit dem gewünschten Anforderungsprofil des Arbeitsplatzes.

Die Frage nach Stärken und Schwächen oder mit anderen Worten – „Wer bin ich und was zeichnet mich aus?" – sind die essentiellen Fragen, die uns das gesamte Leben begleiten. Doch warum fällt es uns so schwer, diese Fragen reflektiert zu beantworten? Das Ziel dieses Kapitels ist, Ihnen die Bedeutung der eigenen Stärken zu vermitteln und einen Leitfaden zur Stärkenidentifikation, Stärkenjustierung und zur Umsetzung in die Praxis zu geben.

Was versteht man unter einer Stärke? Und was ist der Unterschied zu einem Talent? Zwar werden beide Begriffe im Sprachgebrauch häufig im gleichen Sinne verwendet, haben aber tatsächlich unterschiedliche Bedeutungen. Es gibt viele verschiedene Definitionen des Begriffs Talent. Der Duden definiert ein Talent als. . .

▶ . . . eine Begabung, die jemanden zu ungewöhnlichen bzw. überdurchschnittlichen Leistungen auf einem bestimmten [. . .] Gebiet befähigt [1].

P. C. Klonowski (✉)
Hamburg, Deutschland
E-Mail: mail@positive-psychologie-im-beruf.de

T. Johann, T. Möller (Hrsg.), *Positive Psychologie im Beruf*,
DOI 10.1007/978-3-658-00265-7_16, © Springer Fachmedien Wiesbaden 2013

Talente sind, anders als oft vermutet, nicht angeboren. Talente werden im frühen Kindesalter, insbesondere im Alter zwischen 3 und 15 Jahren gebildet, indem immer wiederkehrende Verhaltens-, Denk- und Gefühlsmuster selektiert und ausgeprägt werden. Zum Beispiel fällt das Erlernen einer Fremdsprache im Kindesalter dadurch vergleichsweise besonders leicht.

Diese ausgeprägte Selektion wird in den folgenden Lebensabschnitten stärker genutzt und verfeinert. Deshalb ist es besonders wichtig, Kinder zu loben, wenn sie in bestimmten Bereichen erfolgreich sind. Denn durch positives Feedback fördern wir dieses Verhalten und somit auch die Entwicklung und Fokussierung auf die Talente. Ein Talent bildet die Basis für eine Stärke. Somit kann man eine Stärke in drei verschiedene Teile untergliedern:

Wie bereits erwähnt, ist das Talent die erste Komponente. Die zweite Komponente ist die Fähigkeit. Die letzte Komponente ist das Wissen, das erlernt ist und auf Erfahrungen basiert. Beispiele für Wissen sind die Kenntnis über gesetzliche Richtlinien, die für Buchhalter so wichtig sind wie Produktkenntnisse für Vertriebsmitarbeiter. Eine Stärke ist das Zusammenspiel von Talenten, Fähigkeiten und Wissen, was in einer beständigen, beinahe perfekten Leistung resultiert; eine Aktivität, bei der man sich besonders wohl und stark fühlt; etwas, das man besonders gut beherrscht.

In der Positiven Psychologie findet eine *Fokussierung auf Stärken* und lediglich in geringerem Maße eine Kompensation von Schwächen statt. Um dies zu erklären, bietet sich folgendes Beispiel an, das Ihnen womöglich bekannt vorkommt, wenn Sie an Ihre Schulzeit zurückdenken: Jeder von uns hatte in bestimmten Schulfächern besonders viel Spaß – und in anderen nicht ganz so viel. Nehmen wir an, Englisch machte Ihnen am meisten Spaß und der Mathematikunterricht gehörte nicht zu Ihren Lieblingsfächern. Mit einem bestimmten Aufwand haben Sie dann besonders gute Leistungen im Fach Englisch erbracht, das Sie mit Spaß und Motivation begleitet haben. Mit dem gleichen Aufwand im Mathematikunterricht wäre zwar eine Steigerung der Leistung möglich gewesen, die aber nicht an das Niveau der Leistung in Englisch herangereicht hätte und mit weitaus weniger Motivation und Spaß verbunden gewesen wäre.

Natürlich ist es wichtig, Schwächen zu erkennen und diese zu kontrollieren. Doch es ist nicht möglich, eine Schwäche in eine Stärke umzuwandeln. Konzentrieren wir uns hingegen auf die Stärken, so konzentrieren wir uns auf Bereiche, die sich grundsätzlich bereits auf einem hohen Niveau befinden. Es bringt uns Spaß, sie weiter zu verfolgen, wir sind motiviert und der Aufwand führt zu besonders guten Leistungen.

Denken wir an das Beispiel aus der Schulzeit zurück: Kinder, denen ein Schulfach besonders schwerfällt, bekommen Nachhilfe auf diesem Gebiet. Gleichzeitig wird aber die Förderung in den Fächern, für die sie bereits ein Talent besitzen, vernachlässigt. Eine Schwäche im vertretbaren Maße zu kompensieren, ist prinzipiell richtig: Wichtiger ist es jedoch, ein Kind in den Disziplinen zu fördern, die es gerne macht und für die es ein Talent hat.

Ähnlich ist die Situation im Berufsalltag. Jeder Arbeitsplatz stellt bestimmte Anforderungen, die idealerweise dem Fähigkeitsrepertoire des Mitarbeiters entsprechen. Vergleichbar ist diese Situation mit dem Schlüssel-Schloss-Prinzip. Der Arbeitsplatz ist hierbei das metaphorische Schloss und der Mitarbeiter mit den passenden Stärken der entsprechende Schlüssel für das Schloss. Mit anderen Worten: Schaffen wir es, unsere Stärken im Berufsalltag effektiv einzusetzen, so steigt die Arbeitsproduktivität und das Arbeitsengagement, was dann in Umsatzsteigerungen und erhöhter Kundenzufriedenheit resultiert. Oder anders gesagt: Die Tür öffnet sich.

Doch um die eigenen Stärken beruflich zu verwirklichen, müssen wir diese erst zuverlässig identifizieren. Einige Studien belegen, dass es gerade bei der Einschätzung der eigenen Stärken erhebliche Defizite gibt. Gerade die Selbsteinschätzung war von zweifelhafter Gültigkeit, da diese kaum mit der Einschätzung der Kollegen, Vorgesetzten und Mitarbeitern übereinstimmte. Zudem stellte man in diesen Studien fest, dass die Mehrheit der Führungskräfte sich besser einschätzt, als es ihre Kollegen tun würden [2].

Andersherum ist es so, dass gerade die erfolgreichsten Führungskräfte ihre Stärken unterschätzen. Zu diesem Ergebnis kam ein Experiment der Sozialpsychologie [3]. So wurde festgestellt, dass Menschen gerade in dem Bereich, in dem sie besonders schwach sind, zu einer Überschätzung ihrer Kompetenz neigen und die Bereiche unterschätzen, in denen Sie besonders stark sind. Es entsteht die (fehlgeleitete) Vorstellung, dass andere Menschen auf einem bestimmten Gebiet fähiger sind als sie selbst und dass die eigene Kompetenz somit nicht besonders hoch ist [4]. So wird deutlich, dass es sowohl zur Überschätzung als auch zur Unterschätzung der eigenen Kompetenz kommen kann. Die Folge aus beidem ist nicht ausgeschöpftes Potential und somit Ineffektivität.

Die Positive Psychologie befasst sich mit dieser Problematik. Sie schlägt Lösungen vor, um nicht nur sich selbst und die eigenen Stärken besser kennenzulernen, sondern auch um die neu gewonnenen Erkenntnisse effektiv in den Alltag einzusetzen – privat wie beruflich.

Der erste Schritt zur Stärkenfindung ist die Selbstaufmerksamkeit. Was sich hinter dem Begriff versteckt, klingt simpel: Es geht nämlich um das Nachdenken über sich selbst. Wir denken bei diesem Prozess über unsere Gefühle, Gedanken und Motive nach. Es gibt zahlreiche Versuche, die bewiesen haben, dass wir uns im Regelfall sehr wenig Zeit nehmen, um über uns selbst nachzudenken [5]. Dieses Nach-innen-Schauen kann auch durch Einflüsse der Umgebung eintreten – zum Beispiel, sobald wir bemerken, dass ein Foto von uns gemacht werden soll, und wir plötzlich anfangen zu lächeln. In diesen Situationen schaffen wir kurzzeitig ein Bewusstsein für uns selbst. Wir beobachten unser Verhalten objektiv und beurteilend. Auch diese Erkenntnisse können wir auf den Berufsalltag übertragen. Wenn Sie eine Entscheidung zu treffen haben, sich aber noch nicht sicher sind, für welche Alternative Sie sich entscheiden sollen, dann denken Sie an jede Alternative und treffen Sie die Entscheidung, die Ihren Normen und Werten am stärksten entspricht, also die Alternative, mit der Sie sich am wohlsten fühlen.

Diese Erkenntnis können wir nun auch zur Stärkenfindung nutzen. Wenn Sie regelmäßig Ihren Alltag reflektieren, also darüber nachdenken, was Ihnen besonders gut gelungen ist oder woran Sie besonders viel Spaß hatten, schaffen Sie ein Gefühl dafür, was Sie außergewöhnlich gut beherrschen. Sie identifizieren Ihre Stärken. Studien belegen allerdings, dass die Selbsteinschätzung von Führungskräften in vielen Fällen nur bedingt mit der Einschätzung ihrer Mitarbeiter korreliert. Sinngemäß bedeutet das für uns, dass wir uns nicht ausschließlich auf die Selbsteinschätzung verlassen dürfen [5].

Das positive Feedback bietet die Möglichkeit, eine objektive und differenzierte Einschätzung der eigenen Stärken zu bekommen. Kennen Sie die Situation, wenn Sie von Ihren Vorgesetzten, Kollegen oder Mitarbeitern für etwas Bestimmtes gelobt werden und Sie plötzlich ein Gefühl der Scham verspüren? Vielleicht ist es Ihnen sogar so unangenehm, dass Sie erröten? Oder sind Sie eher der Typ, der daraufhin unbedingt auf negatives Feedback besteht? Dann geht es Ihnen wie den meisten Menschen. Viel zu häufig wird der konstruktive Sinn im positiven Feedback verkannt, sodass positives Feedback zu selten ausgesprochen und eingefordert wird.

Werden Führungskräfte dazu aufgefordert, dann können sie sich auch auf das positive Feedback fokussieren. Doch wenn es Diskrepanzen gibt zwischen ihrer eigenen Beobachtung und dem, was andere ihnen mitteilen, ist es schwer für sie, damit umzugehen. Mit anderen Worten: Wenn Führungskräfte mit einer Diskrepanz zwischen der eigenen und einer fremden Beobachtung konfrontiert werden, glauben sie, dass das Feedback der Mitarbeiter verzerrt sei. Häufig denken sie, dass Mitarbeiter sich nur einschmeicheln oder nett sein möchten. Also vertrauen sie ihrer subjektiven Wahrnehmung mehr als der Wahrnehmung ihrer Mitarbeiter [6].

Es gibt einige Techniken, um diese Resistenz zu beseitigen. Damit positives Feedback für Führungskräfte glaubwürdig wird, muss es in großer Menge aufkommen. Offene Fragen, die nicht mit einem Wort beantwortet werden können, helfen dabei möglicherweise:

Fragen

Welche Stärken sind Ihnen an Ihrer Führungskraft besonders aufgefallen?
Warum schätzen Sie Ihre Führungskraft als besonders gut in ihrem Job ein?

Nutzen Sie die Möglichkeit, auch die Quellen des Feedbacks – also Mitarbeiter, Vorgesetzte, Kollegen, aber auch Freunde in Ihrer unmittelbarer Nähe – auf Ihre Stärken anzusprechen und positives Feedback einzufordern. Wenn Sie dies konstruktiv umsetzen, entwickeln Sie damit einen unternehmerischen Sinn für Ihre Stärken.

Christopher Peterson und Martin Seligman haben im Rahmen der Positiven Psychologie den Begriff der Charakterstärken eingeführt. Die Definition der Charakterstärken unterscheidet sich von der vorangegangen Definition von Stärken: Charakterstärken sind hier als Tugenden zu verstehen. Aus Sicht der Positiven Psychologie eignet sich als Erläuterung die Definition von Lee H. Yearley. Er beschreibt Charakterstärken als eine bestimmte Art zu handeln und zu fühlen und sagt, dass sie sogar eine Ausübung des Urteilens beinhalten. Laut Yearley ist jede tugendhafte Aktivität mit der Auswahl von Tugenden für einen selbst und im Hinblick auf eine rechtmäßig vertretbare Lebensplanung verbunden. Für unser Leben bedeutet das nichts anderes, als dass wir uns in unserem täglichen Handeln stets mit Tugenden und der Auswahl der richtigen Tugenden auseinandersetzen. Dies kann durchaus bewusst, aber auch unterbewusst stattfinden [7].

Christopher Petersen und Martin Seligman haben im Rahmen der Positiven Psychologie einen Fragebogen entwickelt, der die eigenen Charakterstärken identifizieren soll. Dieser

Test nennt sich *VIA – Values in Action*. Unter www.authentichappiness.org finden Sie ihn in englischer Sprache, unter www.charakterstaerken.org auf Deutsch. Dieser Fragebogen enthält etwa 250 Fragen, die jedoch innerhalb von circa 30 min beantwortet werden können. Jede Frage besteht aus einer Aussage, der man nach folgender Skala zustimmen kann:

1. gar nicht
2. nicht
3. weder noch
4. doch
5. vollständig

Laut Christopher Peterson und Martin Seligman gibt es 24 Charakterstärken, die sechs Tugenden untergeordnet sind. Zu diesen Tugenden gehören:

- Weisheit und Wissen
- Tapferkeit
- Menschlichkeit
- Gerechtigkeit
- Mäßigung
- Erhabenheit

Diese Klassifizierung von Charakterstärken nennt sich Values in Action Classification of Strengths. Diese systematische Klassifizierung bietet die Möglichkeit, Charakterstärken einander vereinfacht gegenüberzustellen.

Eben diese Charakterstärken haben auch eine besondere Bedeutung für den Beruf. Hierbei unterscheiden wir zwischen zwei Formen der Anpassung: komplementäre und supplementäre Anpassung. Die beiden Psychologen Carlyn J. Muchinsky und Paul M. Monahan beschreiben die supplementäre Anpassung mit einem Arbeitnehmer, der seiner Umwelt entspricht. Der Arbeiter strebt demnach eine große Kongruenz (Übereinstimmung) mit seinem Umfeld an. Die Umwelt besteht hauptsächlich aus Kollegen. Es findet also eine gegenseitige Anpassung statt – Kollegen an Mitarbeiter und Mitarbeiter an Kollegen: Je größer die Kongruenz, desto zufriedener sind die Arbeiter mit ihrer Tätigkeit, so die Untersuchungen.

Das Pendant dazu ist die komplementäre Anpassung. Dabei werden die Arbeitsplatzanforderungen durch die Charakteristika der Arbeitnehmer erfüllt. Bei einem Vergleich der Mitarbeiter untereinander könne ein Defizit sichtbar werden, das nach Muchinsky und Monahan durch einen anderen Mitarbeiter mit den entsprechenden Charakterstärken beseitigt wird [8].

Wenn wir nun soweit sind, dass wir einen besonders guten Sinn für unsere Stärken entwickelt haben, ist Vorsicht geboten. Denn oft übertreiben wir mit diesen Stärken. Sobald uns eine Stärke bewusst wird, sollten wir sie effektiv in unserem Alltag einsetzen.

Durch die Fokussierung auf Stärken verändert sich ihre Intensität zwangsläufig. Hier sei noch einmal an das Beispiel aus der Schulzeit erinnert. Das Resultat dieser Veränderung in der Intensität ist nicht allzu selten die Stärkenübertreibung [9].

Vielleicht ist Ihnen eine Stärkenübertreibung bereits bei einem Ihrer Vorgesetzten aufgefallen? Folgendes Szenario könnte Ihnen dann bekannt vorkommen: Sie haben ein Gespräch mit Ihrer Führungskraft, in dem es um die gemeinsame Zukunft gehen soll. Die Stärke Ihrer Führungskraft liegt beispielsweise in der Rhetorik, einer besonders geschliffenen, flüssigen Sprache. Durch das Bewusstsein für die Existenz dieser Stärke konzentriert sich Ihre Führungskraft auf die Formulierungen ihrer Aussagen. Als Resultat nimmt sie den größten Teil der Gesprächszeit ein und Sie versuchen vergeblich, selbst zu Wort zu kommen. Noch fataler ist es, wenn Sie gar nicht die Möglichkeit haben, Ihre Führungskraft zu verstehen, weil sie so viele ungeläufige Begriffe in einem Schwall aus wohlgeschliffener Rhetorik verwendet. Das Ziel, über die gemeinsame Zukunft zu sprechen, gestaltet sich demnach ziemlich einseitig. Dadurch hat die Führungskraft das eigentliche Ziel, den Konsens über die gemeinsame Zukunft, nicht erreicht. Vielmehr könnte das Gespräch sogar spätere Auswirkungen auf die persönliche Beziehung zu dieser Führungskraft haben.

Ein anderes Beispiel könnte eine übertriebene Offenheit sein. Wird diese Offenheit im falschen Kontext genutzt und dann auch noch übertrieben, so kann dies schnell sehr verletzend auf das Gegenüber wirken. Die Problematik der Stärkenübertreibung kann durchaus große Ausmaße annehmen. Denn Stärken können dadurch nicht nur ineffizient werden, sie können sogar schaden.

Doch wie können wir unsere Stärken richtig einschätzen? Um Stärken effektiv nutzen zu können, muss ein richtiges und gesundes Maß gefunden werden. Hierzu wurde der *Leadership Versatility Index* entwickelt. Da wir unsere Stärken mit dem VIA-Test bereits kennengelernt haben, nutzen wir den Leadership Versatility Index, um nach der Ausprägung bestimmter Stärken zu fragen [10]. Stellen Sie sich das wie folgt vor: Wenn wir das Beispiel von gerade eben aufgreifen, müssen wir nach der Ausprägung der rhetorischen Fähigkeiten fragen. Zur Auswahl stehen Intensitäten auf einer Skala von -4 (viel zu schwach) bis $+4$ (viel zu stark). Damit können alle Mitarbeiter, Kollegen und Vorgesetzte befragt werden. Die optimale Ausprägung befindet sich auf der Skala bei 0 [11].

In unserem Fall könnte der Führungskraft bei der Ausprägung der rhetorischen Fähigkeiten im Schnitt zum Beispiel $+2$ zurückgespielt werden. Die Führungskraft weiß nun, dass die Fokussierung auf die rhetorischen Fähigkeiten übertrieben ist und gemildert werden muss.

Wie wir bereits wissen, übertreiben wir das, was wir überbewerten [12]. Der einfachste Weg, dies zu ändern, besteht darin, weniger Wert auf diesen bestimmten Bereich zu legen. Es wäre viel einfacher, Stärken zu mildern, wenn es genug Beurteilungsinstrumente geben würde, die nicht nur Stärken und Schwächen erkennen, sondern auch die Stärken identifizieren, die mit besonders hoher Intensität übertrieben werden. Da es allerdings kein gängiges Beurteilungsinstrument gibt, das diese extremen Ausprägungen offenbart, ist es Führungskräften gar nicht möglich, ihre Übertreibungen selbstständig abzustellen. Die negative Seite der Stärken kann mithilfe der Positiven Psychologie effektiv bearbeitet werden. Das geschieht idealerweise durch positives Feedback. Solche Rückmeldungen sind der beste Weg, um Übertreibung zu vermeiden. Schließlich neigen Führungskräfte typischerweise dazu, über das Ziel hinauszuschießen, wenn sie versuchen, ein vermeintliches Defizit zu kompensieren oder wenn sie eine Fähigkeit unterschätzen. Das gilt insbesondere für die hervorstechenden Stärken. Einige Führungskräfte zweifeln an ihren Fähigkeiten. Und das, obwohl ihre Kollegen sie für sehr fähig halten. Diese Diskrepanz würde jedoch durch ausgesprochenes positives Feedback erst gar nicht entstehen. Und aufgrund dieser Unterschätzung versuchen sie, dieses vermeintliche Defizit so stark wie möglich zu kompensieren, und wollen sich selbst und ihren Kollegen beweisen, wie fähig sie sind.

Beispielsweise versuchen manche Führungskräfte, alles über ihre Funktion oder das Unternehmen zu wissen. Dabei schränken sie ihre Effektivität ein, da sie sich nicht mehr auf das Wesentliche konzentrieren, sondern sich dazu zwingen, ihre Kenntnisse zu demonstrieren. Damit nehmen sie Mitarbeitern die Chance, einen Beitrag zu leisten und sich weiterzuentwickeln. Hierbei bedarf es korrekter Reflexion durch die berufliche Umgebung. Wenn man diesen Führungskräften nun durch viel positives Feedback die Attribute aufzeigt, die sie unterschätzen, dann lindern sie die Übertreibung automatisch. Das vermeintliche Defizit ist dann kein Defizit mehr. Und sie versuchen nicht mehr, es zu kompensieren.

Wenn Sie dieses Vorgehen nun in Ihren Alltag integrieren, haben Sie nicht nur die Chance, zukünftig mit noch mehr Spaß und Freude den Tag zu verbringen, sondern ihr Potential beruflich wie auch privat noch besser auszuschöpfen.

Take-Away-Message

Die Positive Psychologie basiert auf der Idee der Stärkenorientierung; Schwächen sollten lediglich im vertretbaren Maße kompensiert werden.

Stärken können mithilfe von Selbstaufmerksamkeit und positivem Feedback identifiziert werden. Ein Instrument zur Identifizierung von Charakterstärken (also Tugenden) heißt VIA.

Neben der Identifizierung einer Stärke muss auch ihre Intensität berücksichtigt werden, weil Stärken auch übertrieben werden können. Der Leadership Versatility Index ist ein Instrument zur Messung der Intensität einer Stärke.

Das Ziel ist es, einen unternehmerischen Sinn für Stärken zu entwickeln und Stärken effektiv im Alltag zu nutzen.

Literatur

1. Duden. (2012). Talent. http://www.duden.de/rechtschreibung/Talent. Zugegriffen 8 Nov 2012.
2. Charan, R., Drotter, S., & Noel, J. (2001). *The leadership pipeline*. San Francisco: Wiley.
3. Kaplan, R. E. (1999). *Internalizing strengths: An overlooked way of overcoming weaknesses in managers*. Greensboro, NC: Center for Creative Leadership.

4. Kaiser, R. B. (2009). *The perils of accentuating the positive.* Tulsa: Hogan.
5. Johann, T. (Hrsg.). (2011). *Mitarbeiter erfolgreich führen – Psychologische Grundlagen und praktische Beispiele.* Wiesbaden: Gabler.
6. Beehr, T. A., Ivanitskaya, L., Hansen, C. P., Erofeev, D., & Gudanowski, D. M. (2001). Evaluation of 360 degree feedback ratings: Relationships with each other and with performance and selection predictors. *Journal of Organizational Behavior, 22,* 775–788.
7. Yearley, L. H. (2010). Strengths of character and work. In P. A. Linley, S. Harrington, & N. Garcea (Hrsg.), *Oxford handbook of positive psychology* (S. 222). New York: Oxford University Press.
8. Muchinsky, P. M., & Monahan, C. J. (1987). What is person environment congruence? Supplementary versus complementary models of fit. *Journal of Vocational Behaviour, 31,* 268–277.
9. Church, A. H. (1997). Managerial self-awareness in high-performing individuals in organizations. *Journal of Applied Psychology 82,* 281–292.
10. Kaiser, R. B., & Kaplan, R. E. (2007). *Leadership versatility index facilitator's guide.* Greensboro, NC: Kaplan DeVries Inc.
11. Kaiser, R. B., & Kaplan, R. E. (2005). Overlooking overkill? Beyond the 1 to 5 rating scale. *Human Resources Planning, 28*(3), 7–11.
12. Kruger, J., & Dunning D. (1999). Unskilled and unaware of it: How difficulties in recognizing one's own incompetence lead to inflated self-assesstments. *Journal of Personality and Social Psychology, 77,* 1121–1134.

Weiterführende Literatur

Kaplan, R. E., & Kaiser, R. B. (2010). Toward a positive psychology for leaders. In P. A. Linley, S. Harrington, & N. Garcea (Hrsg.), *Oxford handbook of positive psychology* (S. 107–117). New York: Oxford University Press.

Wie kann positives Coaching die Stärken stärken?

<big>17</big>

Karl-Sebastian Hauff

Die theoretischen Ansprüche an eine Führungskraft erscheinen oft unerreichbar groß. Diese Ansprüche neben dem eigentlichen Kerngeschäft regelmäßig zu erfüllen, ist jeden Tag eine neue Herausforderung. Zusammenfassend möchte ich Ihnen daher Integrationsmöglichkeiten der Positiven Psychologie in den Unternehmensalltag aufzeigen und würde mich freuen, wenn Sie als Coach Ihrer Mannschaft fortan den Weg zu Triumphen weisen. (Karl-Sebastian Hauff)

Montagmorgen um 09:00 Uhr – Betriebsrundgang in einem mittelständischen Unternehmen. Die letzten Wochen waren von einer Fülle an Aufträgen, aber auch von harten Umstrukturierungsmaßnahmen geprägt. Auf dem Weg in die Logistikabteilung nehmen Sie ein Raunen wahr und meinen, ein Flüstern gehört zu haben „Achtung! Jetzt so tun, als ob...". Derart direkter Unmut schlägt einer Führungskraft selten so offensichtlich entgegen. Bei einer anschließenden Teambesprechung fällt Ihnen bei der Lösungsfindung das Verhalten der Kollegen auf. Frau Meier adaptiert die allgemeine Meinung des Teams, Herr Kunz bleibt trotz Projektverantwortlichkeit völlig passiv im Hintergrund und Herr Anders scheint nur auf das Ende des Meetings zu warten, um eine konkrete Aufgabe zu bekommen. Sie fragen sich: Warum sind wir nicht so produktiv wie sonst? Kürzlich wurden doch gerade die Teamrollen der Mitarbeiter aufwändig analysiert. Ein heterogenes Team aus Machern, Erfindern und Spezialisten ist doch vorhanden. „Wie können wir zurück zu Leistungsspitzen gelangen, ein positiv-innovatives Arbeitsklima schaffen und vor allem Potentiale entfalten?". Schnell überdenkt man bei Lösungsansätzen typische Methoden wie die Wertschätzung Kap. 12, die Beziehungen von Angestellten zu Vorgesetzten und die Anerkennung der Mitarbeiter. Dass Geld als Maßstab für Anerkennung heutzutage verhältnismäßig ungeeignet ist, wurde auf den bisherigen Seiten bereits erläutert. Vor

K.-S. Hauff (✉)
Hamburg, Deutschland
E-Mail: mail@positive-psychologie-im-beruf.de

T. Johann, T. Möller (Hrsg.), *Positive Psychologie im Beruf*,
DOI 10.1007/978-3-658-00265-7_17, © Springer Fachmedien Wiesbaden 2013

allem: Woraus sollen in ökonomisch schwierigen Zeiten große Budgets für komplizierte Cafeteria-Entlohnungssysteme gebildet werden?

Bei näherer Betrachtung gilt es, auf das Individuum einzugehen und die Dreiecksbeziehung zwischen Mitarbeitern, Vorgesetzten und dem Unternehmen zu durchdringen. Dass Unternehmensziele oft unzureichend in der Belegschaft verinnerlicht sind, ist ein schnell definiertes Manko. Jedoch muss berücksichtigt werden, dass sich viele Mitarbeiter und Führungskräfte selbst auch über ihre privaten Ziele nicht im Klaren sind. Gründe hierfür sind somit auch im privaten Umfeld außerhalb des Büros zu ergründen, um effektiv an Fortschritten arbeiten zu können. Lassen Sie uns unter diesem Hintergedanken die Personalentwicklungsmaßnahme des Coachings als eine mögliche Handlungsoption in Betracht ziehen. Zunächst soll angemerkt werden, dass diese Methode per se keine Neuheit ist und bei Falschberatung der zu coachenden Person kontraproduktive Ergebnisse erzielen könnte. Allerdings gibt es eine Vielzahl positiv-psychologischer Ansätze in Coaching-Beratungen, wodurch praxisorientierte Methoden der Positiven Psychologie Anwendung finden.

Um diese Erkenntnisse aus der Theorie einzuleiten, bitte ich Sie: versetzen Sie sich kurz in die Lage eines Spielers in der Mannschaftskabine kurz vor Beginn des Finales der US-amerikanischen Football-Profiliga, dem Super Bowl. Emotionen wie die Angst vor dem Verlieren, gepaart mit dem Druck der hohen Ansprüche führen Sie in unbekanntes Terrain. Doch Ihr Coach hat Sie bis hierhin begleitet. Er hat mit Ihnen hart trainiert, Ihnen Ihre Stärken und Schwächen aufgezeigt und Sie auf Ihrem Weg unterstützt. Auch jetzt, kurz vor dem Spiel, werden Sie für den großen Auftritt durch den Appell des Coaches an die Teamstärke und die harte Arbeit motiviert. Nur auf dem Feld stehen Sie dann alleine und müssen beweisen, was Sie können.

Im weiteren Sinne stehen Berufstätige genau wie Sportler unter hohem Leistungsdruck. Der Kern des Coachings ist daher im Grunde aus dem amerikanischen Mannschaftssport in die Personalwirtschaft übernommen worden. Anstelle des körperlichen Trainings steht hier die mentale Leistungskomponente im Fokus. Zwischen den beiden Parteien Coach und Klient (auch Coachee genannt) entsteht eine Beratungssituation. Der Coach unterstützt den Klienten in Definition, Umsetzung und Kontrolle seiner persönlichen Ziele. Kernaufgabe ist es, versteckte Potentiale des Klienten bei jedem Coaching-Prozess zu entfalten, um dadurch seine Fähigkeit des Selbst-Managements zu verbessern. Es geht darum, Persönlichkeiten zu entwickeln und zu fördern, damit betriebliche Aufgaben besser gemeistert werden können. Ziele sind geistige Flexibilität und die Fähigkeit zur Lösung anspruchsvoller Aufgaben. Zwar orientiert sich Coaching an der Persönlichkeit, es ist aber vor allem ziel- und handlungsbezogen. Auch Vertraulichkeit und Diskretion haben hier aufgrund der Privatsphäre des Klienten hohe Bedeutung. Selbstverständlich ist Coaching frei von Sanktionen. Am Ende soll der Klient so weit in seiner persönlichen Entwicklung vorangeschritten sein, dass der Coach überflüssig wird [1].

Was ist demzufolge zu tun? Zunächst müssen einige grundsätzliche Entscheidungen getroffen werden. In Praxis und Literatur sind diverse Methoden des Coachings vertreten. Diese sind zum Beispiel durch den Inhalt oder durch die Herkunft des Coaches (unternehmensintern oder -extern) voneinander abgegrenzt.

Das Fähigkeitscoaching beispielsweise ist eher temporär und beschäftigt sich mit generellen Verhaltens- und Auftrittsweisen. Als Beispiele hierfür gelten Kommunikations-, Präsentations- und Verhandlungs- sowie Verkaufstrainings. Darüber hinaus gibt es das Entwicklungscoaching, das strategisch und langfristig auf die persönlichen Belange und die berufliche Entwicklung des Klienten zugeschnitten wird. Ebenfalls steigt die Wichtigkeit des Vertrauensverhältnisses [2]. Deshalb ist hier die richtige Auswahl des Coaches (intern oder extern) besonders entscheidend.

Es gibt eine Vielzahl an Coaching-Services, die ein Unternehmen von externen Beratern in Anspruch nehmen kann. Teilweise existieren Schnittstellen mit Unternehmen, die für die betriebliche Sozialarbeit „eingekauft" werden können. Suchtprävention, Work-Life-Balance, Gesundheit und Arbeitssicherheit sind klassische Themenbereiche dieser Dienstleister. Die Mitarbeiter können so aus einem breiten Themenkatalog eine individuelle Kombination in Anspruch nehmen. Ein wichtiges Kriterium ist hier die Neutralität des externen Coaches. Betriebliche Hierarchien und informelle innerbetriebliche Beziehungsgeflechte sind von vornherein ausgeblendet. Man könnte behaupten, dass so mehr Ehrlichkeit im partnerschaftlichen Arbeiten zwischen Coach und Klienten erreicht werden kann.

Als interne Coaches werden in der Regel Führungskräfte des mittleren Managements oder speziell ausgewählte und geschulte Mitarbeiter aus der Personalabteilung eingesetzt. Im Gegensatz zum externen Coaching stehen hier anstelle von der persönlichen Entwicklung oft die Produktivitätssteigerung und eine höhere Leistungseinbringung im Sinne der Unternehmensziele im Vordergrund. Vorteil ist hierbei die bessere Kenntnis des Coaches über betriebsinterne Sachverhalte und Normen, was einen schnelleren Einstieg gewährleistet. Da der Coach allerdings unter Umständen Einfluss auf Personalentscheidungen hat, empfiehlt der Autor Hans Jung sogar, den Coach möglichst weit von der Personalabteilung fernzuhalten, sodass die Vertrauensbasis erhalten bleibt. Potentielle Bedenken des Klienten, dass der Coach doch intime Details an Dritte weitergibt, sind somit weitestgehend ausgeklammert [1]. Führungskräfte als Coaches werden vermutlich nicht direkt von jedem Mitarbeiter Offenheit bezüglich ihrer privaten Probleme erhalten können, da unter Umständen eine rein hierarchische Hemmschwelle vorhanden ist. Auch können Führungskräfte selbst Auslöser für den Coachingbedarf des Mitarbeiters sein, sodass ein erhöhtes Konfliktpotential vorherrschen kann.

Wie macht der sorgfältig ausgewählte Coach nun den Amateur zum Profi? Nehmen wir an, dass Herr Kunz – interner Projektmanager – aufgrund seiner Unzufriedenheit über seinen Arbeitsplatz einen Coach in Anspruch nehmen möchte. Eine ungewohnte Leere und Schwierigkeiten, den roten Faden zu behalten, prägen seine Arbeitsweise. Das Sinnempfinden für seine Aufgabe wirkt erloschen. Wir begleiten ihn nun als Coach, um ihn sowohl zu einer besseren Leistung im Beruf als auch zu einem glücklicheren Privatleben zurückzuführen.

Der Ablauf des Coachings beginnt mit der Identifizierung des Soll- Zustands des Klienten nach der Vereinbarung von Spielregeln über das zukünftige Miteinander bezüglich Themen wie Terminierung, Tabu-Themen, Erwartungen, Bedürfnisse und Grenzen. Eine plausible Methode könnte sein, Herrn Kunz in seiner Fachabteilung zu stärken. Man könnte auf Ärger mit Kollegen eingehen, oder auf problematische Arbeitsinhalte unter der Fragestellung: Wie wird alles so wie vorher? Folglich scheinen mögliche Handlungsschritte wie Fortbildungen sowie zwischenmenschliche Konfliktbeseitigungen einen Weg zur beruflichen Glückseligkeit zu offenbaren.

Mit der Positiven Psychologie wählen wir einen anderen Ansatz zur Erreichung des Ziels. Statt den Klienten in seinen Defiziten an Umwelteinflüsse anzupassen, versuchen wir zunächst, seinen Charakter und seine Stärken zu analysieren. Mittels des VIA-Tests (Values in Action – Inventory of Strengths) lassen sich binnen einer halben Stunde Charakterstärken und Tugenden ermitteln. Kapitel 16 Dieser erste Ansatz geht direkt auf den Kern der Frustration ein: Passen die Stärken des Klienten zu den betrieblichen Arbeitsinhalten?

Ein mögliches Ergebnis der am stärksten ausgeprägten Stärken für Herrn Kunz könnte wie folgt aussehen:

1. 100 % Teamwork
2. 96 % Soziale Intelligenz
3. 92 % Ausdauer
4. 85 % Kreativität
5. 81 % Selbstregulation

In seiner Aufgabe als Projektmanager sind stets Teamwork und Ausdauer gefragt. Augenscheinlich haben ihn diese Stärken in diese Position geleitet. Aufschlussreich sind jedoch auch seine anderen Stärken: Soziale Intelligenz, Kreativität und Selbstregulation. Hohe Grade der Selbstregulation stehen für diszipliniertes Verhalten im Umgang mit verschiedenen Lebensbereichen. Das alltägliche Arbeitsleben konnte somit größtenteils aufrechterhalten werden. Dieselbe Disziplin kann jedoch auch später zur Zielerreichung in Richtung neuer Arbeitsinhalte genutzt werden.

Wenn ein Teenager heute seine Großeltern fragt, was er später mal werden soll, kommt oft die Antwort: „Tu das, worin du gut bist, dann hast du auch Spaß und Erfolg!" Diese Aussage trifft vereinfacht den Kern beim Überdenken von Arbeitsinhalten. Entsprechend der Flow-Theorie ist es sinnvoll, den Mitarbeiter in Aufgaben und Verantwortlichkeiten zu helfen, die seinen Neigungen entsprechen. Kapitel 9 Somit kann das Gefühl des Gelingens in einer Aufgabe erreicht werden.

Neben dem VIA-Test gibt es ein weiteres Verfahren. Bea Engelmann stellt in einem Ratgeber Therapietools in Form von Fragen an den Coachee dar. Hieraus lassen sich ebenfalls Rückschlüsse auf die Talente des Coachee ziehen. In einem Testbogen sind hier talentgerichtete Fragen dargestellt, die der Klient rein intuitiv beantworten kann [3]:

Fragen

Leicht fällt mir:
  „Gut von der Hand" geht mir:
  „Für mein Leben gern" mach ich:

Was haben Sie schon als Kind gern und oft gemacht?

Was bewundern andere an Ihnen?

Was können Sie anderen beibringen? Was können andere von Ihnen lernen?

Angenommen, Sie wollten einen Kurs in der Volkshochschule anbieten – wie würde der Titel lauten?

Nach dieser Untersuchung können wir uns der Entwicklung eines auf Zielen basierenden Aktionsplans widmen. Neben Interviews gibt es an dieser Stelle ein weiteres kraftvolles Tool aus der Positiven Psychologie: den Brief aus der Zukunft [4]. Mit dieser Methode verfasst man kurzum einen an sich selbst adressierten Brief, geschrieben aus der Zukunft. Das spätere „Ich" schreibt drei oder vier Jahre später zu einem für den Klienten wichtigen Datum, wie sich das Leben entwickelt hat. Zunächst scheint es einem albern vorzukommen, so einen Brief zu verfassen. Allerdings steht am Anfang von konkreten Zielsystemen von Unternehmen immer eine Vision. Darüber hinaus ist einer der großen Vorteile des Briefes, dass es keine inhaltlichen Grenzen gibt. Der Klient fängt an, über sich selbst und sein Leben nachzudenken, was er vielleicht Monate oder gar Jahre nicht getan hat. Dieser Brief gibt nun einen Ansatzpunkt für Diskussionen, um ein möglichst ideales Zukunftsbild herzuleiten. Eine Gewichtung von privaten und beruflichen Wünschen mündet mittels vertieften Gesprächen in Zielvorstellungen, sodass ein erstes Zielsystem erstellt werden kann.

Der Grad des persönlichen Einsatzes für ein Ziel wird in der Positiven Psychologie durch die Hoffnungstheorie beschrieben. Zugegeben, die Verbindung von Hoffnung zu Coaching-Prozessen erscheint recht weit hergeholt. Im Allgemeinen stellt man sich unter „Hoffnung" einen eher religiösen Hilferuf aus einer deprimierten Situation heraus vor. Hoffnung stellt in diesem Kontext jedoch die Überzeugung dar, dass selbstgesetzte Ziele umsetzbar sind. Hoffnungsvolle Menschen gehen erfolgreicher durchs Leben und haben erhöhte soziale Kompetenzen sowie gesteigerte Gesundheitswerte. Sie nehmen auch unabhängigere Arbeitsweisen an; die Kreativität in der Maßnahmenfindung zur Zielerreichung steigert sich. Dieser Effekt trifft genau das Ziel des Coachings: Die Verbesserung des Selbstmanagements und Entfaltung versteckter Potentiale. Laut dem Psychologen Charles R. Snyder sind drei Komponenten für die Entstehung von Hoffnung verantwortlich [5]:

▶ zielorientierte Gedanken mit ausreichendem individuellen Wert
das Gefühl, erfolgreich und zielgerichtet zu handeln
die Zuversicht, erfolgreiche Lösungswege einschlagen zu können

Alle Komponenten stehen in wechselseitiger Abhängigkeit zueinander. Um also ein erfolgreiches Coaching betreiben zu können, müssen die vereinbarten Ziele alle drei Komponenten für den Klienten abdecken. Vermeidungsziele beispielsweise können zu einer höheren Anfälligkeit für Depressionen sowie zu geringerem Wohlbefinden des Coachee führen [6]. Leistungsziele können ebenfalls zu einem inneren Konflikt des Klienten führen, da der Anspruch an ihn eventuell zu hoch sein könnte oder persönliche Neigungen und Fähigkeiten doch letztendlich zu wenig Beachtung finden. Ein anderer Ansatz wäre hier, sich anstelle der gewünschten Leistungsausbringung Gedanken über Lernziele für speziell arbeitsunterstützende Programme zu machen. Diese Lernziele können die Arbeitsleistung verbessern und den Klienten tiefer einbinden, ohne ihn mit der Aufgabe allein zu lassen [7]. Das Selbstgefühl für das Ziel und die Übereinstimmung mit persönlichen Kernwerten und Interessen ist die Basis einer großen Potentialentfaltung. Um eine Verantwortung für das Zielprogramm zu erschaffen, braucht es eine Bindung zum Ziel. Das schafft höheren Einsatz und motiviert den Klienten dazu, länger und härter daran zu arbeiten. Die Erfolge des stärker involvierten Prozesses wirken obendrein umso belohnender und das Wohlbefinden steigt. Ein Coach sollte daher mit seinem Gefährten Ziele formulieren, die positiv und mobilisierend wirken. Das folgende Konzept für Coachings kann Hoffnungswerte erhöhen [8]:

Fragen

1. Schreiben Sie auf Karteikarten verschiedene Lebensbereiche aus Ihrem Privat- und Berufsleben. Evaluieren Sie hierbei auch die Wichtigkeit und den jetzigen Zufriedenheitszustand!
2. Formulieren Sie zu jedem Bereich (auf jeder Karte) ein oder mehrere Ziele. Beachten Sie hierbei die Zieldimensionen Zeit, Messbarkeit, Anspruch und Erreichbarkeit. Formulieren Sie auf den Rückseiten der Karteikarten, wie Sie die Ziele erreichen können.
3. Implementieren Sie die Maßnahmen zur Zielerreichung in Ihren Terminkalender! Wirkt die Maßnahme zu groß, so setzen Sie sich Unterziele oder Teilschritte.

Die Meilensteine sind gesetzt, nun ist der Auftrag, sie auch zu erreichen! Dafür gehen wir nun auf den positiv-psychologischen Coaching-Prozess ein: Nach der sorgfältigen Stärken- und Zieldefinition sollte der Klient die Maßnahmen in der Praxis leben und umsetzen. Er bindet die neuen Wege und Verhaltensweisen in seinen Alltag ein. Um ihm Klarheit zu geben, wird schriftlich ein Aktionsplan formuliert, der eine Orientierungsmöglichkeit bietet und Erfolge visuell darstellt. Aufteilungen der Ziele in Etappen wirken an dieser Stelle motivierender als ein weit entferntes Ergebnis. Der Coach steht nach wie vor in Zwischengesprächen zur Verfügung. Mit konstruktivem Feedback gibt der Coach eine objektive Meinung zu den Gedanken und möglichen inneren Konflikten des Klienten ab. Eventuell müssen Coach und Coachee bei Schwierigkeiten einige Abläufe neu überdenken und dann doch anders angehen, als ursprünglich geplant. Dies ist keinesfalls negativ zu deuten. Aufgabe des Coaches ist es, den Klienten in all seinen Stadien zu unterstützen. Deshalb ist der Coaching-Prozess ein revolvierendes System, das sich so lange selbst in Frage stellt, bis der gewünschte Erfolg erreicht wird (Abb. 17.1).

Abb. 17.1 Der
Coaching-Prozess

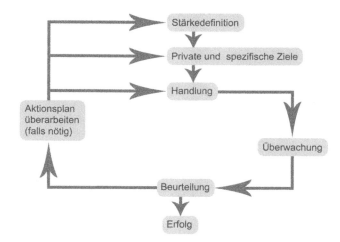

Positives Coaching unterstützt dabei, versteckte Potentiale des Klienten zu entfalten und seine Fähigkeit zum Selbstmanagement zu verbessern.

Die Abstimmung von Arbeitsinhalten mit persönlichen Stärken und Interessen ist Hauptansatz des Positiven Coachings. Das VIA Evaluationsinstrument sowie Selbsteinschätzungen helfen dabei, diese Stärken zu definieren.

Mittels Verfahren wie dem Brief aus der Zukunft und Interviews lassen sich Visionen und Ziele erstellen, aus denen der weitere Coaching-Prozess abgeleitet wird.

Literatur

1. Jung, H. (2011). *Personalwirtschaft*. München: Oldenburg.
2. Kilburg, R. R. (1996). Toward a conceptual understanding and definition of executive coaching. *Consulting Psychology Journal: Practice and Research 48*(2), 134–144.
3. Engelmann, B. (2012). *Therapie - Tools Positive Psychologie Achtsamkeit, Glück, Mut*. Basel: Beltz.
4. Grant, A., & Greene, J. (2004). *Coach yourself: Make a real change in your life*. London: Momentum.
5. Snyder, C. R. (2000). *Handbook of hope*. Waltham, Massachusetts: Academic Press Inc.
6. Coats, E., Janoff-Bulman, R., & Alpert, N. (1996). Approach versus avoidance goals: Differences in self-evaluation and well-being. *Personality and Social Psychology Bulletin 22*, 1057–1067.
7. Seijts, G., & Latham, G. (2001). The effect of distal learning, outcome, and proximal goals on a moderately complex task. *Journal of Organizational Behaviour 22*, 291–307.
8. Creusen, U., Eschemann, N.-R., & Johann, T. (2010). *Positive Leadership: Psychologie erfolgreicher Führung. Erweiterte Strategien zur Anwendung des Grid-Modells*. Wiesbaden: Gabler.

Fazit und Ausblick der Herausgeber

Selten weiß man, was Glück ist, meistens weiß man, was Glück war. (Françoise Sagan)

Dieser Satz zeigt die Herausforderung, Glück in der Gegenwart zu erkennen. Während die meisten Nachrichten noch immer den Blick auf Negativschlagzeilen, Verbrechen und Katastrophen richten, entstehen immer mehr Impulse in Medien, Gesellschaft und Wirtschaft, den Blick auf das Positive zu richten. Im Jahr 2007 führte Herr Fritz-Schubert in einer Heidelberger Schule das Unterrichtsfach „Glück" ein und viele Schulen greifen seitdem diese Idee auf. Seit Anfang 2011 ist die Zeitschrift „happinez" auf dem Markt, die den Blick auf die Förderung und Entwicklung der positiven Lebenskräfte lenkt. Immer mehr Artikel in Fachzeitschriften und in der Presse berichten auch über Erfolge, positive Ereignisse und Wege zu einem besseren Leben. Das Nachrichtenmagazin FOCUS titelt im Dezember 2012 „Sinn suchen, Glück finden". Erstaunlich ist, dass auf die Frage, ob man ein gutes/positives oder ein schlechtes/negatives Leben führen möchte, vermutlich jeder Mensch antworten würde: ein gutes! Natürlich. Das scheint ein Widerspruch dazu zu sein, dass die Menschen sich lieber mit negativen Schlagzeilen und Nachrichten umgeben, als nach dem Positiven und Stärkenden zu suchen. Vielleicht ist es das aber gar nicht. Die Motivation könnte darin liegen, dass eine negative Schlagzeile mir selbst das Gefühl gibt: „Ach, mir geht es ja eigentlich ganz gut". Immer mehr Menschen erleben aber einen Zustand, der da ist: „Eigentlich geht es mir ja gut – es fühlt sich aber nicht so an!". Materiell sind viele Menschen versorgt, haben die Grundbedürfnisse gedeckt, können womöglich in Urlaub fahren und sich viele Dinge leisten, die sie zum täglichen Leben nicht bräuchten. Und trotzdem – das Glücksgefühl will sich nicht so recht einstellen. Das Glück entsteht eben nicht dadurch, dass ich mich mit anderen vergleiche und mich selbst dann als „glücklicher" empfinde. Ich werde immer jemanden finden, dem es noch schlechter geht als mir. Umgekehrt genauso, ich werde auch immer jemanden finden, dem es noch besser geht als mir. Der Vergleich mit anderen Menschen führt nicht zum Glück. Vielleicht zu einem kurzfristigen Glücksgefühl – aber mit dem Wegfall des Vergleichs verschwindet auch das Glück. Diese Erkenntnis wird dazu führen, dass immer mehr Menschen, die auch ein dauerhaftes Glück, ein erfülltes und positives Leben wollen, neue Wege suchen werden.

Die neuen Wege für eine nachhaltige Entwicklung von mehr Glück, Zufriedenheit und erfülltem Leben liegen in den Menschen selbst. Das ist eine gute und eine schlechte

T. Johann, T. Möller (Hrsg.), *Positive Psychologie im Beruf*,
DOI 10.1007/978-3-658-00265-7, © Springer Fachmedien Wiesbaden 2013

Nachricht: Kein anderer Mensch kann mich wirklich „glücklich" machen. Das kann nur ich selbst. Das macht es anstrengender und unbequem, da ich niemanden mehr für mein Unglück verantwortlich machen kann. Andererseits bedeutet es auch: Jeder unglückliche Mensch kann glücklich werden, ohne dass er dazu von anderen abhängig ist. Ein erfülltes Leben ist von jedem Menschen selbst gestaltbar. Die Schritte auf diesem Weg sind aber oft nicht bekannt. Im Gegenteil, selbst Politik und Wirtschaft vermitteln Menschen oft die Illusion, ihr Glück hänge von anderen ab – davon, ob die Regierung die Renten erhöht oder das Unternehmen den Arbeitsplatz garantiert.

Dass die äußeren Sicherheiten und Strukturen unserer Gesellschaften sich immer schneller verändern, ist offensichtlich. Fast jeder zweite neu geschlossene Arbeitsvertrag in Deutschland ist befristet. Auch wenn Autonomie und Selbständigkeit für immer mehr Menschen gewünschte Kriterien für ihre Arbeit werden, erzeugt das für die meisten ein Gefühl von Unsicherheit bis hin zu Ängsten – das Gegenteil von Glücksgefühl und Wohlbefinden. Wir können die Zukunft immer weniger kontrollieren oder vorhersagen. Wenn in dieser Entwicklung ein neuer Boden gefunden werden soll, eine neue Sicherheit, werden wir diese nur in uns selbst finden.

Dieses Buch zeigt viele Impulse auf, wie in kleinen und großen Schritten, kurz- und langfristig, der innere Weg zum Glück beschritten werden kann. Es wird auch deutlich, dass es keine Patentrezepte gibt, Glück ist für jeden Menschen etwas anderes. Ist die Ausdrucksform auch sehr individuell, sind die dahinter liegenden Strukturen jedoch sehr ähnlich: Sinnfindung, Zielerreichung, Dankbarkeit und Gutes zu tun, sind Faktoren, die fast allen Menschen mehr Wohlbefinden und Glück bescheren.

Tatsache ist, dass die Fokussierung auf etwas Positives im Leben die Lebenskraft und Zufriedenheit steigern kann. Die Forschung deutet auf einen ganz erstaunlichen Effekt, der uns allen Mut machen kann: Der Weg zum persönlichen Glück führt vor allem über ein Leben, das letztlich auch der Gemeinschaft etwas Gutes, etwas Positives gibt.

9 783658 002640